A REVOLTA DAS ELITES

E A TRAIÇÃO DA DEMOCRACIA

CHRISTOPHER LASCH

A REVOLTA DAS ELITES

E A TRAIÇÃO DA DEMOCRACIA

Tradução de Martim Vasques da Cunha

Copyright © 1995 by the Estate of Christopher Lasch
First published as a Norton paperback 1996
All rights reserved

A revolta das elites e a traição da democracia
© Almedina, 2024
AUTOR: Christopher Lasch

DIRETOR DA ALMEDINA BRASIL: Rodrigo Mentz
EDITOR: Marco Pace
EDITORA DE DESENVOLVIMENTO: Luna Bolina
PRODUTORA EDITORIAL: Erika Alonso
ASSISTENTES EDITORIAIS: Laura Pereira, Patrícia Romero e Tacila Souza

REVISÃO: Tatiane Carreiro
DIAGRAMAÇÃO: Almedina
DESIGN DE CAPA: Daniel Rampazzo

ISBN: 9786554272421
Abril, 2024

Dados Internacionais de Catalogação na Publicação (CIP)
(Câmara Brasileira do Livro, SP, Brasil)

Lasch, Christopher
A revolta das elites e a traição da democracia / Christopher Lasch ;
[tradução Martim Vasques da Cunha]. -- São Paulo : Edições 70, 2024.

Título original: The revolt of the elites and the betrayal of democracy
Bibliografia.
ISBN 978-65-5427-242-1

1. Democracia - Estados Unidos 2. Elite (Aspectos sociais) - Estados Unidos
3. Estados Unidos - Condições sociais - 1945- 4. Estados Unidos - Política
e governo - Século 20 5. Polarização (Aspectos sociais) - Estados Unidos
6. Populismo - Estados Unidos I. Título.

Índices para catálogo sistemático:

1. Estados Unidos : Condições sociais : Sociologia
306.0973
Cibele Maria Dias - Bibliotecária - CRB-8/9427

Este livro segue as regras do novo Acordo Ortográfico da Língua Portuguesa (1990).

Todos os direitos reservados. Nenhuma parte deste livro, protegido por copyright, pode ser reproduzida, armazenada ou transmitida de alguma forma ou por algum meio, seja eletrônico ou mecânico, inclusive fotocópia, gravação ou qualquer sistema de armazenagem de informações, sem a permissão expressa e por escrito da editora.

EDITORA: Almedina Brasil
Rua José Maria Lisboa, 860, Conj.131 e 132, Jardim Paulista | 01423-001 São Paulo | Brasil
www.almedina.com.br

Sumário

Agradecimentos 11

INTRODUÇÃO

1. A moléstia democrática 15

PARTE I
O CRESCIMENTO DAS DIVISÕES SOCIAIS

2. A revolta das elites 35
3. Oportunidades na Terra Prometida: mobilidade social
   ou a democratização da competência?. 59
4. A democracia merece sobreviver? 87
5. Comunitarismo ou populismo? A ética da compaixão e a ética
   do respeito 99

PARTE II
O DECLÍNIO DO DISCURSO DEMOCRÁTICO

6. A conversação e as artes civis 123
7. A política racial em Nova York: o ataque contra os padrões 135
8. As escolas públicas: Horace Mann e a investida à imaginação 147

9. A arte perdida do debate..................................... 165

10. O pseudorradicalismo acadêmico: a farsa da "subversão"........... 181

PARTE III

A NOITE ESCURA DA ALMA

11. A abolição da vergonha................................... 201

12. Philip Rieff e a religião da cultura.......................... 217

13. A alma do homem sob o secularismo...................... 233

POSFÁCIO

Christopher Lasch: o estadista da vida interior, por Martim Vasques da Cunha   253

Notas 285

Bibliografia... 301

Índice remissivo 317

Para Robert Westbrook

Agradecimentos

Como este livro foi escrito sob circunstâncias extenuantes, devo mais do que nunca a outras pessoas pelos conselhos e pela ajuda. Minha filha Betsy datilografou a maioria do manuscrito e contribuiu com seu trabalho através de sua inestimável assistência editorial. Suzanne Wolk também fez o mesmo para datilografar várias partes do texto. Minha esposa, Nell, me ensinou, neste estágio tardio da minha vida, a lidar com as ferramentas de um processador de texto; sem esta máquina, que continuaria inacessível sem a orientação dela, este livro jamais poderia ser terminado no tempo devido. Entre os árduos trabalhos de Nell, inclua-se a revisão e a correção dos meus esboços bem distantes da perfeição.

Robert Westbrook, Richard Fox, William R. Taylor, William Leach e Leon Fink leram o manuscrito inteiro ou em partes. Sem dúvida, esqueço-me de outros que leram o ensaio-título e me ofereceram motivação em um momento crítico. Por fim, sou devedor ao meu editor, Henning Gutmann, por seu conselho infalível e por me encorajar.

Alguns capítulos neste livro apareceram, sob uma forma diferente, em diversas publicações: "A abolição da vergonha" e "Philip Rieff e a religião da cultura" na *The New Republic*; "Comunitarismo ou populismo?" e "A alma do homem sob o secularismo" na *New Oxford School*; "A política racial em Nova York" em *Tikkun*; "A conversação e as artes civis" em *Pittsburgh History*; "A arte perdida do debate" em *Gannett Center*

Journal; "A democracia merece sobreviver?" e "O pseudorradicalismo acadêmico" em *Salmagundi*. Todos esses textos foram completamente revistos. Já que eles surgiram, na maioria, em jornais obscuros ou revistas opinativas, confio, de qualquer maneira, que muitos dos meus leitores vão tomá-los por desconhecidos.

INTRODUÇÃO

I

A moléstia democrática

Parte considerável do meu trabalho recente sempre retorna, de uma forma ou de outra, à questão do futuro da democracia. Penso que muita gente se pergunta o mesmo. Os americanos estão muito menos passionais a respeito do futuro do que do passado, e há um bom motivo para isso. O declínio da indústria e a consequente redução de vagas de trabalho; a diminuição da classe média; o aumento do número de pobres; o crescente índice de crimes; a expansão do tráfico de drogas; a decadência das cidades – as más notícias estão aí o tempo todo. Ninguém tem uma solução plausível para esses problemas intratáveis, e muito do que parece ser discussão política sequer lida com esses assuntos. As ferozes batalhas ideológicas são combatidas em torno de tópicos periféricos. As elites, que definem esses mesmos tópicos, perderam o contato com o povo (veja o capítulo 2, "A revolta das elites"). O caráter irreal e artificial da nossa política reflete o isolamento dessas elites da vida comum, todas unidas na convicção secreta de que os verdadeiros problemas são insolúveis.

O espanto de George Bush, quando viu pela primeira vez um *scanner* eletrônico em um balcão de supermercado, revelou, como um relâmpago, o cisma que divide as classes privilegiadas do resto da nação. Essas classes sempre existiram, até mesmo na América, mas elas nunca ficaram tão perigosamente isoladas. No século XIX, as famílias ricas se situavam, em geral por várias gerações, sempre em locais determinados.

A Revolta das Elites e a Traição da Democracia

Em uma nação de peregrinos, a estabilidade de suas residências garantia certa continuidade. As famílias tradicionais eram reconhecidas como tais, em especial nas velhas cidades à beira-mar, somente pelo fato de que, ao resistirem ao hábito migratório, fixaram raízes. A sua insistência na inviolabilidade da propriedade privada era limitada pelo princípio de que os direitos à propriedade não eram absolutos ou incondicionais. A riqueza era compreendida como algo que carregava obrigações civis. As bibliotecas, os museus, os parques, as orquestras, as universidades, os hospitais e outras amenidades cívicas foram erguidos como monumentos à generosidade da classe alta.

Sem dúvida, essa generosidade tinha um lado egoísta: divulgava o estado de baronato dos ricos, atraía as novas indústrias e ajudava a promover a cidade natal contra seus rivais. A exibição pública tornou-se um bom negócio em uma época de competição intensa entre as cidades, cada uma aspirando proeminência. Contudo, o importante é como a filantropia no comportamento das elites implicava na vida dos seus próximos e das gerações futuras. A tentação de recuar em um mundo exclusivo entre eles mesmos era contraposta por uma percepção crescente – que sobreviveu em alguns círculos sociais, mesmo na autoindulgência beligerante da Era Dourada – de que "todos têm benefícios oriundos dos seus antepassados", como Horace Mann escreveu em 1846, e pela qual, portanto, "todos estão unidos, por meio de um juramento, a transmitir esses mesmos benefícios, até mesmo numa condição superior, para a posteridade". Apenas um "ser isolado, solitário [...] que não tem quaisquer relações com a comunidade ao seu redor" pode concordar com a "doutrina arrogante da posse absoluta", de acordo com Mann, que falava não só por si mesmo, mas por um tipo considerável de opinião que existia nas cidades mais antigas, em sua maioria localizadas na Nova Inglaterra, e nas dependências culturais dessa localização no Velho Noroeste.

Graças ao declínio dos velhos ricos e da sua ética da responsabilidade cívica, as lealdades locais e regionais estão tristemente atenuadas hoje em

A moléstia democrática

dia. A mobilidade de capital e o surgimento de um mercado global contribuíram para a mesma consequência. As novas elites, que incluem não apenas os gerentes corporativos, mas todas aquelas profissões que produzem e manipulam informação – o sangue vital do mercado global –, são muito mais cosmopolitas ou ao menos mais inquietas e migratórias que suas antecessoras. Nestes dias, os avanços nos negócios e nas profissões requerem uma intenção de seguir o canto da sereia da oportunidade, seja lá aonde ele leva. Aqueles que ficam em casa estão impedidos de praticar a chance de ascenderem socialmente. Jamais o sucesso foi tão associado à mobilidade social, um conceito que surgiu marginalmente na definição de oportunidade criada no século XIX (capítulo 3, "Oportunidades na Terra Prometida"). O seu crescimento no século XX é, em si, um indicador importante da erosão do ideal democrático, que não vê mais a igualdade crua da nossa condição humana, mas apenas uma promoção seletiva daqueles que não fazem parte das elites para finalmente entrarem na classe dos gerentes profissionais.

Portanto, os ambiciosos entendem que um modo de vida migratório é o preço de ir adiante na vida. E é um preço que eles pagam alegremente, uma vez que associam a ideia de lar com parentes e vizinhos intrometidos, a fofoca mesquinha e as convenções sociais preconceituosas. As novas elites se revoltaram contra aquilo que se chama "Middle America" [Coração da América] – ou pelo menos com a imagem que fizeram disso: uma nação tecnologicamente retrógrada, politicamente reacionária, repressiva na moralidade sexual, medíocre em seus gostos, orgulhosa e complacente, tediosa e datada.* Os que aspiram a serem

---

* No original, "Middle America", termo que pode ser facilmente confundido como "América Média", e que vários analistas e tradutores usam sem atentar para o fato não só geográfico, mas principalmente simbólico, de que esta região é composta pelas áreas rurais e periféricas dos Estados Unidos, povoadas por uma classe média que representa valores religiosos de origem protestante. Há a expressão coloquial "flyover country", que reflete o comportamento das elites de conhecer os Estados Unidos apenas

membros desta nova aristocracia de cérebros têm a tendência de se reunirem nos litorais, dando suas costas ao interior, e cultivam laços com o mercado internacional do dinheiro rápido, do glamour, da moda e da cultura popular. É de se questionar se eles veem a si mesmos como americanos. Sem dúvida, o patriotismo não está no alto da hierarquia de suas virtudes. Por outro lado, o "multiculturalismo" se adequa perfeitamente aos seus hábitos cotidianos, dando-lhes a imagem agradável de fazerem parte de um bazar global onde culinárias exóticas, estilos exóticos de moda, música exótica e costumes tribais exóticos podem ser saboreados sem discriminação, sem nenhum questionamento e sem a necessidade de compromissos. As novas elites estão em casa apenas quando estão em trânsito, rumo a uma conferência com pessoas importantes, à festa de inauguração de uma nova franquia, a um festival internacional de cinema ou a um refúgio desconhecido. Em sua essência, trata-se da visão de mundo de um turista – jamais uma perspectiva que encorajará uma devoção apaixonada à democracia.

Em *The True and Only Heaven* [O verdadeiro e único paraíso], tentei recuperar uma tradição de pensamento democrático – chamemo-la de populista, na falta de um termo melhor – que caiu em desuso. Um resenhista me surpreendeu ao reclamar que o livro não tinha nada a dizer sobre democracia (um mal-entendido que desfiz, espero, no capítulo 4, "A democracia merece sobreviver?"). O fato de ele não ter entendido o ponto do livro nos diz algo sobre o clima cultural dos nossos dias. Mostra como estamos confusos sobre o significado da democracia, o quão

---

entre os terminais aéreos das Costas Leste (os estados de Nova York, Massachusetts, Virginia, entre outros) e Oeste (Califórnia, Óregon, Alasca etc.), esquecendo--se do resto do país. Aqui, usa-se "o coração da América" no sentido similar ao de "Heartland", que indica a posição social e cultural dos estados que não tocam os oceanos Atlântico e Pacífico, como os de Nebraska (onde nasceu Christopher Lasch), Dakota do Sul, Dakota do Norte, Kansas, Texas, Luisiana etc. (N. T.)

longe nos afastamos das premissas sobre as quais este país foi fundado. A palavra "democracia" serve simplesmente como uma descrição do estado terapêutico. Quando atualmente falamos de democracia, nos referimos, com mais frequência do que pensamos, à democratização da "autoestima". Os termos que estão em voga – diversidade, solidariedade, empoderamento, direitos – expressam a esperança nostálgica de que as divisões profundas na sociedade americana possam ser superadas pela boa vontade e pelo discurso sensato. Somos impelidos a reconhecer que todas as minorias têm direitos a serem respeitados, não em virtude de suas conquistas, mas pelos sofrimentos passados. Dizem-nos que a atenção compassiva as fará ter uma melhor opinião sobre si mesmas; banir epítetos raciais e outras formas de discurso odioso fará maravilhas para seu bem-estar. Na nossa preocupação com as palavras, perdemos de vista as duras realidades que não podem ser amaciadas simplesmente pela bajulação ao que o povo imagina ser. Afinal, o que ganham os residentes de South Bronx ao impor regras de expressão nas universidades de elite?

Na primeira metade do século XIX, muitos que pensavam sobre o assunto presumiam que a democracia era fundamentada em uma ampla distribuição da propriedade. Eles entendiam que os extremos da riqueza e da pobreza seriam fatais ao experimento democrático. O medo deles da turba, muitas vezes compreendido como um desdém aristocrático, se baseava na observação de que uma classe trabalhadora degradada, uma vez servil e ressentida, não tinha as qualidades de espírito e caráter essenciais à cidadania democrática. Pensavam que os hábitos democráticos – a autonomia, a responsabilidade, a iniciativa – seriam mais bem adquiridos no exercício do comércio ou no gerenciamento da pequena parte de uma propriedade. Uma "competência", como eles chamavam, se referia tanto à propriedade por si mesma como à inteligência e à dificuldade exigidas por sua administração. Portanto, a democracia funcionava bem e de modo racional quando a propriedade era distribuída de uma maneira tão ampla quanto possível entre os cidadãos.

O tópico pode ser afirmado de maneira ainda mais abrangente: a democracia funciona melhor quando homens e mulheres fazem as coisas por eles mesmos, com a ajuda dos seus amigos e vizinhos, em vez de dependerem do Estado. Não que ela seja igual ao individualismo bronco. São as comunidades autônomas, e não os indivíduos, que se tornaram as unidades básicas da sociedade democrática, como eu argumento nos capítulos 5 ("Comunitarismo ou populismo?"), 6 ("A conversação e as artes civis") e 7 ("A política racial em Nova York"). É o declínio dessas comunidades, mais do que nunca, que impele a questão do futuro da democracia. Os shoppings centers suburbanos não são substitutos das vizinhanças. O mesmo padrão de desenvolvimento foi repetido de uma cidade para a outra, com os mesmos resultados desapontadores. A fuga da população para os subúrbios, seguido pela fuga da indústria e dos empregos, deixaram as nossas cidades completamente desprovidas. Assim como as taxas fiscais aumentam, os serviços públicos e as amenidades civis desaparecem. As tentativas de reviver a cidade com a construção de centros de convenções e de locais esportivos, na intenção de atrair turistas, apenas fazem aumentar o contraste entre a riqueza e a pobreza. A cidade transforma-se em uma feira, mas os luxos exibidos em suas lojas exclusivas, nos hotéis e nos restaurantes estão além do alcance da maioria dos seus habitantes. Alguns deles rumam para o crime, como se fosse a única maneira de chegar ao mundo sedutor anunciado como o Sonho Americano. Enquanto isso, aqueles que têm aspirações mais modestas ficam espremidos entre os altos aluguéis, a gentrificação e as políticas públicas equivocadas, feitas sempre com a intenção de romper com as fronteiras étnicas que, supostamente, interferem no caminho da integração racial.

O populismo, tal como eu entendo, jamais foi uma ideologia agrária exclusivista; ele via uma nação não só de fazendeiros, mas também de artesãos e comerciantes, tampouco uma implacável oposição contra

A moléstia democrática

a urbanização. Nos cinquenta anos antes da Primeira Guerra Mundial, o crescimento rápido das cidades, o fluxo interno de imigrantes e a institucionalização do salário-mínimo apresentaram um desafio formidável à democracia, mas reformistas urbanos como Jane Addams, Frederic C. Howe e Mary Parker Follett confiavam que as instituições democráticas poderiam ser adaptadas às novas condições da vida urbana. Howe capturou a essência daquilo que se chamava movimento progressista ao se referir à cidade como a "esperança da democracia". Parecia que as vizinhanças urbanas recriavam as condições das cidades pequenas, as quais a democracia foi associada no século XIX. A cidade criava novas formas de associação em um modo todo próprio, em particular por meio dos sindicatos, junto com um espírito cívico contagiante.

O conflito entre a cidade e o campo, explorado pelos demagogos nativistas que descreviam a primeira como um esgoto de iniquidade, era uma ilusão. As melhores mentes sempre entenderam que tanto a cidade como o campo são complementares e que um equilíbrio saudável entre os dois é uma precondição importante da boa sociedade. Somente quando a cidade se tornou uma megalópole, após a Segunda Guerra Mundial, este equilíbrio foi rompido. A distinção entre a cidade e o campo perdeu seu sentido quando a forma dominante de assentamento não era mais rural, urbana ou uma síntese dos dois, mas um imenso conglomerado amorfo sem fronteiras claramente visíveis ou qualquer espécie de identidade cívica. Robert Fishman argumentou, de forma persuasiva, que o novo padrão não pode ser mais adequadamente descrito até mesmo como suburbano, uma vez que o subúrbio, antes um anexo residencial da cidade, agora a substituiu na maioria das suas funções. As cidades ainda mantêm uma importância residual como o lar das grandes firmas de advocacia, das agências publicitárias, das editoras, dos empreendimentos de entretenimento e dos museus, mas as vizinhanças de classe média, que sustentaram uma cultura cívica vigorosa, estão cada vez mais polarizadas; os profissionais da classe média alta, em conjunto com os trabalhadores que suprem suas necessidades, continuam a morar precariamente nos distritos de alto valor, isolando-se contra a pobreza e o crime que ameaçam engoli-los.

Nada disso é um bom agouro para a democracia; contudo, o cenário se torna ainda mais sombrio se considerarmos a deterioração do debate público. A democracia necessita de uma troca saudável de ideias e opiniões. Assim como a propriedade privada, as ideias precisam ser distribuídas da forma mais ampla possível. Entretanto, muitas daquelas "boas pessoas", como elas pensam de si, sempre foram céticas a respeito da capacidade dos cidadãos comuns de entenderem assuntos complexos e de fazerem julgamentos críticos. De seu ponto de vista, o debate democrático se degenera facilmente em uma disputa de gritos na qual a voz da razão raras vezes é ouvida. Horace Mann, que era um sábio em vários assuntos, falhou ao ver que a controvérsia política e religiosa é algo educativo em seu próprio direito e, portanto, tentou excluir tópicos polêmicos das escolas públicas (capítulo 8, "As escolas públicas"). Sua impaciência para evitar brigas sectárias é até compreensível, mas deixou um legado que pode explicar a qualidade inócua, amortizadora e anestesiante da educação pública atual.

O jornalismo americano foi formatado por desconfianças semelhantes sobre os poderes de raciocínio dos homens e das mulheres comuns (capítulo 9, "A arte perdida do debate"). Segundo Walter Lippmann, um dos pioneiros do jornalismo moderno, o "cidadão onicompetente" era um anacronismo em uma era da especialização. De qualquer modo, a maioria desses cidadãos, ele pensava, pouco se importava com a essência das políticas públicas. A meta do jornalismo não era encorajar o debate público, mas prover especialistas com a informação sobre a qual deveriam se basear em suas decisões inteligentes. Lippmann afirmava que, em oposição ao que dizia John Dewey e outros veteranos do movimento progressista, a opinião pública era um junco frágil. Ela era formada mais pela emoção do que pelo juízo racional. O próprio conceito do que seria público era algo suspeito. O público idealizado pelos progressistas, um público capaz de ter um direcionamento inteligente em relação aos assuntos públicos, era um "espectro". Existia apenas na cabeça de democratas sentimentais. "O interesse público em um problema", escreveu Lippmann, "é limitado a isto: deve haver regras [...] O público está interessado na lei, não nas leis; no método da lei, não em sua essência". As questões substanciais foram deixadas para serem feitas, sem dúvida, pelos especialistas, cujo acesso ao conhecimento científico os imunizou contra os "símbolos" emocionais e os "estereótipos" que dominaram o debate público.

O raciocínio de Lippmann se baseava na distinção aguçada entre opinião e ciência. Ele pensava que apenas a última poderia afirmar ser objetiva. Por outro lado, opinião se baseava em vagas impressões, preconceitos e pensamentos otimistas. Este culto do profissionalismo teve uma influência decisiva no desenvolvimento do jornalismo moderno. Os jornais podem ter servido como extensões das reuniões sociais na cidade. Porém, passaram a abraçar um ideal equivocado de objetividade e definiram sua meta como a circulação de informação confiável – ou seja, o tipo de informação que tende não a promover o debate e, sim, a evitá-lo a qualquer custo. A característica mais curiosa de tudo isso é que, claro, apesar dos americanos se afogarem em informação, graças aos jornais, televisões e outras mídias, as pesquisas informam regularmente um declínio constante no conhecimento deles sobre os assuntos públicos. Na "era da informação", o povo americano está reconhecidamente mal-informado. A explicação para esse paradoxo é óbvia, apesar de ser raramente oferecida à sociedade: excluídos efetivamente do debate público na suposição de que são incompetentes, muitos americanos não tinham mais nenhuma utilidade para a informação que seria despejada sobre eles. Eles se tornaram os incompetentes que seus críticos sempre disseram que eram – um lembrete de que é o debate em si mesmo, e tão somente ele, que provê o crescimento no desejo pela informação instável. Na ausência de um intercâmbio democrático de ideias, a maioria das pessoas não é incentivada a dominar o conhecimento que as transformaria em cidadãs.

A distinção enganosa entre conhecimento e opinião reaparece, em outra forma, nas controvérsias que recentemente colocaram as universidades em convulsão (capítulo 10, "O pseudorradicalismo acadêmico"). Essas controvérsias são amargas e inconclusivas porque ambos os lados compartilham da mesma premissa inconsciente: a de que o conhecimento deve se basear em fundamentos indisputáveis para ter algum valor. Uma facção – que se identifica com a esquerda, apesar de seu ponto de vista ter pouca semelhança com a tradição que diz defender – sustenta que o colapso do "fundacionalismo" se faz possível pela primeira vez ao ver que o conhecimento é apenas um outro nome para poder. Os grupos dominantes – com seus machos eurocêntricos, na formulação mais comum – impuseram suas ideias, seu cânone, suas leituras defensivas da história sobre todo o resto do mundo. O poder deles ao suprimir pontos de vista alternativos aparentemente lhes dá o direito de afirmar que a sua ideologia particular tem o status de ser uma verdade transcendente e universal. A demolição crítica do fundacionalismo, de acordo com a esquerda acadêmica, expõe o vazio dessas reivindicações e permite que grupos marginais entrem na competição pela ortodoxia majoritária, na alegação de que ela serve somente para manter as mulheres, os homossexuais e as "pessoas de cor" em seu devido lugar. Ao desacreditar a visão de mundo dominante, as minorias estão em uma posição de substituí-la por uma outra ideologia, ou, pelo menos, por outra visão que assegure oportunidades iguais para os estudos de negros, feministas, gays, latinos e outras perspectivas "alternativas". Uma vez que o conhecimento é igualado à ideologia, não é mais necessário argumentar contra seus oponentes no campo intelectual ou então tentar entender o ponto de vista deles. É o suficiente para desprezá-los como eurocêntricos, racistas, sexistas, homofóbicos – em outras palavras, como politicamente suspeitos.

Os críticos conservadores das universidades, compreensivelmente inquietos com esse amplo descarte da cultura ocidental, não encontram outra maneira de defendê-la exceto apelando à premissa do colapso que leva ao ataque contra os clássicos e ao reconhecimento de que alguns princípios axiomáticos são a condição do conhecimento confiável. Infelizmente para sua causa, tornou-se impossível, neste momento, ressuscitar os absolutos que antes pareciam fundações seguras sobre as quais poderiam construir estruturas estáveis de pensamento. A busca pela certeza, que se tornou um tema obsessivo do pensamento moderno quando Descartes tentou basear a filosofia em proposições indubitáveis, foi mal direcionada desde o início. Como John Dewey apontou, essa busca distraiu a atenção do verdadeiro assunto da filosofia, a tentativa de chegar a "julgamentos concretos [...] a respeito dos fins e dos meios na regulação do comportamento prático". Na sua procura pelo absoluto e pelo imutável, os filósofos decidiram por uma visão desesperada em torno do que era contingente e temporal. "A atividade prática", como Dewey colocou em palavras, tornou-se a seus próprios olhos, "algo intrinsicamente inferior". Na visão de mundo da filosofia ocidental, o conhecer ficou separado do fazer; a teoria, da prática; o espírito, do corpo.

A influência duradoura dessa tradição ajuda na crítica conservadora às universidades. O fundacionalismo, dizem os conservadores, é a única defesa contra o relativismo moral e cultural. Ou o conhecimento se baseia em fundamentos imutáveis, ou homens e mulheres estão livres para pensarem o que quiser. "As coisas soçobram; o centro não se sustenta; a anarquia está solta pelo mundo." Os conservadores jamais se cansam de citar esses versos de Yeats para mostrarem o que acontece quando os princípios axiomáticos perdem a sua autoridade. Contudo, o problema com a academia vem não da ausência de fundamentos seguros, mas sim da crença (compartilhada, repita-se, por ambas as facções neste debate) de que, nesta ausência, a única saída possível é um ceticismo tão profundo que se torna indistinto do niilismo. De fato, esta foi a saída que ficou evidentemente clara para Dewey. Não à toa o ressurgimento do pragmatismo como um objeto de estudo histórico e filosófico – um dos momentos mais luminosos nesse cenário tão desanimador – foi considerado como uma esperança para escapar desse impasse acadêmico.

A busca pela certeza é mais do que um interesse acadêmico. Ela também lida com a polêmica controvérsia a respeito do papel público da religião. Aqui, novamente, ambos os lados compartilham da mesma premissa, a de que a religião é uma rocha segura em um universo imprevisível. De acordo com os críticos da religião, é o colapso das velhas certezas que torna impossível (ao menos para aqueles que foram expostos à influência corrosiva da modernidade) levar a religião seriamente. Os defensores dela tendem a partir de um ponto de origem semelhante. Eles afirmam que, sem o conjunto de dogmas inquestionáveis, as pessoas perderão seus nortes morais. O bem e o mal se tornam indistintos; tudo é permitido; as antigas instruções são desafiadas com a impunidade.

Tais argumentos são defendidos não apenas pelos pastores evangélicos, mas muitas vezes pelos intelectuais seculares perturbados com a ameaça da anarquia moral (capítulo 12, "Philip Rieff e a religião da cultura"). Por um bom motivo, esses intelectuais desaprovam a privatização da religião e o desaparecimento dos assuntos religiosos nas discussões públicas. Contudo, sua defesa é enfraquecida por uma série de falhas graves. Em primeiro lugar, é impossível reviver a crença religiosa simplesmente porque serve a um propósito social útil. A fé vem do coração; não pode ser invocada por meio de um comando. De qualquer forma, não se pode ter a expectativa de que a religião provê um código de conduta definitivo e compreensivo que resolveria qualquer discussão

A moléstia democrática

e qualquer dúvida. Essa mesma premissa é curiosa porque ela também leva à privatização da religião. Aqueles que desejam manter a religião fora da vida pública argumentam que a crença religiosa, em especial na natureza das coisas, faz com que o fiel se comprometa aos dogmas indisputáveis que estão além do alcance de uma discussão racional. Esses céticos também veem a religião como um corpo de dogmas imutáveis o qual os fiéis estão proibidos de questionar. As mesmas qualidades que tornam a religião atraente para aqueles que lamentam o seu declínio – a segurança que ela presumivelmente gera contra a dúvida e a confusão, os seguidores que conseguem um conforto oriundo de um sistema rígido que nada deixa inexplicado – são as mesmas que a tornam repulsiva à mente secular. Os seus opositores vão além e afirmam que ela promove a intolerância, já que aqueles que a defendem imaginam a si mesmos como os detentores de verdades exclusivas e absolutas, inconciliáveis com outras sentenças igualmente verdadeiras. Dada a oportunidade, eles procurarão inevitavelmente uma forma de fazer todas as outras pessoas se conformarem com os seus modos. Em resumo, os esnobes cultivadores da religião suspeitam que a tolerância religiosa seja, em termos, uma contradição – fato que surge somente por causa da longa história das guerras religiosas.

Sem dúvida, essa visão preconceituosa da religião, conosco por um bom tempo, contém mais do que uma pequena verdade. Mais que isso, falta nela o desafio religioso contra a complacência, o coração e a alma da fé (capítulo 13, "A alma do homem sob o secularismo"). No lugar de desencorajar a investigação moral, o impulso religioso pode facilmente estimulá-la ao dar atenção à disparidade que existe entre um juramento verbal e sua prática, ao insistir que o cumprimento superficial de rituais estabelecidos não é o suficiente para garantir a salvação, além de incentivar os fiéis a cada passo dessa procura ao se perguntarem sobre seus próprios motivos. Longe de amenizar essas dúvidas e angústias, em geral, a religião tem o efeito de intensificá-las. Ela julga aqueles que defendem a fé de maneira mais dura do que julga os infiéis. Assegura-os um modelo de conduta tão exigente que muitos resolvem desistir. Não tem paciência alguma com aqueles que criam desculpas para si mesmos – uma arte na qual os americanos parecem se superar. Se ela é, em última análise, misericordiosa com a fraqueza e a loucura humanas, não é porque as ignora ou as atribui exclusivamente aos descrentes. Para os que levam a religião a sério, a crença é um fardo, não um direito assegurado de se ter algum *status* moral privilegiado. De fato, o moralista pode ser alguém muito mais frequente entre os céticos do que entre os fiéis. A disciplina espiritual contra o moralismo hipócrita é a própria essência da religião.

Como a sociedade secular não consegue compreender o anseio por tal disciplina, também falha em entender a natureza da religião: sim, ela deve consolar, mas antes de tudo deve desafiar e confrontar. Sob um ponto de vista secular, a primeira preocupação espiritual não é com o moralismo e sim com a "autoestima" (capítulo 11, "A abolição da vergonha"). A nossa energia espiritual é gasta em boa parte e precisamente em uma campanha contra a vergonha e a culpa, cujo objetivo é fazer as pessoas "se sentirem bem a respeito de si mesmas". As próprias igrejas entraram nesse exercício terapêutico, no qual os principais beneficiários foram, ao menos em teoria, as minorias vitimizadas que foram sistematicamente marginalizadas da autoestima por um vicioso histórico de opressão. O que esses grupos precisam, de acordo com o consenso dominante, é a consolação espiritual dada pela certeza dogmática da sua identidade coletiva. Eles são encorajados a recuperar sua herança ancestral, a reviver seus rituais esquecidos e a celebrar um passado mítico sob o nome da história. Se esse relato abrangente sobre o passado peculiar deles se enquadra nos padrões aceitos da interpretação histórica, é algo que fica em uma posição secundária; o importante é se ele contribui à autoimagem positiva que aparentemente ajudaria no "empoderamento". Os mesmos benefícios que estão erroneamente associados com

A moléstia democrática

a religião – segurança, conforto espiritual, o alívio dogmático da dúvida – surgem de uma política terapêutica da religião. Na verdade, a política de identidade veio para servir como uma substituta da religião – ou, ao menos, para substituir o sentimento de moralismo que é tão habitualmente confundido com a religião.

Esses eventos jogam um pouco mais de luz no declínio do debate democrático. "Diversidade" – uma palavra de ordem que soa atraente à primeira vista – passou a significar o oposto daquilo que parece ser. Na prática, diversidade começa a legitimar um novo dogmatismo, no qual minorias rivais se protegem em um conjunto de crenças completamente impermeáveis a uma conversa racional. A segregação física da população em territórios racialmente homogêneos e fechados em si mesmos tem, como contrapartida, a balcanização da opinião. Cada grupo tenta criar barricadas próprias atrás dos seus dogmas particulares. Tornamo-nos uma nação de minorias; falta somente um reconhecimento oficial para completar o processo.[1] Esta paródia de "comunidade" – um termo com o qual todo mundo concorda, mas que é pouco compreendido – leva para dentro de si a premissa viciada de que todos os membros de um determinado grupo devem pensar da mesma maneira. A opinião se transforma, então, em uma variação da identidade racial ou étnica, ou de gênero ou preferência sexual. Os "porta-vozes" selecionados por essas minorias obrigam essa conformidade ao provocar o ostracismo daqueles que se desviam da linha geral do partido – por exemplo, os negros que "pensam como brancos". Até quando o espírito da livre pesquisa e o debate amplo sobreviverão sob essas condições?

Mickey Kaus, um dos editores da revista *New Republic*, fez a sua interpretação da moléstia democrática, sob o levemente enganoso e provocador título *The End of Equality* [O fim da igualdade], e ela tem muito em comum com a análise que fiz nestas páginas.[2] Segundo Kaus, a ameaça mais perigosa à democracia, no nosso tempo, não vem da má

distribuição de riqueza, e sim da decadência e do abandono das instituições públicas nas quais os cidadãos se encontram como iguais. A igualdade de renda, ele diz, é menos importante do que a meta "mais viável"
da igualdade social ou cívica. Kaus nos lembra que observadores estrangeiros ficaram maravilhados com a ausência de esnobismo, deferência
e sentimento de classe na América. Não havia "nada opressor ou sub-
misso" a respeito do trabalhador americano, escreveu Werner Sombart
em 1906. "Ele anda com a sua cabeça ereta e é tão disponível e alegre
em suas feições como qualquer membro da classe média". Alguns anos
depois, R. H. Tawney notou que a América foi "de fato marcada por
uma demasiada desigualdade econômica, mas também foi marcada por
uma grande igualdade social". É essa cultura do respeito por si mesmo,
segundo Kaus, que corremos o risco de perder.

Sob esse ponto de vista, o problema com a nossa sociedade não é
apenas que os ricos têm muito dinheiro, mas que seu dinheiro os isola
da vida comum mais do que deveria. A "aceitação rotineira de profissionais como uma classe separada" atinge Kaus como uma espécie de
desenvolvimento agourento, assim como o "desprezo esnobe dos demo-
graficamente inferiores" exibido por esses sujeitos. Acrescentaria que
parte do problema é a perda de respeito que temos pelo trabalho manual
honesto. Pensamos o trabalho "criativo" como uma série de operações
mentais abstratas, realizadas em um escritório, de preferência com a
ajuda de computadores, não como a produção de alimentos, abrigos e
outras necessidades. As classes pensantes estão fatalmente afastadas do
lado físico da vida – daí sua fraca tentativa de compensação, ao abraça-
rem um regime extenuante de exercício gratuito. A sua única relação
com o trabalho produtivo é a de serem consumidores. Elas não têm
quaisquer experiências de fazer qualquer coisa substancial ou permanente. Vivem em um mundo de abstrações e de imagens, um mundo
simulado que consiste em modelos computadorizados da realidade
– a "hiper-realidade", como a chamam –, algo completamente diferente

da realidade palpável, imediata e física habitada por homens e mulheres comuns. A sua crença na "construção social da realidade" – o dogma fundamental do pensamento pós-moderno – reflete a experiência de viver em um ambiente artificial no qual tudo o que resiste ao controle humano (e, inevitavelmente, também tudo o que seja familiar e inspirador) foi rigorosamente excluído. O controle tornou-se sua obsessão. Na ânsia de se isolarem contra o risco e a contingência – enfim, contra os perigos imprevisíveis que afligem a vida humana –, as classes pensantes separaram-se não apenas do mundo comum ao seu redor, mas da própria realidade.

As guerras culturais que convulsionaram a América desde os anos 1960 são mais bem compreendidas se as virmos como uma forma de luta de classes, na qual uma elite esclarecida (como ela pensa de si mesma) procura não tanto impor os seus valores a uma maioria (percebida como incorrigivelmente racista, sexista, provinciana e xenofóbica), e muito menos convencê-la por meio do debate público racional, em vez de criar instituições paralelas ou "alternativas" nas quais não será mais necessário confrontar os não esclarecidos.

Segundo Kaus, as políticas públicas deveriam buscar não desfazer os efeitos do mercado (que inevitavelmente promove a desigualdade de renda), mas sim limitar o seu escopo – "restringir a esfera da vida na qual o dinheiro importa". No livro *Esferas da justiça: Uma defesa do pluralismo e da igualdade*, Michael Walzer argumenta que a meta do liberalismo cívico, distinto do "liberalismo monetário", é "criar uma esfera da vida na qual o dinheiro perde o seu valor, a fim de prevenir aqueles que o têm de conspirar sua superioridade". Walzer é igualmente preocupado em limitar a "extração não apenas de riqueza, mas também de prestígio e de influência que vêm do mercado", como escreve. Ele trata o problema da justiça como um problema de limites e de "revisão desses limites". Dinheiro, mais do que todas as outras coisas boas, tais como beleza, eloquência e charme, tende a "infiltrar-se além dos limites" e a comprar produtos que não deveriam estar à venda: licença do serviço militar; amor e amizade; cargos políticos (graças aos custos exorbitantes das campanhas políticas). Walzer sustenta que o princípio da igualdade é melhor usado não ao manter uma distribuição igual de renda, mas ao estabelecer limites ao imperialismo do mercado, o qual "transforma qualquer bem social em uma mercadoria". "O que está em questão", escreve, "é o domínio do dinheiro fora da sua própria esfera".[3]

Há muita sabedoria nessas palavras, e aqueles que valorizam a democracia deveriam aceitá-las. Mas é igualmente importante lembrar – algo que nem Walzer ou Kaus negariam em suas conclusões – que a desigualdade econômica é algo intrinsecamente indesejável, até mesmo quando existe dentro da sua própria esfera. A luxúria é moralmente repugnante e, mais, incompatível com os ideais democráticos, algo reconhecido dentro das tradições que formam a nossa cultura política. A dificuldade ao limitar a influência da riqueza sugere que a própria riqueza precisa ser limitada. Quando o dinheiro fala mais alto, todos estão condenados a ouvi-lo. É por este motivo que uma sociedade democrática não pode permitir uma acumulação ilimitada. A igualdade social e cívica pressupõe, ao menos, uma aproximação do que deve ser uma igualdade econômica. Uma "pluralidade de esferas", como Walzer as chama, é sem dúvida desejável, e devemos fazer o possível para ajustar os limites entre elas. Porém, devemos também lembrar que esses limites são permeáveis, em especial quando o dinheiro é o assunto principal, e assim uma condenação moral da grande riqueza deve formar uma defesa do livre mercado – e que esta mesma condenação moral deve ser apoiada por uma ação política efetiva.

Nos velhos tempos, os americanos concordavam, ao menos em princípio, que os indivíduos não podiam alegar direitos excessivos aos ricos, em comparação às suas necessidades. A permanência desta crença, mesmo admitindo-se que se trata de uma corrente subterrânea na celebração da riqueza que agora parece ameaçar todos os nossos valores, oferece alguma esperança de que nem tudo está perdido.

PARTE I

O CRESCIMENTO DAS DIVISÕES SOCIAIS

2

A revolta das elites

Antes era a "rebelião das massas" que ameaçava a ordem social e as tradições civilizadoras da cultura ocidental. Contudo, atualmente, a ameaça principal parece vir daqueles que estão no topo da hierarquia social, e não das massas. Essa notável reviravolta de eventos embaralha as nossas expectativas a respeito do curso da história e nos faz questionar afirmações que antes acreditávamos ser corretas.

Quando José Ortega y Gasset publicou *A rebelião das massas*, traduzido pela primeira vez para a língua inglesa em 1932, ele jamais poderia antever uma época na qual seria mais apropriado falar de uma revolta das elites. Ao escrever em uma era da Revolução Bolchevique e da ascensão do fascismo, logo após uma guerra catastrófica que dividiu a Europa ao meio, Ortega atribuiu a crise da cultura ocidental à "dominação política das massas". Atualmente, porém, são as elites – aquelas que controlam o fluxo internacional de dinheiro e de informação, presidem as fundações filantrópicas e as instituições de ensino superior, administram os instrumentos da produção cultural e, assim, determinam os termos do debate cultural – que perderam a fé nos valores, ou o que resta deles, no Ocidente. Para muitas pessoas, o próprio uso do termo "Civilização Ocidental" faz lembrar um sistema organizado de dominação que impõe uma conformidade aos valores burgueses e que mantém as vítimas da opressão patriarcal – mulheres, crianças, homossexuais, pessoas de cor* – em um estado permanente de submissão.

Do ponto de vista de Ortega, amplamente divulgado naqueles anos, o valor das elites culturais residia na vontade de assumir responsabilidade pelos padrões exatos sem os quais a civilização seria impossível. Eles viviam a serviço de ideais extremamente exigentes. "A nobreza é definida pelas exigências que fazem a nós – por meio das obrigações, não por meio de direitos". Por outro lado, o homem-massa desconhecia qualquer espécie de obrigação e não tinha qualquer compreensão do que tudo isso implicava, "sem ter nenhum sentimento pelos grandes deveres históricos". Em vez disso, ele afirmava os "direitos do medíocre". Sempre ressentido e satisfeito consigo mesmo, rejeitava "tudo o que era de excelência, individual, qualificado e selecionado". Era "incapaz de se sujeitar a qualquer direção de qualquer tipo". Sem nenhum entendimento da fragilidade da civilização e do caráter trágico da história, vivia sem pensar na "certeza de que amanhã [o mundo] continuará mais rico, mais amplo, mais perfeito, como se nele existisse um poder espontâneo e sem limites de crescimento". Ele era preocupado apenas com o seu próprio bem-estar e olhava adiante para um futuro de "possibilidades ilimitadas" e "liberdade completa". Suas maiores falhas eram uma "ausência de romance nos seus relacionamentos com as mulheres". O amor erótico, um ideal exigente por seu próprio direito, não exercia qualquer atração para esse tipo de homem. Sua atitude em relação ao corpo era extremamente prática: criava um culto da adequação física e se submetia a regimes higiênicos que prometiam manter sua boa forma e estender a sua longevidade. Tudo isso era, contudo, um "ódio mortal daquilo que não era seu" e que caracterizava o espírito de massa, tal como Ortega o descrevia. Incapaz de espanto ou respeito, o homem-massa era a "criança mimada da história humana".

---

* Termo mantido como no original, segundo os desejos do autor e as circunstâncias linguísticas nas quais o livro foi escrito. (N. T.)

Todos esses hábitos mentais que descrevi são muito mais comuns aos estratos superiores da sociedade do que às classes baixa e média. Dificilmente pode ser dito que as pessoas comuns dos nossos dias esperam ansiosamente por um mundo com "possibilidades ilimitadas". Qualquer afirmação de que as massas estão comandando o curso da história se tornou obsoleta há muito tempo. Os movimentos radicais que perturbaram a paz do século XX falharam um por um, e nenhum sucessor surgiu no horizonte. A classe trabalhadora industrial, antes o pilar do movimento socialista, tornou-se um remendo choroso de si mesma. A esperança de que "novos movimentos sociais" substituiriam o seu lugar na luta contra o capitalismo, uma ideia que sustentou brevemente a esquerda no fim dos anos 1970 e no início dos 1980, não deu em nada. Não somente os novos movimentos sociais – feminismo, direitos dos gays, direitos do Estado de bem-estar social, agitação contra a discriminação racial – não têm mais nada em comum entre si, mas o único pedido constante deles almeja uma inclusão na estrutura dominante em vez de uma transformação revolucionária das relações sociais.

Não é só o fato de que as massas perderam o interesse pela revolução; seus instintos políticos são explicitamente muito mais conservadores do que os daqueles que se tornaram seus porta-vozes autonomeados e pretensos libertadores. São as classes baixas e trabalhadoras, afinal de contas, que impõem limites ao aborto, sustentam o modelo familiar com pai e mãe como fonte de estabilidade em um mundo turbulento, resistem aos experimentos com "estilos de vida alternativos" e possuem profundas objeções a respeito das ações afirmativas e de outros empreendimentos de larga escala na engenharia social. Mas, de acordo com o que Ortega apontava, elas têm um senso altamente desenvolvido dos limites, muito mais do que suas superioras. Compreendem algo que a elite não consegue entender: que há limites inerentes em relação ao controle humano sobre o desenvolvimento social, sobre a natureza e o corpo, sobre os elementos trágicos da vida e da história da humanidade.

Enquanto jovens profissionais se sujeitam a um horário árduo de exercícios físicos e dietas controladas, com o intento de manter a morte à margem – e assim permanecerem em um estado de juventude permanente, eternamente atraentes e sempre abertos a novos casamentos –, pessoas comuns, por outro lado, aceitam a decadência do corpo como algo impossível de ser combatido.

Os liberais da classe média alta, com sua incapacidade de entender a importância das diferenças de classes ao moldar atitudes em relação à vida, falham em reconhecer a dimensão de classe das suas obsessões com saúde e elevação moral. Eles acham difícil compreender que a sua concepção higiênica de vida não permite ordenar um entusiasmo universal. Criaram uma cruzada para sanear a sociedade americana: querem viver em um "ambiente sem fumo", censurar tudo, da pornografia ao "discurso de ódio", simultaneamente e de forma incongruente, para assim ampliar o alcance da escolha pessoal em assuntos nos quais a maioria dos indivíduos sente a necessidade de regras morais sólidas. Quando são confrontados com a resistência a essas iniciativas, traem-se a si mesmos em uma raiva venenosa da benevolência que dizem possuir. A oposição faz os humanitários esquecerem as virtudes liberais que eles afirmam defender. Tornam-se petulantes, moralistas, intolerantes. No calor da controvérsia política, acreditam ser impossível esconder seu desprezo por aqueles que, teimosamente, se recusam a ver a luz – pois são aqueles que "não entendem", segundo o jargão pleno de satisfação da retidão política.

As novas elites são, ao mesmo tempo, arrogantes e inseguras, em especial as classes profissionais, e olham as massas com escárnio e apreensão. Nos Estados Unidos, a "Middle America" – um termo que tem implicações tanto geográficas como sociais – simboliza tudo o que se opõe ao caminho do progresso: "valores familiares", patriotismo espontâneo, fundamentalismo religioso, racismo, homofobia, visões retrógradas sobre as mulheres. Os americanos que vivem nessa região do país, tal como ela aparece aos mestres da opinião educada, são completamente desajeitados, datados e provincianos, mal-informados sobre as mudanças nos gostos e nas tendências intelectuais, viciados em romances de baixa categoria, repletos de casos amorosos e aventuras, e estupidificados por assistirem muita televisão. Eles são absurdos e ameaçadores de uma maneira bem vaga – não porque querem subverter a ordem antiga, mas sim precisamente porque a defesa que fazem dela parece ser algo tão profundamente irracional ao ser articulada nos índices elevados de sua intensidade, como, por exemplo, na religiosidade fanática ou na sexualidade reprimida que tem erupções ocasionais contra as mulheres e os gays, além do patriotismo que apoia guerras imperialistas e uma ética nacional de masculinidade agressiva.

O curso geral da história recente não favorece mais o nivelamento das distinções sociais, mas se encaminha na direção de uma sociedade de duas classes na qual os poucos privilegiados monopolizam as vantagens do dinheiro, da educação e do poder. É claro que é inegável que os confortos da vida moderna ainda são amplamente distribuídos quando comparamos o mesmo fenômeno no período da Revolução Industrial. Era essa democratização do conforto que Ortega tinha em mente quando escreveu sobre a "ascensão do nível histórico". Como muitos outros, ficou impressionado por uma abundância nunca vista anteriormente, gerada pela moderna divisão do trabalho, pela transformação do luxo em necessidade e pela popularização de padrões de conforto e de conveniência que antes eram restritos somente aos ricos. Esses fatos – os frutos materiais da modernização – são inquestionáveis. Entretanto, na nossa época, a democratização da abundância – a expectativa de que cada geração fosse aproveitar um padrão de vida além do alcance dos seus antecessores – permitiu um retorno às antigas desigualdades e que começou a se estabelecer em um ritmo assustador, muitas vezes de maneira tão gradual que poucas pessoas conseguem percebê-las.

A disparidade global entre a riqueza e a pobreza, o exemplo mais óbvio desse retorno histórico, tornou-se tão gritante que dificilmente é necessário rever a evidência da desigualdade crescente. Na América Latina, África e outras partes da Ásia, o crescimento ininterrupto dos números, em conjunto com a movimentação das populações rurais por causa da comercialização da agricultura, sujeitou a vida cívica a demandas sem precedentes. Vastas aglomerações urbanas – as quais raramente podem ser chamadas de cidades – tomaram forma, abarrotando-se de pobreza, perversão, doenças e desespero. Paul Kennedy prevê que existirão vinte dessas "megacidades" por volta de 2025, cada uma com população de mais de 11 milhões de pessoas. A Cidade do México já terá mais de 24 milhões de habitantes em torno de 2000, São Paulo terá mais de 23 milhões, Calcutá, por volta de 16 milhões, Mumbai, 15,5 milhões. A expansão que resulta disso em termos de moradia, saneamento, transporte e outras facilidades cívicas pode ser facilmente antevista, mas as condições infernais dificilmente serão um impedimento para uma imaginação consumida por anseios de perdição. Mesmo agora, a devastação é tão gigantesca que a única resposta possível às sensacionais cenas de decadência e de fome fornecidas às pessoas diariamente pela mídia é menos de indignação do que impotência e indiferença.

Enquanto o colapso da vida cívica continua nessas cidades inchadas, não apenas os pobres, mas igualmente a classe média, experimentam condições que eram inimagináveis anos atrás. Espera-se que os padrões de vida da classe média declinem ainda mais, naquilo que é chamado de forma esperançosa como o mundo desenvolvido. Em um país como o Peru, antes uma nação próspera com um futuro razoável em relação às suas instituições parlamentares, a classe média praticamente deixou de existir. Como Walter Russell Mead nos lembra em seu estudo sobre o decadente império americano, *Mortal Splendor* [Esplendor mortal], uma classe média "não surge do nada". O poder e o número dela "depende da riqueza acumulada da economia doméstica" e, assim, em países nos quais "a riqueza é concentrada nas mãos de uma pequena oligarquia e o restante da população é desesperadamente pobre, a classe média só pode crescer apenas de maneira limitada [...]. Ela jamais escapa do seu primeiro papel, que é o de ser uma classe escrava da oligarquia". Infelizmente, essa descrição agora se aplica a uma lista crescente de nações que alcançaram prematuramente os limites do desenvolvimento econômico, países onde um "compartilhamento [crescente] do seu produto nacional vai para investidores ou credores estrangeiros". Tal destino pode ser o mesmo de nações azaradas, incluindo os Estados Unidos, até mesmo no mundo industrial.

É a crise da classe média – e não é simplesmente o cisma acentuado entre riqueza e pobreza – que precisa ser enfatizada em uma análise sóbria do nosso exame. Mesmo no Japão, o modelo supremo da industrialização bem-sucedida nas últimas duas ou três décadas, as pesquisas de opinião pública feitas em 1987 revelaram uma crença constante de que o país não podia mais ser descrito como de classe média, uma vez que as pessoas comuns não conseguiam ter sua parte nas grandes fortunas acumuladas no mercado imobiliário, nas finanças e na manufatura.

A estrutura móvel das classes sociais nos Estados Unidos nos apresenta, muitas vezes de forma exagerada, mudanças que estão acontecendo em todo o mundo industrial. As pessoas que figuram nos 20% do topo da renda nacional agora controlam metade da riqueza do país. Nos últimos vinte anos, somente elas experimentaram um ganho exponencial na renda familiar. Apenas nos breves anos da administração Reagan, a parte delas na renda nacional foi de 41,6% para 44%. A classe média, antes generosamente definida como aquela que ganhava entre 15 mil e 50 mil dólares por ano, caiu de 65% da população, em 1970, para 58% em 1985. Essas estatísticas mostram somente uma impressão parcial e imperfeita das mudanças extremas que aconteceram em um curto período. O crescimento constante do número de desempregados, agora expandido para incluir os trabalhadores profissionais de grandes empresas, é ainda mais revelador. O mesmo acontece com o crescimento daquilo que se chama "força de trabalho contingente". O número de trabalho de meio período dobrou desde 1980 e agora aumenta para um quarto das vagas disponíveis. Sem dúvida, o crescimento exponencial do emprego de meio período ajuda a explicar por que o número de trabalhadores cobertos por planos de aposentadoria, que aumentaram de 22% para 45% entre 1950 e 1980, caiu para 42,6% em 1986. Ajuda também a explicar o declínio das inscrições nos sindicatos e a erosão constante da influência dos sindicalistas. Na verdade, todos esses desenvolvimentos refletem a perda dos trabalhos da indústria e a mudança para uma economia baseada principalmente em informação e em serviços.

Em 1973, um estudante graduado no ensino médio ganharia, em média, uma renda (atribuída no valor de 1987) de 32 mil dólares. Em torno de 1987, se esses mesmos estudantes fossem sortudos o bastante ao encontrar um emprego constante, poderiam esperar ganhar menos que 28 mil dólares – uma queda de 12%. Os desistentes ainda conseguiriam quase 20 mil dólares por ano em 1973, na média; em 1987, tal quantia caiu 15%, para 16 mil dólares. Mesmo uma educação universitária não assegura mais riqueza: no mesmo período, o ganho regular dos formados nas faculdades aumentou apenas de 49.500 para 50 mil dólares.

Atualmente, o influxo monetário – ou, para muitos americanos, a mera sobrevivência – demanda a renda adicional providenciada pela participação das mulheres na força de trabalho. A prosperidade aproveitada pelas classes administrativas e profissionais, as quais conseguem atingir o topo dos 20% da estrutura de renda, vem em sua maioria do padrão emergente de reunião conjugal, conhecido pelo deselegante nome de "união estável" – a tendência dos homens de se casarem com mulheres capazes de trazer para casa uma renda mais ou menos equivalentes à deles. Antes, os médicos se casavam com suas enfermeiras, os advogados e os executivos, com suas secretárias. Agora, os homens da classe média alta tendem a casar com mulheres do seu meio social, parceiras profissionais ou de negócios, com suas próprias e lucrativas carreiras. "O que acontece se o advogado de 60 mil dólares se casa com outra advogada de 60 mil dólares?", pergunta Mickey Kaus em seu livro *The End of Equality* [O fim da igualdade]. "E o que acontece quando o balconista de 20 mil dólares se casa com a balconista de 20 mil dólares? E o que acontece quando a diferença entre suas respectivas rendas se transforma de repente em uma diferença entre 120 mil dólares e 40 mil dólares?" "Apesar da tendência ainda ser disfarçada nas estatísticas de salário pela baixa média dos salários femininos", adiciona Kaus, "é óbvio para praticamente todo mundo, até mesmo para os especialistas, que alguma coisa está acontecendo de verdade". Aliás, é desnecessário procurar uma explicação relacionada ao apelo do feminismo à classe profissional e administrativa. O carreirismo feminino dá a base indispensável para o próspero, glamoroso, ostensivo, algumas vezes indecente, estilo de suas vidas.

A classe média alta, o coração das novas elites profissionais e administrativas, é definida, além da sua renda adquirida rapidamente, não tanto pela sua ideologia, mas sim por um modo de vida que a torna diferente, cada vez de uma maneira mais visível, de todo o resto da população. Até mesmo o seu feminismo – isto é, seu compromisso com a família de dupla carreira – é um assunto mais de necessidade prática do que de convicção política. Os esforços para definir essa "nova classe" composta de administradores públicos e de burocratas, implacáveis ao forçar um programa de reformas liberais, ignoram o escopo das opiniões políticas entre as elites profissionais e gerenciais. Esses grupos constituem uma nova classe apenas no sentido de que os seus sustentos não se baseiam tanto na posse da propriedade como na manipulação da informação e da especialização profissional. O investimento deles na educação e na informação, oposto à propriedade, os distingue da burguesia rica, uma ascendência que é caracterizada igual a um estágio precoce do capitalismo, e da classe antiga de proprietários – a classe média no sentido específico do termo – que anteriormente formava o núcleo da população.

Já que eles abarcam uma variedade enorme de funções – corretores, banqueiros, promotores e empresários imobiliários, engenheiros, consultores de todos os tipos, analistas de sistemas, cientistas, doutores, publicitários, editores, executivos de anúncios, diretores de arte, cineastas, mestres de cerimônias, jornalistas, produtores e diretores de televisão, artistas, escritores, professores universitários – e já que lhes falta um padrão político comum, é também inapropriado classificar as elites administrativas e profissionais como a nova classe dominante. Alvin Gouldner, em uma das tentativas mais convincentes de fazer uma anatomia da "nova classe", encontrou um elemento que os unia em sua "cultura do discurso crítico", mas, apesar dessa formulação apreender uma característica essencial da atitude analítica e secular agora dominante nos altos círculos, ela exagera o componente intelectual na cultura das novas elites e o interesse delas na racionalização da vida, da mesma forma que minimiza a fascinação contínua com o mercado capitalista e a procura alucinada por lucro.

Um fato ainda mais evidente é que o mercado no qual atua a nova elite tem, hoje, um escopo internacional. Suas fortunas estão ligadas a empresas que operam além das fronteiras nacionais. Essas elites estão mais preocupadas com o suave funcionamento do sistema como um todo em vez do que acontece com as suas partes. Sua lealdade – se o termo não é, em si mesmo, algo anacrônico neste contexto – é mais internacional do que regional, nacional ou local. Elas têm mais em comum com seus parceiros em Bruxelas ou Hong Kong do que com as massas de americanos que ainda não estão conectados na rede das comunicações globais.

A categoria dos "analistas simbólicos" criada por Robert Reich serve aqui para, apesar da sua incoerência sintática, uma descrição útil, empírica e despretensiosa da nova classe. Reich a descreve como pessoas que vivem em um mundo de conceitos abstratos e de símbolos, indo das citações no mercado de valores às imagens produzidas por Hollywood e Madison Avenue em Nova York, e que se especializaram na interpretação e no uso da informação simbólica. Reich a contrasta com outras duas categorias principais de trabalho: "os trabalhadores de rotina de produção", que realizam tarefas repetitivas e têm pouco controle sobre o intento da produção, e os "servidores interpessoais", cujo trabalho também consiste em rotina na maioria do tempo, mas "deve ser providenciado de pessoa para pessoa" e, portanto, não pode ser vendido "ao redor do mundo". Se aceitarmos o caráter esquemático e bastante impreciso dessas categorias, elas correspondem aproximadamente à observação cotidiana que temos não somente da estrutura ocupacional, mas da própria estrutura de classe da sociedade americana, uma vez que os "analistas simbólicos" estão evidentemente em alta, enquanto as outras categorias de trabalho, compostas de cerca de 80% da população, declinam em renda e em posição social.

Uma objeção ainda mais séria do que uma mera imprecisão é o retrato extravagante e bajulador que Reich faz desses "analistas simbólicos". Aos seus olhos, eles representam as melhores e mais brilhantes mentes na vida americana. Educados nas "escolas particulares da elite" e nas "escolas de subúrbio de alto nível, onde são escolhidos a dedo por meio de cursos de especialização", eles aproveitam cada vantagem que seus pais abastados podem providenciar.

> Seus professores são atenciosos às suas necessidades acadêmicas. Eles têm acesso aos laboratórios acadêmicos no melhor estilo "estado da arte", aos computadores interativos e aos sistemas de vídeos nas salas de aula, aos laboratórios de linguagem

e às bibliotecas dos colégios. Suas salas são relativamente pequenas; seus pares são intelectualmente estimulantes. Seus pais os levam aos museus e aos eventos culturais, dão viagens no estrangeiro e lhes dão lições musicais. Em casa, estão repletos de livros educacionais, brinquedos educacionais, fitas de vídeo educacionais, microscópios, telescópios e computadores pessoais, todos com o último programa educacional.

Esses jovens privilegiados adquirem diplomas nas "melhores [universidades] do mundo" – e a superioridade delas pode ser provada pela habilidade de atraírem estudantes estrangeiros em grande quantidade. Nessa atmosfera cosmopolita, eles estão acima das trilhas provincianas que impedem o pensamento criativo, segundo Reich. "Céticos, curiosos, criativos", tornam-se solucionadores de problemas por excelência, sempre iguais em qualquer espécie de desafio. Ao contrário daqueles que se envolvem nas rotinas entorpecedoras do espírito, eles amam o seu trabalho, que os estimula em um aprendizado duradouro e em uma experimentação infinita.

Opostos dos intelectuais antiquados, que trabalham sozinhos e são ciumentos e possessivos a respeito de suas ideias, os novos trabalhadores cerebrais – produtores de intuições sofisticadas em campos tão variados que vão do marketing e finanças à arte e entretenimento – se dão melhor quando se articulam em times. A "capacidade [deles] de colaborar" promove um "pensamento sistêmico" – a habilidade de perceber os problemas em sua totalidade, absorvendo os frutos da experimentação coletiva, ao "discernir causas, consequências e relações de grande escala". Como o trabalho deles depende enormemente de uma "rede de contatos", estão ambientados em "bolsões geograficamente localizados", habitados pelas mesmas pessoas que eles. Essas comunidades privilegiadas – Cambridge, Silicon Valley, Hollywood – tornaram-se centros "maravilhosos e resilientes" de empreendimentos artísticos, técnicos e promocionais. Representam o ápice dos grandes feitos intelectuais, na visão empolgante de Reich, além da boa vida concebida como uma troca de "insights", "informações" e fofoca profissional. A concentração geográfica de conhecimento produz, quando alcança uma massa crítica, e providencia incidentalmente um mercado para a classe em ascensão dos "servidores interpessoais" que enfim dão conta de suas necessidades.

Não é por acaso que Hollywood é o lar para um grande número de técnicos de impostação vocal, treinadores, instrutores de dança, agências de atores e fornecedores de equipamentos fotográfico, acústico e de iluminação. Também pode-se encontrar ali por perto restaurantes que possuem o ambiente correto e que favorecem produtores a flertar com diretores e roteiristas que, por sua vez, flertam com outros roteiristas, e dessa forma todo mundo em Hollywood flerta com o resto de todo o mundo.

É quase uma afirmação universal a de que a classe das pessoas "criativas" é perfeita para o ideal de Reich do que seria uma sociedade democrática, mas como essa meta é claramente inalcançável, presumivelmente a melhor coisa a se fazer seria uma sociedade composta de "analistas simbólicos" e aqueles que vivem ao seu redor. Esses últimos são sempre consumidos com sonhos de estrelato, mas, nesse meio-tempo, estão contentes em viver à sombra das estrelas, na espera de serem descobertos, além de estarem unidos simbioticamente com os seus superiores em uma procura contínua por um talento comercial que pode ser comparado, como as imagens de Reich deixam claro, apenas com os ritos do cortejo. Alguém pode acrescentar a observação maliciosa de que os círculos de poder – finanças, governo, arte, entretenimento – se sobrepõem e se tornam crescentemente indistintos entre si. É significativo que Reich volte a sua análise para Hollywood em um exemplo particularmente marcante das comunidades que são "maravilhosas e resilientes" e que surgem sempre quando há uma concentração de pessoas "criativas". Washington transforma-se assim em uma paródia de Tinseltown [Cidade de lata];[*] executivos fazem suas pontes aéreas, criando, da noite para o dia, algo semelhante a movimentos políticos; estrelas de cinema tornam-se analistas políticos, até mesmo presidentes; a realidade e a simulação da realidade ficam cada vez mais difíceis de serem separadas. Ross Perot lança a sua campanha presidencial no *Larry King Live*. Os astros de Hollywood começam a ter um papel importante na campanha dos Clinton e vão para a festa de lançamento deles sem hesitar, dando-a de presente todo o glamour de uma estreia típica de Hollywood. Âncoras e entrevistadores de TV viram celebridades; as celebridades no mundo do entretenimento começam a ter um papel de serem críticos sociais. O boxeador Mike Tyson publica uma carta de três páginas, escrita na prisão de Indiana onde está cumprindo pena de seis anos por estupro, condenando o presidente por causa da "crucificação" sofrida pela ativista de direitos humanos Lani Guinier. Robert Reich, o amante das celebridades e erudito formado pela Rhodes, profeta do novo mundo da "abstração, pensamento sistêmico, experimentação e colaboração", se une à administração Clinton na função insólita de secretário do Trabalho – em outras palavras, ele se torna o administrador de um tipo de emprego ("produção de rotina") que não possui futuro algum (segundo o seu diagnóstico) em uma sociedade composta de "analistas simbólicos" e de "servidores interpessoais".

Apenas em um mundo onde palavras e imagens têm cada vez menos a aparência das coisas que elas representam e descrevem pode ser possível um homem como Reich referir-se a si mesmo, sem nenhuma ironia, como secretário do Trabalho ou então escrever, sem nenhum pudor,

---

[*] Maneira como alguns se referem a Hollywood quando querem salientar com teor negativo o caráter corrupto e fútil de seus moradores. (N. T.)

sobre uma sociedade comandada pelas melhores e mais brilhantes mentes do nosso tempo.* A última vez em que essas pessoas tiveram o controle do país, elas levaram-no a uma guerra desmoralizante e sem fim no Sudeste Asiático, da qual a nação ainda não se recuperou. Mesmo assim, Reich acredita que uma nova geração de "garotos incríveis" pode fazer para a economia americana claudicante aquilo que a geração de Robert McNamara falhou ao fazer para a diplomacia americana: restaurar, por meio do poder supremo do pensamento, a liderança mundial que foi aproveitada brevemente pelos Estados Unidos após a Segunda Guerra Mundial e que foi perdida logo a seguir não por estupidez, é claro, mas pela arrogância – a "arrogância do poder", como dizia o senador William Fulbright – pela qual esses mesmos "melhores e mais brilhantes" homens estão completamente viciados.

Essa arrogância não deve ser confundida com o orgulho característico das classes aristocratas, que se baseia na herança de uma antiga linhagem e na obrigação de defender sua própria honra. Nem valores, nem cavalheirismo, nem o código do cortejo ou do amor romântico, todas as melhores coisas com as quais os itens anteriores estão associados, nada disso tem lugar na visão de mundo desses sujeitos que se consideram os melhores e os mais brilhantes. Uma meritocracia não tem nenhum uso para o cavalheirismo e seus valores, assim como a aristocracia hereditária não tem para cérebros. Apesar das vantagens hereditárias possuírem uma parte importante na conquista de status profissional

---

* A expressão "*the best and the brightest*", traduzida como "melhores e mais brilhantes", se tornou um clichê na linguagem de análise política americana depois da publicação do best-seller escrito pelo jornalista David Halberstam, em 1972. O título foi inspirado tanto em um hino do bispo inglês Reginald Heber como em um verso de um poema de Percy Shelley. Nesse caso, o nome do livro era uma referência irônica ao fato de que os intelectuais que faziam parte da equipe do presidente John Kennedy (em especial, Robert McNamara) tinham sido os principais responsáveis pela entrada dos Estados Unidos na Guerra do Vietnã. (N. T.)

e administrativo, a nova classe precisa continuar com a ficção de que o poder dela se baseia tão somente na inteligência. Portanto, ela não tem qualquer noção de uma gratidão ancestral ou de uma obrigação para viver de acordo com as responsabilidades que lhe foram herdadas do passado. Ela pensa em si mesma como uma elite feita do nada e que deve exclusivamente os seus privilégios apenas aos seus esforços. Até mesmo a concepção de uma república das letras, que pode ter a esperança de atrair as elites em um risco maior para a educação de alto nível, é algo quase completamente ausente do seu quadro de referências. As elites meritocráticas têm a dificuldade de imaginar uma comunidade, mesmo que seja uma comunidade do intelecto, que alcance tanto o passado como o futuro e que seja constituída por uma consciência da obrigação intergeracional. As "zonas" e as "redes" admiradas por Reich possuem pouca semelhança com as comunidades em qualquer sentido tradicional do termo. Povoada por membros transitórios, falta-lhes a continuidade advinda de um sentimento de pertencimento e de padrões de conduta que foram cultivados de maneira perceptível, doados de geração para geração. A "comunidade" daqueles que se acham os melhores e mais brilhantes é uma comunidade de contemporâneos, no duplo sentido de que seus membros pensam de si mesmos como eternamente jovens e que a marca principal dessa juventude é precisamente a habilidade de se manter no topo das últimas tendências.

Ortega e outros críticos descreveram a cultura de massa como uma combinação de "ingratidão radical" com uma crença inquestionável nas possibilidades ilimitadas. O homem-massa, segundo Ortega, tinha como garantidos os benefícios criados pela civilização e os exigia "de forma peremptória, como se fossem direitos naturais". Herdeiro de todas as eras, era alegremente inconsciente da sua dívida em relação ao passado. Apesar de aproveitar as vantagens trazidas pelo "aumento geral no nível histórico", não sentia qualquer obrigação, seja em relação

A revolta das elites

aos seus progenitores, seja em relação à sua criação. Não reconhecia nenhuma autoridade além de si mesmo, conduzindo-se como se fosse o "senhor da sua existência". Sua "incrível ignorância da História" tornou possível para ele pensar o momento presente como se fosse superior às civilizações anteriores e esquecer ainda mais que a civilização contemporânea era o produto de séculos de desenvolvimento histórico, jamais a conquista única de uma era que descobriu o segredo do progresso ao dar costas ao passado.

Parece que esses hábitos do espírito estão mais corretamente associados com a ascensão da meritocracia do que com a "rebelião das massas". O próprio Ortega admitiu que o "protótipo do homem-massa" era o "cientista" – o "técnico", o especialista, o "ignorante esclarecido", cuja mestria do "seu pequeno canto do universo" era comparável apenas com a sua ignorância em relação ao resto. Mas esse processo específico não vem simplesmente da substituição do antiquado homem de letras pelo especialista, como se infere da análise de Ortega; ele vem da estrutura intrínseca da própria meritocracia. A meritocracia é uma paródia da democracia. Oferece oportunidades para avanços, pelo menos em teoria, a qualquer um que tenha talento e procure por isso, mas "oportunidades para ascender", como R. H. Tawney ressalta em *Equality* [Igualdade], "não são substitutos para a difusão geral dos meios da civilização", da "dignidade e da cultura" necessárias por todos, "mesmo que eles ascendam ou não". A mobilidade social não diminui a influência das elites; de qualquer modo, ela ajuda a acentuar ainda mais a influência delas ao apoiar a ilusão de que ela existe apenas em função do mérito. Ela somente fortalece a aparência de que as elites exercerão o seu poder de uma maneira ainda mais irresponsável, porque elas reconhecem tão poucas obrigações em relação aos seus predecessores ou à comunidade que alegam liderar. A ausência de gratidão delas desqualifica as elites meritocráticas do fardo da liderança e, em qualquer caso, estão muito menos interessadas em liderar do que fugir do rebanho – a definição exata do que significa sucesso meritocrático.

A lógica interna da meritocracia raramente foi exposta de forma tão rigorosa quanto na visão distópica de Michael Young em seu *The Rise of the Meritocracy* [A ascensão da meritocracia], uma obra escrita na tradição de Tawney, G. D. H. Cole, George Orwell, E. P. Thompson e Raymond Williams. O narrador de Young, um historiador que escreve da quarta década do século XXI, relata com aprovação a "mudança fundamental" daquela época e que começa em torno de 1870: trata-se da redistribuição da inteligência "entre as classes sociais". "Por meio de alterações imperceptíveis, uma aristocracia de nascimento tornou-se uma aristocracia de talento". Graças à adoção da indústria dos testes de inteligência, ao abandono do princípio da senioridade e à crescente influência da escola em vez da família, "os talentosos tiveram a oportunidade de se elevar ao mesmo nível no qual estão de acordo com suas capacidades, e, consequentemente, as classes baixas ficaram separadas com aquelas que eram também precárias em habilidades". Essas mudanças coincidiram com um grande reconhecimento de que a expansão econômica era "o propósito maior" da organização social e de que as pessoas deveriam ser julgadas por um único teste de quanto elas poderiam aumentar a produtividade. Na descrição de Young, a meritocracia se baseia em uma economia móvel guiada pela compulsão de produzir.

O reconhecimento de que a meritocracia é mais eficiente do que a hereditariedade nunca foi suficiente por si mesma para inspirar ou justificar uma "mudança psicológica na grande escala exigida pela economia". De fato, "o princípio hereditário jamais seria completamente substituído", continua o narrador de Young, "sem o auxílio de uma nova religião – e esta religião era o socialismo". Os socialistas, "parteiros do progresso", contribuíram para o eventual triunfo da meritocracia ao apoiar a produção em grande escala, criticando a família como a incubadora de um individualismo acumulativo e, acima de tudo, ao ridicularizar o privilégio hereditário e o "atual critério de sucesso" ("Não é o que você conhece, mas sim o que você é o que importa"). "O grupo principal dos socialistas era muito mais crítico da desigualdade por causa da renda indevida em vez da merecida – o estereótipo do homem rico que herdou sua fortuna do seu pai." No mundo de Young, apenas poucos igualitários sentimentais condenaram a desigualdade como tal e "falavam abertamente da 'dignidade do trabalho' como se os afazeres manuais e mentais fossem igualmente válidos". Esses mesmos sentimentais se apoiavam na ilusão de que um sistema de escolas públicas, porque promoveriam uma "cultura pública", seria um componente essencial de uma sociedade democrática. Felizmente, a "crença [deles] otimista na educação da maioria" não sobreviveu ao teste da experiência, como Sir Hartley Shawcross anotou em 1956: "Não conheço um único membro do Partido Trabalhista capaz de sustentar isso e que não mandaria os seus filhos para uma escola pública [para aquilo que seria uma escola particular nos Estados Unidos]". A crença doutrinária na igualdade foi derrubada em virtude das vantagens práticas de um sistema educacional que "não precisava mais dos espertos para se misturarem com os estúpidos".

A projeção imaginativa de Young das tendências do pós-guerra na Grã-Bretanha lança uma boa dose de luz em outras formas de pensamento nos Estados Unidos, onde uma aparência de um sistema democrático no recrutamento da elite leva aos resultados que estão muito longe de serem democráticos: a segregação das classes sociais; o desprezo pelo trabalho manual; o colapso das escolas públicas; a perda de uma cultura cívica. Como Young a descreve, a meritocracia cria o efeito de que as elites estão muito mais seguras do que antes, principalmente em relação aos seus privilégios (que agora podem ser vistos como a recompensa apropriada pela diligência e pelo poder exclusivo da inteligência), enquanto destroem a oposição da classe trabalhadora. "A melhor maneira de derrotar a oposição", observa o historiador de Young, "é se apropriar e educar as melhores crianças das classes baixas enquanto elas são jovens". As reformas educacionais do século xx "permitiram às crianças espertas deixarem a classe baixa [...] e entrarem em uma classe alta na qual elas fossem permitidas subir". Aqueles que foram deixados para trás, sabendo que "tiveram a sua chance", não podem reclamar de forma legítima a respeito de seus destinos. "Pela primeira vez na história humana, o homem inferior não tem nenhum apoio para a sua própria estima".

Logo, não deveria nos surpreender o fato de a meritocracia também gerar uma preocupação obsessiva com a "autoestima". As novas terapias (geralmente conhecidas coletivamente como o movimento de recuperação) procuram contrapor o sentimento opressivo de fracasso àqueles que falharam ao subir a escada educacional, enquanto deixam a estrutura existente do recrutamento de elite – a aquisição de credenciais acadêmicas – completamente intacta. Já que o sentimento de fracasso não parece mais ter qualquer base racional, presume-se que precisa ter uma atenção terapêutica. Sem muita convicção, os terapeutas mandam a mensagem de que os deslocados acadêmicos, os sem-teto, os desempregados e outros perdedores só falharam por culpa própria: as cartas contra eles já estavam marcadas, os testes que avaliam os feitos acadêmicos têm viés cultural e a conquista universitária é hereditária desde que a classe média permitiu às suas crianças as vantagens acumulativas que garantiriam virtualmente qualquer espécie de avanço. Como observa Young, membros da esquerda (assim como seus opositores da direita) ficam felizes quando atacam o privilégio hereditário. Eles ignoram a verdadeira objeção contra a meritocracia – a de que ela suga o talento das classes baixas e assim retira-as de qualquer liderança efetiva – e se contentam com os argumentos duvidosos de que a educação não consegue cumprir a promessa de manter a mobilidade social. Se isso acontecesse de fato, é o que parecem dizer, ninguém teria nenhuma razão para reclamar.

Uma aristocracia de talento – um ideal atraente na superfície, que parece distinguir as democracias das sociedades baseadas no privilégio hereditário – passa a ser uma contradição em termos: os talentosos continuam com os mesmos vícios dos aristocratas, sem ter nenhuma das suas virtudes. Seu esnobismo não reconhece as obrigações recíprocas entre os poucos favorecidos e a multidão. Apesar de serem cheios de "compaixão" pelos pobres, não podem afirmar que defendem uma teoria de *noblesse oblige*, que implicaria na vontade de fazer uma contribuição direta e pessoal ao bem público. Como qualquer outra coisa, a obrigação foi despersonalizada: exercida por intermédio do Estado, o fardo de suportá-la cai não sobre as classes profissionais e administrativas, mas, de forma desproporcional, sobre as classes baixas e médias. As políticas criadas pela nova classe de liberais a serviço dos desprotegidos e dos oprimidos – a integração racial das escolas públicas, por exemplo – exigiram sacrifícios das minorias éticas que dividem os seus bairros com os pobres, sendo isso raramente o mesmo do que acontece com os liberais suburbanos que elaboraram e apoiaram essas mesmas políticas.

É algo alarmante que as classes privilegiadas – em uma definição bem ampla, os 20% no topo do estrato social – tornaram-se independentes não apenas por causa das cidades industriais em destroços, mas também pelos serviços públicos em geral. Enviam suas crianças para as escolas particulares, asseguram-se contra emergências médicas ao contratarem planos de saúde corporativos e contratam seguranças particulares para se protegerem contra a violência crescente que as ameaça. De fato, eles se retiraram completamente da vida comum. Não é só que não veem mais sentido em pagar por serviços públicos que não usam mais. Muitos deles desistiram de pensar por si mesmos como americanos e sobre quais são as implicações dessa atitude no destino da América, para o bem ou para o mal. Seus vínculos com uma cultura internacional de trabalho e lazer – de negócios, entretenimento, informação e de "retorno" dessa mesma informação – os torna profundamente indiferentes em relação a antecipação do declínio nacional da América. Em Los Angeles, por exemplo, as classes comerciais e profissionais agora olham para a sua cidade como se fosse o "portal" para a orla do oceano Pacífico. Mesmo que o resto do país esteja à beira do colapso, dizem, a Costa Oeste "não pode parar de crescer, custe o que custar", segundo as palavras de Tom Lieser, um economista da Security Pacific. "Aqui é a terra da fantasia e nada fará com que isso seja interrompido". Joel Kotkin, um escritor de negócios que se mudou para Los Angeles em meados dos anos 1970 e que imediatamente se tornou um dos maiores incentivadores da cidade, concorda que a economia da costa surgiu da "grande angústia do mundo atlântico". Os recentes tempos de penúria naquela região jamais diminuíram esse tipo de otimismo.

Na economia global sem fronteiras, o dinheiro perdeu os seus laços com a nacionalidade. David Rieff, que ficou vários meses em Los Angeles e coletou material para o seu livro *Los Angeles: Capital of the Third World* [Los Angeles: Capital do terceiro mundo], relata que "ao menos duas ou três vezes por semana [...] eu escutava alguém dizer que o futuro 'pertencia' à orla do Pacífico". A movimentação de dinheiro e da população além das fronteiras nacional transformou "toda uma ideia de lugar", segundo Rieff. As classes privilegiadas em Los Angeles sentem maior afinidade com seus iguais no Japão, Singapura e Coreia do que com a maioria dos seus compatriotas.

Essas mesmas tendências se espalharam por todo o resto do mundo. Na Europa, referendos sobre a unificação revelaram uma enorme e ampla lacuna entre as classes políticas e os membros mais humildes da sociedade, que temem que a Comunidade Econômica Europeia seja dominada por burocratas e técnicos incapazes de ter quaisquer sentimentos de identidade ou aliança nacional. Na visão deles, uma Europa governada de Bruxelas será cada vez menos aberta ao controle popular. A linguagem internacional do dinheiro falará cada vez mais alto do que os dialetos locais. Tais medos reforçam a volta do particularismo étnico na Europa, enquanto o declínio do Estado-nação enfraquece a única autoridade capaz de manter o controle sobre as rivalidades étnicas em equilíbrio. Por sua vez, o retorno do tribalismo reforça um comportamento cosmopolita reativo entre as elites.

A revolta das elites

É curioso ter sido justamente Robert Reich, apesar da sua admiração pela nova classe de "analistas simbólicos", quem fez um dos relatos mais iluminadores a respeito do "lado negro do cosmopolitismo". Sem os laços nacionais, ele nos lembra, as pessoas têm pouca inclinação para fazer sacrifícios ou para aceitarem responsabilidades por suas ações. "Precisamos aprender a sentir-nos responsáveis pelos outros porque compartilhamos com eles uma história em comum, uma cultura em comum, um destino em comum." O fim da nacionalização nos empreendimentos comerciais leva a produzir uma classe de cosmopolitas que veem a si mesmos como "cidadãos do mundo, mas sem aceitar [...] quaisquer obrigações que a cidadania normalmente implica em uma política pública". Mas esse comportamento cosmopolita desses poucos privilegiados, porque não tem o molde da prática da cidadania, revela ser uma forma mais ampla de paroquialismo. Em vez de apoiarem os serviços públicos, as novas elites investem o seu dinheiro nas melhorias dos seus nichos autocentrados. Elas pagam alegremente por escolas particulares, sempre perto dos subúrbios, por segurança particular e por sistemas particulares de coleta de lixo; mas também conseguiram se livrar, notavelmente, da obrigação de contribuir com o tesouro nacional. Seu reconhecimento das obrigações cívicas não se estende além das suas vizinhanças imediatas. A "secessão dos analistas simbólicos", como Reich chama esse fenômeno, nos mostra um exemplo marcante da revolta das elites contra as limitações do tempo e do espaço.

O mundo do fim do século XX apresenta um espetáculo curioso. De um lado, está agora unido, por meio do controle do mercado, como nunca aconteceu antes na história. O livre fluxo do capital e do trabalho fizeram as fronteiras políticas parecerem cada vez mais artificiais e inexequíveis. A cultura popular segue pelo mesmo caminho. Do outro lado, raramente as lealdades tribais foram tão agressivamente divulgadas. Os conflitos religiosos e étnicos rompem em um país atrás do outro: na Índia e no Sri Lanka; em grandes territórios da África; na antiga União Soviética e na antiga Iugoslávia.

É o enfraquecimento do Estado-nação que se torna o fio comum de todos esses eventos – o movimento em direção à unificação e o movimento, aparentemente contraditório, em direção à fragmentação. O Estado não suporta mais conter os conflitos étnicos, muito menos conter as forças que levam à globalização. Em termos ideológicos, o nacionalismo está sob ataque de ambos os lados: tanto pelos defensores do particularismo étnico e racial como por aqueles que argumentam que a única esperança de paz está na internacionalização de tudo, desde pesos e medidas até a imaginação artística.

Portanto, o declínio das nações está ligado intimamente com o declínio global da classe média. Desde os séculos XVI e XVII, as riquezas do Estado-nação tinham relação com as das classes comerciais e artesanais. Os fundadores das nações modernas, sejam os expoentes dos privilégios reais, como Luís XIV, ou republicanos como Washington e Lafayette, buscaram nessas classes o apoio em suas lutas contra a nobreza feudal. Grande parte do apelo do nacionalismo vem da habilidade do Estado de manter um mercado comum dentro das suas fronteiras e impor um sistema único de justiça, além de estender cidadania tanto para os pequenos proprietários como para os comerciantes ricos, ambos excluídos do poder pelo antigo regime. De forma compreensiva, a classe média tornou-se o elemento mais patriótico, para não dizer o mais chauvinista e militarista, dessa sociedade. Mas as características menos atraentes da classe média nacionalista não devem obscurecer o sentimento de lugar e o respeito pela continuidade histórica – marcos da sensibilidade desse estrato que podem ser mais apreciados agora que a cultura da classe média está em recuo por todos os lugares. Seja lá quais forem suas falhas, o nacionalismo da classe média providenciou um ambiente de discussão, padrões habituais de comportamento e um molde comum de referência sem os quais a sociedade se dissolverá em algo que os Pais Fundadores da América entenderam muito bem – em facções em luta, em uma guerra de todos contra todos.

3

Oportunidades na Terra Prometida: mobilidade social ou a democratização da competência?

As novas elites profissionais e administrativas, por motivos que tentei mostrar, investiram muito na noção de mobilidade social – a única espécie de igualdade que conseguem entender. Elas gostariam de acreditar que os americanos sempre igualaram oportunidades com ascensão social e que "a oportunidade de mobilidade social para todos é o próprio tecido do 'Sonho Americano'", como escreveu Lloyd Warner em 1953. Contudo, um olhar cuidadoso nos registros históricos mostra que a promessa da vida americana foi identificada com a mobilidade social apenas quando as interpretações mais esperançosas sobre oportunidades começaram a esvanecer – e de que este conceito incorpora uma compreensão breve, recente e triste do "Sonho Americano", na qual o seu surgimento, em nosso tempo, é medido mais pela recessão desse mesmo sonho do que por sua realização.

Se a mobilidade social descreve o que os americanos sempre acreditaram, como afirma Warner, por que então o termo demorou tanto para ser usado pelo senso comum? Apenas cinco anos antes, os editores da revista *Life*, em um artigo baseado nos estudos sobre estratificação social feitos por Warner, ainda falavam no assunto com o uso de aspas, como se referissem a um termo técnico de arte que ainda não era familiar ao público em geral.[1] Será que a alcunha era, em si mesma, o refinamento acadêmico de um antigo idioma, um modo novo e levemente pretensioso de falar sobre um velho ideal de oportunidade econômica?

Tanto o significado da frase como o momento do seu aparecimento não podem ser desprezados tão facilmente. Ela se fez presente no vocabulário do cotidiano logo no início da Grande Depressão, quando a estrutura hierárquica da sociedade americana não podia ser mais ignorada. Incluía apreensão e afirmação. Por outro lado, confirmava a realidade da distinção de classes – algo similar a "cada americano sabe, mas sempre se esquece", como explicaram os editores da *Life*. Da mesma maneira, havia a esperança de que as barreiras de classe social não eram insuperáveis. Nas palavras da revista, "este fenômeno da mobilidade 'social' – a oportunidade de subir rapidamente nas camadas da sociedade – é a característica marcante da democracia dos Estados Unidos e é algo pelo qual ela se tornou famosa e invejada por todo o mundo". A mobilidade social, disse Warner aos editores, era a "graça abundante" de um mundo ordenado como uma hierarquia. A observação otimista era o fim da sua entrevista que, apesar disso, estava repleta dos diagnósticos temerários que marcam sua obra.

A pesquisa de Warner levantou a possibilidade de que os "canais" antigos da mobilidade social estavam "secando", como foi posto pelos editores. Entre seus substitutos está a educação superior, que jamais foi vista como a forma mais eficiente ou igualitária para conquistar tais ambições de ascensão social; de qualquer forma, Warner a chamou "não apenas a rota da realeza, mas talvez a única rota para o sucesso". Sem dúvida, era uma trilha que apenas alguns poucos poderiam seguir. De fato, o sistema educacional parecia diminuir as aspirações da classe trabalhadora muito mais do que parecia alimentá-las ou recompensá-las por qualquer espécie de esforço. Warner admitiu que essas "descobertas" forneciam algo menor que um "encorajamento categórico daqueles que, entre nós, gostariam de acreditar que, desde que a rota ocupacional não fosse tão libertadora como antes, a educação seria um substituto adequado". E mais: muitos americanos gostariam de acreditar na existência de oportunidades iguais, mesmo se as pesquisas sociais não sustentassem tal crença. O "sonho", como Warner o descrevia, parecia ter vida própria; tinha se tornado uma ilusão necessária, persistindo como se reconciliasse as pessoas com a desigualdade e suavizasse uma contradição agonizante entre a ideologia igualitária e a divisão hierárquica de trabalho requisitada pela indústria moderna. Enquanto "os trabalhadores acreditarem que a oportunidade está disponível para aqueles que realmente querem tentar e [...] têm o talento e o cérebro necessários para a empreitada", a "fé [deles] no sistema atual", como Warner descreveu, "sobreviveria às decepções do dia a dia". Sua análise parecia sugerir que isso era algo bom: o fato de que os trabalhadores raramente liam sociologia, o que poderia questionar a fé dessas pessoas.[2]

As mesmas considerações que levaram Warner e o editor-chefe da *Life*, Henry Luce, a celebrar a crença popular na ascensão social também levaram outros escritores da esquerda a criticá-la. Como apontou Warner, os trabalhadores que não acreditavam mais na mobilidade "culparam o sistema" em vez de culparem a si mesmos. Para a esquerda americana, é justamente esse fracasso ao culpar o sistema que impediu historicamente o desenvolvimento do radicalismo na classe trabalhadora. Ao internalizarem o mito do empreendedor solitário, os trabalhadores geralmente sacrificaram a solidariedade em uma esperança ilusória do avanço individual. Pior: eles aceitaram o fracasso neste avanço como se fosse um julgamento moral na sua própria falta de ambição ou inteligência. Os estudos que documentaram a recorrência dessas atitudes – entre outros, a investigação de E. Wight Bakke sobre os desempregados durante a Depressão, o estudo de Lynds sobre a cidade de Muncie, no estado de Indiana, intitulado "Middletown in Transition", e a notória monografia de Ely Chinoy, *Automobile Workers and the American Dream* [Trabalhadores de automóveis e o Sonho Americano] – alcançaram uma posição canônica na esquerda, apesar de muitos desses textos terem surgido de um ponto de vista do centro político, pois parecem acusar o "evangelho popular" da "oportunidade e do sucesso", como classifica Chinoy, algo similar a uma falsa consciência entre os trabalhadores americanos.[3]

De acordo com Chinoy, a "culpa e a autodepreciação" com as quais os trabalhadores se reconciliaram a respeito de suas posições inferiores os impediram de adotar metas mais realistas do que a busca pelo sucesso individual: a segurança e a certeza de manter o trabalho, o "aumento do salário-mínimo" e a "melhoria nas atividades de lazer". Para os comentadores que se aproximam da esquerda, foi o fracasso dos movimentos dos trabalhadores em realizar um ataque frontal contra o problema da desigualdade que traiu a influência contínua da ideologia de autoajuda. Houve um acordo geral, entretanto, a respeito da proposta central de que o Sonho Americano sempre foi comparado com as "oportunidades para a mobilidade vertical", segundo as palavras de Chinoy – na "tradição amplamente afirmada" que mantinha "oportunidades douradas [...] para homens ambiciosos e capazes que não se importavam mais com a posição inicial em suas vidas".[4]

A afirmação de que as oportunidades sempre tiveram o mesmo significado atual pede por um exame histórico. Mesmo assim, a maioria dos historiadores limitou a atenção deles à pergunta sobre se os índices de mobilidade aumentaram ou diminuíram com o passar do tempo. Eles estariam mais bem aconselhados no assunto se o submetessem a uma análise detalhada. Igual a termos duvidosos que fazem parte do estoque mental dos historiadores, como "modernização", "estratificação", "ansiedade de status" etc., o conceito de mobilidade social tem um histórico que precisa informar qualquer tentativa de entender as questões levantadas ou reformulá-las no interesse de uma clareza conceitual. Espantados com o prestígio institucional das ciências sociais, os historiadores também ficaram satisfeitos em apenas imitarem-se entre si. Assim, os estudos históricos de estratificação tenderam a fortalecer a afirmação não examinada de que as oportunidades sempre foram identificadas, nos Estados Unidos, com a mobilidade social.

O estudo de Carl Siracusa, feito no século XIX, sobre as percepções da indústria e seu impacto nas oportunidades econômicas, chamado *A Mechanical People* [Um povo mecânico], mostra como essa afirmação influenciou muitas das obras mais sensíveis e detalhistas da disciplina histórica. Junto com outros historiadores influenciados por esse tipo de atitude, quase de maneira inevitável, Siracusa quer saber por que os americanos são tão relutantes em reconhecer a ascensão de uma classe permanente de trabalhadores que dependem de um salário-mínimo, por que se apoiam na "imagem do trabalhador respeitável", como ele próprio chama, e abraçaram o "ideal de Horatio Alger" como se fosse um credo nacional.* Afinal, em 1850, "oportunidades para ascensão social diminuíram rapidamente", apesar de que "em termos modernos, o índice de mobilidade social era alto" e o crescimento da pobreza industrial deveria ter posto um fim na ilusão de que a maioria daqueles que ganhavam salário-mínimo poderia alcançar o topo da escada social da riqueza e da respeitabilidade. A persistência dessa "falsidade fantástica" de otimismo presumido, da pressa em acreditar no "inacreditável", afeta Siracusa como se fosse um "enigma" ou um "mistério" que pode ser explicado (se é que isto pode ser explicado de alguma maneira) pela tendência de julgar a industrialização apenas por seus benefícios materiais e pela necessidade de acreditar que os Estados Unidos foram, de qualquer forma, excluídos do que aconteceu no destino das outras nações. A crença nas oportunidades iguais, a qual, para Siracusa, equivale à ascensão social, representou uma "epidemia contagiante de cegueira social", uma "falha enorme de percepção social e de imaginação".

De acordo com Siracusa, os americanos se apoiam em uma concepção irrealista da sociedade como se fosse uma escada, na qual qualquer

---

* Horatio Alger (1832-99) foi um escritor americano de grande sucesso comercial na sua época, cuja principal característica eram os romances sobre personagens jovens que alcançavam a riqueza e a felicidade depois de passarem por diversas provações materiais e existenciais. (N. T.)

A Revolta das Elites e a Traição da Democracia

um com energia e ambição espera subir, enquanto deveria ser evidente de que aqueles que se encontram no topo simplesmente derrubaram-na depois que chegaram ao ponto desejado. Mas essa imagem falha ao capturar o escopo amplo do pensamento social no século XIX. Robert Rantoul pensou que ele apenas afirmava o óbvio quando disse em uma audiência de trabalhadores que "a sociedade, como devem saber, é dividida em duas classes – aqueles que fazem alguma coisa para viver, e aqueles que não fazem nada disso". Esses termos, marcas registradas do discurso político daquele tempo, não necessariamente se referiam às classes privilegiadas que estavam no topo da escala social e àquelas massas que trabalhavam duro, mas permaneciam pobres no andar de baixo. A classe de "ociosos" incluía vagabundos e mendigos, assim como banqueiros e especuladores, enquanto a categoria de trabalhadores produtivos, como Rantoul os definia, era abrangente o suficiente para incluir não apenas os que trabalhavam com suas próprias mãos, mas qualquer um que "supervisiona o emprego de capital que foi adquirido com o uso da diligência e da prudência". Na linguagem de produção do século XIX, "trabalho" e "capital" não significavam o que significam hoje para nós. O termo "capitalista" era reservado para os que, produzindo nada, viviam de lucros especulativos, enquanto a "classe trabalhadora", como o Partido Democrata explicava de maneira bem ampla, se referia aos "produtores de riqueza; os proprietários de terra que plantavam o solo; os mecânicos, os artesãos, os operários, os comerciantes, aqueles cujo trabalho sustenta o estado". Nada mais nada menos que os liberais como os democratas que seguiam o presidente Andrew Jackson tinham uma visão bem ampla das "classes trabalhadoras", definidas por Levi Lincoln como os "agricultores que punham a mão na massa, os esposos, os artesãos e os mecânicos". Rufus Choate considerava que era apropriado falar das "porções trabalhadora, comerciante e de negócios da comunidade" em uma mesma sentença. Daniel Webster afirmava que "nove décimos de todo o povo pertenciam às classes trabalhadora, industrial e produtiva".

Eles tinham pouco capital e este não era suficiente para torná-los independente sem o trabalho pessoal". Aqueles que "combinavam capital com o trabalho" eram citados de maneira indistinta como a classe trabalhadora e a classe média. Segundo William Henry Channing, a classe média (o "Poder Maior nesta República") inclui as "ordens Profissional, Comercial, Artesanal, Mecânica, Agricultural" – pessoas "satisfeitas com seus parcos recursos" e imbuídas de "hábitos autônomos" adquiridos "nas duras escolas do trabalho".

Essas descrições da ordem social eram feitas invariavelmente como oposição ao sistema de classe hierárquico que prevalecia nos países antigos. A força desse contraste dependia da afirmação de que a maioria dos americanos tinha uma pequena propriedade e trabalhava para viver, jamais do fato de que era mais fácil para eles começarem do andar de baixo e ascenderem ao topo. Na Europa, as classes trabalhadoras diziam que viviam à beira da destituição, mas não era apenas a pobreza deles que espantava os americanos, e sim a exclusão da vida cívica, de um mundo de aprendizado e da cultura – enfim, de todas as influências que estimulam a curiosidade intelectual e ampliam os horizontes intelectuais das pessoas. Do modo como os americanos viam, a classe trabalhadora europeia não era apenas empobrecida, mas virtualmente escravizada. Nas sociedades compostas de "classes distintas e permanentes", nas palavras do jornal *Boston Post*, esperava-se que o "homem trabalhador" permanecesse "paciente a respeito das suas dores, naquela convicção já assentada de que ele jamais poderia ir além do seu círculo e jamais poderia mudar as leis que o governam".

Aos nossos ouvidos, tal declaração parece ser uma súplica por um sistema de classes no qual é possível ascender da classe trabalhadora para a classe superior, mas o contexto sugere que "ir além do seu círculo" se refere à oportunidade para se misturar de maneira igual com pessoas de todos os reinos da vida, ter acesso às tendências mais abrangentes de opinião e de exercer os direitos e os deveres da cidadania. Observadores estrangeiros notaram, em geral com desaprovação, que os americanos comuns tinham opiniões sobre qualquer assunto imaginável e que poucos deles pareciam ter qualquer noção de sua posição no mundo, mas era justamente essa ausência de respeito, tal como os americanos percebiam, que definia uma sociedade democrática – menos o acaso de ascender em uma escala social do que a falta completa de uma outra escala que claramente diferenciava as pessoas comuns dos cavalheiros. A Revolução Americana transformou os súditos em cidadãos, e essa "diferença", como David Ramsey (que é da Carolina do Sul) apontou na época, era "enorme". Súditos olhavam "para um mestre", enquanto os cidadãos eram "tão iguais quanto eles, de tal maneira que ninguém possuía direitos hereditários superiores aos outros". Após a Revolução, a diferença entre cavalheiros e plebeus não tinha qualquer sentido na América. "Ordens patrícias e plebeias são desconhecidas por aqui", escreveu Charles Ingersoll, em 1810. "Não há populacho. [...] O que nos outros países é chamado de populacho, uma mistura indistinta, na qual germinam turbas, mendigos e tiranos, não se encontra nas cidades; e não existem camponeses no próprio interior do país. Se não fosse pelos escravos do Sul, existiria apenas um único grupo social".

Os historiadores estão cientes das desigualdades crescentes que foram introduzidas pelo mercado e estão tentados a desprezar tais afirmações como algo ignorante ou que carece de sinceridade. Em nossos tempos, o dinheiro passou a ser visto como a única medida de qualidade realmente confiável, e, portanto, é difícil crer nas impressões sobre a América, oriundas do século XIX, como uma sociedade igualitária. Mas tais impressões surgem não apenas da distribuição da riqueza ou das oportunidades econômicas, e sim, acima de tudo, da distribuição da inteligência e da competência. Parece que a cidadania deu aos membros mais humildes da sociedade acesso ao conhecimento e à cultura que, em qualquer outro lugar, era reservado às classes privilegiadas. As oportunidades, como muitos americanos entenderam, eram um assunto muito mais de riqueza intelectual do que de riqueza material. Essa perspectiva iconoclasta e cética do espírito era de uma curiosidade incansável, repleta de autossuficiência e autoconfiança, e mostrava uma capacidade de invenção e de improvisação que diferenciava dramaticamente as classes trabalhadoras da América dos seus parceiros europeus.

Esse contraste espantava tanto os observadores estrangeiros como os nativos. Para Michel Chevalier, o mais astuto dos visitantes que chegaram por aqui, ele era a chave para entender todo o experimento democrático. Na América, as "grandes descobertas da ciência e da arte" foram "expostas aos olhares vulgares e postas ao alcance de todos". O espírito de um camponês francês, segundo Chevalier, estava repleto de "parábolas bíblicas" e "superstições grosseiras", enquanto o do fazendeiro americano tinha sido "iniciado" nas "conquistas do espírito humano" que começaram com a Reforma Protestante. "As grandes tradições da Escritura estão combinadas harmoniosamente em seu espírito com os princípios da ciência moderna que foram ensinados por Bacon e Descartes, junto com a doutrina da independência religiosa e moral proclamada por Lutero, e com as noções mais recentes do que significa liberdade política." As pessoas comuns na América, em comparação com aquelas que viviam na Europa, eram "muito mais aptas a ter um papel ativo nos assuntos públicos". Elas não "precisavam ser governadas" desde que fossem capazes de governarem a si mesmas. Cheias de "autoestima", também trabalhavam de forma extremamente eficiente; a riqueza da América comprovava não apenas a sua abundância dos recursos naturais, mas a energia superior e a inteligência das classes trabalhadoras.

Quando os americanos insistiam, com uma única voz, que o trabalho era a origem de todo o valor, não repetiam apenas um truísmo teórico. A teoria do valor do trabalho era mais do que um princípio abstrato da economia política em um país onde a contribuição de quem trabalhava para o bem-estar geral passava a ser tanto a forma do espírito como a do corpo.

O mecanismo americano, era o que diziam, "não é composto de operadores iletrados, mas por pessoas que pensam e que são iluminadas, e não apenas sabem usar suas mãos como também estão familiarizadas com os princípios do pensamento". As publicações cheias de engenhocas sempre voltaram a esse tema, louvando o "hábil e independente mecânico americano", cujo espírito era "livre" e cujo coração era "imaculado contra o preconceito". Essas revistas não apenas celebravam as virtudes dos artesãos e dos fazendeiros americanos como rastreavam a sua energia mental, em uma derradeira análise, aos efeitos oriundos da cidadania. Samuel Griswold Goodrich, conhecido entre seus leitores como Peter Parley, assegurava que a "liberdade civil e social" deu origem ao "espírito universal do aperfeiçoamento", que poderia ser encontrado "tanto na mais humilde como na mais sofisticada das classes sociais".

Sobre esse tipo de reputação como uma maneira de promoção da ideologia do sucesso em sua forma mais crua, é importante notar como Goodrich enfatizava a inteligência e a virtude dos homens e mulheres comuns, não a habilidade deles de ascender socialmente da classe trabalhadora para a classe alta. Ele escreveu que discordava daquelas "pessoas refinadas" que "desprezavam o trabalho, em especial o trabalho manual, como algo não civilizado". Nada era mais "desprezível" do que a "doutrina de que o trabalho é algo degradante"; "onde essas ideias prevalecem, encontra-se a podridão no fundamento da sociedade". Como Chevalier, Goodrich ficou impressionado com o contraste entre os camponeses "rudes, ignorantes, servis" que encontrou em suas viagens no continente europeu e com a "inteligência e o refinamento" exibidos por seus parceiros americanos. Na Europa, o "poder, gênio e a inteligência de cada país" eram "centralizados na capital", enquanto o "poder e o privilégio" nos Estados Unidos eram difundidos por todo o país, "por todo o povo". A condição daqueles "milhões que labutam" ampliava a medida mais confiável da saúde da nação. Os "mecânicos e os trabalhadores" da Europa viviam entre cenas de "ignorância, miséria e degradação".

Na América, onde havia um "sentimento geral de igualdade", viviam "em suas próprias terras" e eram "independentes de suas circunstâncias", além de terem adquirido o "hábito de formar suas próprias opiniões a partir de suas próprias reflexões".

Nunca ficou claro se fazia algum sentido, sob essas condições – vistas como tão atrasadas quanto a Guerra Civil – falar de uma classe trabalhadora. A relutância ao usar esse termo (ou a vontade de usá--lo apenas de uma maneira que fosse compreendida para a maioria da população) parece algo indefensável se for visto em retrospecto, mas é por esse mesmo motivo que é importante não perder de vista qual seria o ideal subjacente a esta aversão. Os americanos sempre foram explicitamente mais lentos para admitirem entre si sobre a emergência de uma "classe de camaradas amaldiçoados a labutar na vida como meros trabalhadores que dependem de um salário-mínimo", como Orestes Brownson os descreveu em 1840. Quarenta anos depois, e com muito menos justificativas, eles ainda podiam "negar que existem classes imutáveis na América", tal como notou o socialista cristão Jesse Jones, com alguma impaciência. Quando ele falava das "nossas classes trabalhadoras que viviam por um soldo", Jones descobriu que "a frase era detestável para a maioria dos americanos de bom coração". O próprio caracterizava o trabalho por um salário como uma instituição que "não era americana". Do seu modo de ver, contudo, não era mais possível, sem cortejar com a mudança da cegueira voluntária ou com um pedido especial, negar que um "proletariado fixo, desesperado, e uma classe em função de um salário era a fundação do nosso sistema industrial". Ao mesmo tempo, ele respeitava o "sentimento nobre do qual surge essa mesma negação" – o sentimento (que também era o seu) de que "os capitalistas e aqueles que labutam devem ser uma única coisa".

Olhando em retrospecto do nosso atual e vantajoso ponto de vista, estamos cada vez menos inclinados a aceitar a perspectiva de Jones, ao realizar qualquer espécie de autorização a respeito daqueles que argumentavam que "não há tal coisa entre nós como uma classe trabalhadora hereditária", segundo o jornal *Boston Daily Advertiser* anunciou em 1867. Como William Lloyd Garrison e Wendell Phillips, abolicionistas que tinham uma sensibilidade aguçada para a injustiça, poderiam desprezar as críticas do trabalho em função de um salário-mínimo equiparado a uma forma "nojenta" de execução, um insulto à "inteligência de qualquer homem são"? Como podemos acreditar na afirmação de Phillips, dita em 1847, de que o termo "seria completamente ininteligível para uma audiência de trabalhadores, se fosse aplicado neles mesmos"? Quem pode respeitar a oposição de que "os trabalhadores não são enganados nem oprimidos" e, em qualquer caso, o bilhete de voto lhes dava os meios de se autodefenderem? É difícil evitar a sensação de que os americanos começaram a depender com insistência nas comparações autoindulgentes com a Europa, e depois com o Sul escravocrata, na tentativa de assegurar uma imagem idealizada de uma classe de trabalhadores sob os auspícios do capitalismo, a mesma classe que era ostensivamente livre, mas ao mesmo tempo crescentemente sujeita aos efeitos deletérios do trabalho em função de um soldo.

Phillips dizia que os "erros" os quais ele era contra – as "doutrinas falsas", encapsuladas em sentenças como "salário de escravo" e "escravidão branca" – vinham do hábito de "olhar para as questões americanas por meio da ótica europeia" – isto é, ao ignorar o contraste entre o velho mundo e o novo. "No velho mundo, instituições absurdas e injustas [...] oprimiam antes e de maneira cruel a classe na qual os fracos tinham como única riqueza o seu trabalho". Por outro lado, na América, os trabalhadores tinham a sorte de se tornarem "capitalistas" através do "caráter moral, da economia, do autoengano, da temperança e da educação".[5] Mas os males introduzidos pela industrialização no norte dos Estados Unidos não poderiam ser impedidos ao citar outros grandes males que existiam ao redor do mundo. Sem minimizar os contrastes geralmente evocados pelos comentadores do século XIX a respeito da estrutura de classe da sociedade americana, não podemos deixar de detectar um afrouxamento do realismo e da resolução moral nesta celebração fraca, sem nenhuma convicção, do trabalho livre, um desejo de confundir a realidade com o ideal.

Entretanto, o que nos preocupa aqui é a natureza do próprio ideal, algo tão facilmente incompreendido. Esse ideal era nada mais nada menos que uma sociedade sem classes, entendida não apenas como a ausência de privilégios herdados e o reconhecimento legal de distinções de graus, mas também como uma recusa ao tolerar a separação entre o aprendizado e o trabalho. O conceito de uma classe trabalhadora era algo polêmico aos americanos porque implicava não só a institucionalização do trabalho em função de um soldo, mas também o abandono daquilo que muitos acreditavam ser a promessa central da vida americana: a democratização da inteligência. Até mesmo Henry Adams, raramente considerado como um tribuno em defesa do povo, articulava essa aspiração por meio de um dos personagens do seu romance *Democracia*, que claramente falava pelo seu autor: "A democracia assegura o fato de que as massas agora são elevadas a uma inteligência mais sofisticada do que existia anteriormente. Toda a nossa civilização ruma agora para este objetivo". Portanto, uma classe trabalhadora implica, como sua antítese, uma classe ociosa e letrada. Implicava também uma divisão social do trabalho que relembrava os dias dos párocos, quando o monopólio do conhecimento ficava com o clero e condenava os leigos ao analfabetismo, ignorância e superstição. Quebrar esse monopólio – o mais pernicioso de todos e que afetava também o comércio, uma vez que interferia com a circulação não só de bens de consumo como o de ideias – era amplamente considerado como a conquista mais importante da revolução democrática. A reintrodução de um tipo de hegemonia clerical a ser imposta ao espírito seria destruir tal conquista, revivendo assim o velho desprezo pelas massas e o desprezo da vida cotidiana que antes eram as características principais das sociedades paroquiais. Seria algo semelhante a recriar a distinção mais atrasada das sociedades de classe: a separação do ensino da experiência do dia a dia.

Penso que algumas considerações explicam por que Orestes Brownson, que em 1840 lutava solitariamente contra a industrialização que acentuava ainda mais as divisões de classes as quais os americanos tanto temiam, combinava a sua análise perspicaz do trabalho em função de um soldo com um ataque aparentemente arbitrário e irrelevante contra os sacerdotes. Esse aspecto da obra de Brownson intriga os seus intérpretes até hoje. Justo quando a sua análise parece levá-lo a conclusões que antecipam Marx, ele toma uma direção inesperada. Em vez de atribuir a desigualdade à apropriação da "mais-valia" pela classe dominante, põe a culpa no poder exercido pelas "corporações sacerdotais" a respeito da vida do espírito – o que seria, segundo Siracusa, um raciocínio "idiossincrático" e demasiado "tolo". Mas havia um método na loucura aparente de Brownson, mesmo que ele jamais conseguisse desenvolver suas implicações de forma sistemática. O sacerdócio incorporava o "princípio da autoridade", conforme explicou. A sua existência era incompatível com a "autoridade da razão" e com a "liberdade do espírito". A "destruição da ordem sacerdotal na acepção prática da palavra padre" era, portanto, o "primeiro passo a ser dado em direção à ascensão das classes trabalhadoras".

Em um ensaio muito semelhante escrito no ano anterior, ignorado pelos historiadores admiradores de *The Laboring Classes* [As classes trabalhadoras], que não entenderam a direção do argumento de Brownson, ele afirma que as reformas educacionais de Horace Mann, longe de democratizarem a inteligência, criariam uma forma moderna de sacerdócio ao sedimentarem o poder de um estamento educacional que imporia as "opiniões agora dominantes" nas escolas públicas. "Podemos muito bem ter uma religião estabelecida pela lei", garantiu Brownson, "como um sistema de educação" que serviria, como qualquer outra hierarquia sacerdotal, meramente igual aos "meios mais eficazes que eram possíveis para checar a pobreza e o crime, e manter a segurança dos ricos em suas posses". O "ofício antiquado do sacerdócio" tinha sido "abolido", mas Mann e seus aliados queriam revivê-lo na prática ao promoverem a escola, o liceu e outras agências de educação popular em função da imprensa. Ao dar o controle exclusivo da educação ao sistema escolar, as reformas de Mann encorajavam a divisão do trabalho cultural que enfraqueceria a capacidade das pessoas de educarem a si mesmas. A função do ensino seria concentrada em uma classe de especialistas profissionais, considerando que seria obrigada a ser difundida por toda a comunidade. Um estamento educacional era algo tão perigoso quando um estamento sacerdotal ou militar. Seus defensores haviam esquecido que as crianças eram mais bem "educadas nas ruas, com a influência dos seus próximos [...] pelas paixões e pelas afeições que elas viam manifestadas nos exemplos ao seu redor, nas conversas que escutavam e, acima de tudo, pelo tom moral, pelos hábitos e pela busca geral de toda a comunidade". Em 1841, Brownson voltou ao mesmo tema em um ensaio no qual escreveu suas principais preocupações de maneira ainda mais explícita. A "missão deste país", argumentou, era "elevar as classes trabalhadoras e fazer de cada homem alguém realmente livre e independente". Esse objetivo era completamente inconsistente com uma "divisão da sociedade entre trabalhadores e ociosos, empregados e operadores" – uma "classe letrada e uma classe inculta e iletrada, uma classe cultivada e uma classe ignorante, uma classe refinada e uma classe vulgar".

O mesmo tipo de pensamento influenciou a crítica sensível de Abraham Lincoln contra a "sociedade de soleira",[*] com implicações que foram muito além do contexto político daquela época – a controvérsia

---

[*] No original, "*mud-sill society*". Trata-se de um termo sociológico, popularizado por Richard Hofstadter (uma das grandes influências de Christopher Lasch), que conceitua o fato de que sempre existirá uma classe baixa para apoiar as necessidades da classe alta. A "soleira", no caso, é a parte inferior do prédio, mas que, ainda assim, mantém as suas bases. (N. T.)

a respeito da escravidão – e que deu origem a tal assunto. Os apologistas da escravidão usavam essa expressão em suas polêmicas contra o sistema do trabalho em função de um soldo que tinha sido introduzido pelo Norte por meio da industrialização. Esse tipo de trabalho, argumentavam, era muito mais cruel do que a escravidão, uma vez que os empregadores não reconheciam nenhuma responsabilidade para alimentar e vestir os trabalhados contratados, enquanto os donos de escravos não podiam fugir de suas obrigações paternais (somente porque precisavam manter o valor do seu investimento na propriedade humana). A compreensão de que essa era a melhor defesa da escravidão e que devia ser confrontada era uma medida dos donos políticos de Lincoln. Ele também entendia que a resposta mais eficaz era expor a premissa do argumento: a de que cada civilização se baseava, de uma forma ou de outra, no trabalho forçado e degradante. Os teóricos da soleira, dizia, concordavam

> que ninguém trabalha, exceto se alguém dotado de capital, de alguma forma, ao usar este mesmo capital, induz o primeiro a fazer isto. Assumindo tal premissa, ambos procedem a pensar se o melhor não seria o capital *contratar* os trabalhadores, e assim induzi-los a trabalhar com o próprio consentimento; ou então *comprá-los*, e dirigi-los sem o consentimento deles. Procedendo desse modo, eles naturalmente concordarão que todos os trabalhadores são necessariamente ou pessoas *contratadas* ou *escravos*. Assumirão que seja lá quem for um trabalhador *contratado*, está fatalmente afixado nessa condição por toda a vida; e assim, novamente, pensarão que a sua situação é tão ruim – ou pior – quanto a de ser um escravo. Esta é a teoria da "soleira".

Lincoln não discutia com a visão extrema dos seus opositores a respeito do trabalho em função de um soldo. Ele defendia a posição, em todo o caso, de que "nestes Estados Livres, uma grande maioria sequer *é contratada* ou sequer *contrata*". Não havia "tal coisa como o trabalhador livremente contratado que era determinado a continuar nesta condição por toda a vida". O trabalho em função de um soldo que acontecia no Norte, se é que ele existia de alguma maneira, servia como uma condição temporária que levava o sujeito a ser um futuro proprietário de terras. "Neste mundo, o iniciante prudente e sem dinheiro trabalha por um salário durante algum tempo, economiza uma quantia com a qual compra ferramentas ou terras para si mesmo, então trabalha para ter mais dinheiro em sua conta por mais algum tempo e daí contrata um novo iniciante para ajudá-lo".[6] É tentador ler a descrição idealizada feita por Lincoln da sociedade do Norte – uma descrição que reflete a sua experiência no Ocidente, onde a industrialização ainda não tinha cravado as suas raízes – com a afirmação típica na crença do que depois seria chamada de mobilidade social. Ely Chinoy cita o raciocínio de Lincoln como uma "expressão clássica" da "tradição do pequeno negócio" que igualava oportunidade social com a "mobilidade vertical". Para Richard Hofstadter, que cita os mesmos trechos (repetidos pelo próprio Lincoln em diversas ocasiões), a "crença nas oportunidades para o homem que cria o seu próprio sucesso" [o *self-made man*] era a "chave de toda a sua carreira". Eric Foner observa que a crença na "mobilidade social e no crescimento econômico", como o centro da ideologia do trabalho livre, foi aperfeiçoada por Lincoln e outros membros do seu partido. A posição de Lincoln já refletia os seus "valores capitalistas", apesar de que Foner adiciona que o "objetivo da mobilidade social", como o estadista americano e outros proprietários viam, não era ter uma "grande riqueza, mas almejar a independência econômica da classe média".

Contudo, a questão mais importante é se faz algum sentido identificar "independência" com mobilidade social. Quando Lincoln argumentou que os defensores do trabalho livre "insistiam na educação universal", não queria dizer que a educação servia aos propósitos para a ascensão social. O que ele queria dizer é que os cidadãos de um país livre tinham a expectativa de trabalhar com suas mentes e com suas mãos. Por outro lado, os teóricos da soleira asseguravam que "o trabalho e a educação são incompatíveis". Eles condenavam a educação dos trabalhadores como algo "inútil" e "perigoso". Na visão deles, era uma "desventura" que os trabalhadores "pudessem pensar de qualquer forma". Os defensores do trabalho livre ficaram na posição contrária de que "mentes e mãos devem cooperar entre si como amigos; e cada mente em particular deve direcionar e controlar cada par de mãos".

O problema não é se a descrição de Lincoln da sociedade do Norte era correta, mas sim se refletia um ideal "capitalista de classe média", como Foner o chama. Foner recomenda o ensaio de Brownson a respeito das classes trabalhadoras como uma espécie de corretivo à "ideologia da mobilidade" desenvolvida por Lincoln, uma ideologia que declaradamente diminuía os obstáculos à ascensão social. Fico mais impressionado com o que Lincoln e Brownson têm em comum: a compreensão compartilhada do que significa o experimento democrático. Tal como Brownson, Lincoln acreditava que a democracia anulava a "antiga regra" de que as "pessoas educadas não realizavam trabalho manual" e assim rompiam os elos históricos com as riquezas herdadas do ensino e do lazer. "A propriedade herdada", escreveu Brownson, era impossível de ser conciliada com a democracia; era uma "anomalia no nosso sistema americano que deve ser removida, ou o próprio sistema será destruído". Apesar de Lincoln não se unir a Brownson ao pedir a sua abolição, penso que ele sabia que a riqueza herdada teria pouca importância prática em uma democracia composta de proprietários de pequenas posses. Provavelmente, ele dava por certo que a ausência de grandes fortunas, junto com as restrições legais em torno da primogenitura e assuntos semelhantes, tornava difícil para os familiares transmitirem a sua posição social para seus filhos, algo muito diferente da expectativa cultural de que todos deveriam trabalhar para viver e de que as vantagens herdadas encorajavam a preguiça e a irresponsabilidade.

Estudos recentes sugerem que a crescente escassez de terras limitava em termos práticos a capacidade dos pais de cederem suas propriedades aos seus filhos. "A melhor coisa que a maioria das famílias poderia fazer", escreve Christopher Clark, "era reservar uma propriedade importante para um ou dois filhos e acertar seus assuntos financeiros para dar às outras crianças algum começo decente no mundo por meio de presentes, tutores ou educação". O "iniciado prudente e sem dinheiro" de Lincoln deve ser entendido como uma descrição daquelas "outras crianças", impedidas de aproveitar a herança por motivo de circunstâncias e forçadas a depender apenas dos seus próprios recursos. Sua referência era mais próxima do fazendeiro ideal do que do empreendedor, quando não inspirada por Horatio Alger. Devemos pensar esse iniciante não como um filho da pobreza que procura fazer seu próprio caminho na escala social, mas sim como o "personagem honrado" celebrado nas publicações da classe trabalhadora – o herdeiro de um "bom marido ou de um bom artesão", "alimentado na escola pública ou na academia do vilarejo", cujo "espírito é livre" e cujo "coração é imaculado diante do preconceito", tendo como objetivo na vida não ser "nem pobre, nem rico".[7] A visão desse tipo de ideal democrata como o artesão ou o agricultor que tinha respeito próprio vivendo em "seu próprio ateliê, [...] em sua própria casa", nas palavras de George Henry Evans, encontrou expressão legislativa na Lei Homestead de 1862,* pelo qual Lincoln esperava dar a "cada homem" os "meios e oportunidades para aperfeiçoar sua condição". No mesmo discurso no qual ele recomendava esse tipo de política doméstica, Lincoln se referia aos "trabalhadores" como a "base de todos os governos" – uma boa indicação de que ele via a propriedade

---

* Foi a primeira lei americana, defendida sobretudo por Andrew Jackson, e influenciada pelos escritos de Thomas Jefferson, que se baseava em um princípio político, articulado anteriormente por John Locke, sobre o uso contínuo, constante e útil da propriedade privada por um fazendeiro ou um agricultor. Seria o equivalente a "usucapião". (N. T.)

como uma forma não de escapar do trabalho, mas de levá-la ao seu potencial pleno.

A intenção da Lei Homestead, segundo Foner, foi "ajudar os pobres a alcançar independência econômica e elevá-los à classe média", assim promovendo "mobilidade social e geográfica". Sem dúvida, alguns políticos e jornalistas retiraram essa intenção do seu contexto; ainda assim, o simbolismo profundo de uma lei que era voltada para a política interna do país apelava à necessidade de se ter raízes, nunca ao espírito da ambição incansável – ao desejo de uma conexão com a terra, para a permanência e a estabilidade que sempre foi ameaçada de forma agressiva, especialmente em um lugar como os Estados Unidos, por causa do apelo competitivo do mercado. A esperança que havia por trás da Lei Homestead, como Wendell Berry articulou em *The Unsettling of America* [A desapropriação da América], era a de que "todos que puderem deveriam compartilhar a aquisição da terra para se conectarem a ela pelos interesses econômicos, pelo investimento de amor e trabalho, pela lealdade familiar, pela memória e tradição". Em seu discurso feito em 1859 para a Sociedade de Agricultura em Wisconsin – a fonte da maioria das afirmações que discuto neste capítulo –, Lincoln defendeu um comportamento de agricultura intensiva diretamente oposta aos hábitos dispendiosos e migratórios daqueles que viam a terra como uma mera fonte de lucro especulativo. Ele condenava a "ambição por amplos acres" que encorajava o "trabalho desleixado, descuidado e feito pela metade". Falava também do "efeito da cultivação contínua que deveria existir no espírito do próprio fazendeiro". Dizia que isso provaria uma "fonte inexaurível de lucrativa alegria" a uma "mente que já tinha sido treinada no pensamento, seja na escola do campo ou na escola superior". Nutrir, não adquirir, era o peso de sua exortação.

Seria muito tolo negar que essas versões distintas da boa vida seduziam muitos americanos no século XIX. Aqueles que falavam pela união dos empregos mentais e manuais reconheciam a atração sedutora da riqueza e da moda, o desprezo crescente pelo trabalho manual e o desejo de inspirar a inveja em vez de restituir o respeito. Mas foi apenas quando a estrutura hierárquica da sociedade americana se tornou inconfundível que as oportunidades ficaram amplamente associadas com a conquista de uma posição superior em uma sociedade que se revelava crescentemente estratificada, enlouquecida pelo dinheiro e completamente consciente da sua divisão de classes. Ao fim do século XIX, a "dignidade do trabalho" era uma frase feita, sussurrada sem convicção apenas em ocasiões vazias. As "classes trabalhadoras" não se referiam mais à grande maioria dos cidadãos autossuficientes e com respeito próprio; agora, o termo se referia a uma classe permanente de mercenários, uma saída que parecia ser a única definição motivadora de oportunidades.

É significativo que "mobilidade social" entrou no vocabulário acadêmico por volta dessa época, no contexto da incerteza que havia em relação ao recrudescimento das fronteiras. O anúncio do Departamento do Censo, em 1890, sobre o fato de que o país não "tinha mais uma fronteira de assentamento" passou a ter de imediato uma importância simbólica. Essa "declaração breve e oficial", escreveu Frederick Jackson Turner, marcou o "fim de um grande movimento histórico". Deu uma nova urgência aos debates sobre a "questão social". Mais do que qualquer desenvolvimento, o fim da fronteira forçou os americanos a lidar com o problema da proletarização do trabalho, a separação crescente entre riqueza e pobreza e a tendência delas de se tornarem algo hereditário.

Nos escritos de Turner, que fizeram muito para restaurar o "significado da fronteira" no espírito americano, uma interpretação antiga de democracia surgiu ao lado de outra que agora parecia cada vez mais familiar. Resumindo suas "contribuições do Ocidente à democracia americana" em 1903, Turner praticou uma nova reviravolta à ideia de oportunidade que antes era bastante ligada à ideia de fronteira. "Por todo o seu período mais antigo, a democracia ocidental tendia à produção de uma sociedade na qual a característica mais marcante era a liberdade do indivíduo que se erguia diante das condições da mobilidade social, cuja ambição era ser livre e garantir o bem-estar das massas". A última sentença preservava alguma coisa da antiga noção de democracia, mas o restante dela – que incluía o uso anterior do termo "mobilidade social" o qual consegui rastrear em outros textos – identificava o "bem-estar das massas" não com a democratização da inteligência e da virtude, mas sim com as oportunidades para "ascender" na escala social.

No mesmo parágrafo, entretanto, Turner escreveu sobre a influência do sistema escolar na criação de um "corpo maior de pessoas de inteligência média que pode ser encontrado em qualquer lugar do mundo". Mesmo essa formulação, com sua ênfase na educação escolar, marcou um recuo do ideal democrático de uma população educada pela experiência prática e pelo exercício da cidadania, mas ela ainda cumpria a condição de que essas "pessoas de inteligência média" eram o teste de uma sociedade democrática. Implicava algo a mais: o de que a prosperidade material nunca foi, sob qualquer aspecto, a única medida do "bem-estar das massas" ou até mesmo a medida mais importante. Turner terminava o seu ensaio sugerindo que a contribuição duradoura do Ocidente à democracia era a "visão de esperança" de que o homem poderia "crescer à medida plena de sua própria capacidade" – o que não era exatamente o tipo de visão que seria recomendado para os que eram inspirados moralmente pelo mito de uma personalidade marcante como Alger.

Um ensaio escrito por James Bryant Conant, publicado na revista *The Atlantic* há menos de quarenta anos, nos dá uma outra referência para entendermos essa redefinição do que significa oportunidade. Como presidente de Harvard, Conant administrava a transformação de uma universidade de pessoas comuns na fortaleza mais proeminente da meritocracia. Para os nossos propósitos, a importância do seu ensaio "Education for a Classless Society: a Jeffersonian Tradition" [Educação para uma sociedade sem classes: Uma tradição jeffersoniana] está na sua tentativa de ligar a meritocracia à tradição referida em seu subtítulo. A essência da democracia jeffersoniana, como Conant a via, era a determinação para substituir uma aristocracia de riqueza por uma aristocracia de talento, jamais para despertar o princípio da aristocracia em si. Conant despiu todas as associações sofisticadas envolvidas em torno do ideal de uma "sociedade sem classes". A frase não se referia mais a uma democracia de pequenos proprietários de terra, à união do trabalho mental e manual, à disciplina formadora de caráter e de educação, seja na experiência prática ocorrida na administração da propriedade e no exercício da cidadania, seja na esperança de que o homem "cresceria na medida plena de suas capacidades". Referia-se simplesmente à ausência de privilégio hereditário, à "importância capital" de "carreiras sedimentadas por toda a educação superior". Tal como Jefferson, Lincoln construiu suas oportunidades dessa maneira, segundo Conant, e a tradição articulada por esses homens foi "resumida" dessa forma, na observação de Turner sobre a "mobilidade social", a qual Conant citava com aprovação como o "coração do meu argumento". Ele afirmava que muita "mobilidade social" era a "essência de uma sociedade sem classes". A democracia não precisava de uma "distribuição uniforme dos bens mundanos", uma "igualdade radical da riqueza". O que ela precisava era de um "processo contínuo no qual poder e privilégio seriam automaticamente redistribuídos ao fim de cada geração".

Ao igualar oportunidades com a mobilidade social, Conant levantou a pergunta que está inerente ao seu próprio conceito: será que os números de mobilidade diminuíram? Sua resposta foi igualmente previsível: graças ao "fim da fronteira" e o "advento da industrialização moderna", os Estados Unidos desenvolveram uma "aristocracia hereditária da riqueza". A única maneira de "restaurar a mobilidade social" seria criar um sistema escolar que substituísse a fronteira, uma "grande máquina" para a redistribuição da oportunidade. Conant pensava que a educação pública tinha "potencialidades com as quais pouco sonhamos".

Poderia servir como um "novo tipo de instrumento social", desde que fosse reelaborado com claros propósitos sociais em mente. A meta era manter os jovens em carreiras adequadas às suas habilidades. "Métodos de teste" sofisticados, junto com a "forma discriminada e conscienciosa da orientação educacional", permitiriam ao sistema escolar separar os trabalhadores manuais dos mentais. Um sistema "diversificado" de educação faria com que as profissões fossem recrutadas "de qualquer nível econômico", mas serviria também para desencorajar expectativas irrealistas. Apenas uma minoria era qualificada para o trabalho profissional. "Os pais que esperam milagres [...] devem ser lembrados das limitações impostas pela natureza". Ninguém esperava que um atleta se tornasse um "herói do futebol" se antes ele fosse considerado um jovem de baixa estatura com "pernas tortas", do mesmo modo não havia razão para pedir aos professores que realizassem feitos semelhantes nas salas de aulas.

Seria difícil encontrar um exemplo melhor do que o ensaio de Conant sobre a visão decrépita da democracia que prevaleceu em nossos tempos. Por meio da "tradição jeffersoniana", que vislumbrava uma comunidade de cidadãos inteligentes, capazes, responsáveis e autônomos, Conant apenas propunha uma garantia para a circulação das elites. Ele via na democracia nada além de um sistema para recrutar líderes. O seu programa – "mobilidade social por meio da educação" – continha uma ironia a mais na qual, apesar de pressupor uma separação rigorosa dos trabalhos manuais e mentais, além de uma hierarquia de posição social em que os que trabalhavam com suas mãos se encontravam no último degrau da escala, também era concebido como um modo de conquistar uma "sociedade sem classes".[8] Sem qualquer noção do absurdo intrínseco a este raciocínio, Conant tentou unir ideias que faziam parte de domínios incompatíveis do discurso. Sua combinação de "mobilidade social" com "sociedade sem classes" faz a mistura de óleo com água parecer uma brincadeira de criança.

Historicamente, o conceito de mobilidade social foi claramente articulado somente quando as pessoas não podiam mais negar a existência de uma classe degradada de trabalhadores em função do soldo e que estava ligada a essa condição por toda a vida – apenas então a possibilidade de uma sociedade sem classes, em outras palavras, foi completamente abandonada. A noção de que intenções igualitárias poderiam servir a uma "restauração" da ascensão social traía uma incompreensão fundamental. Os altos índices de mobilidade não são, de qualquer modo, inconsistentes com um sistema de estratificação que concentra poder e privilégio em uma elite dominante. O fato é que a circulação das elites fortalece o princípio da hierarquia, dando-lhes jovens talentos e legitimando a ascendência dessas mesmas elites como se fosse meritório em vez de ser algo hereditário.

A verdade é que a nossa sociedade é, ao mesmo tempo, "muito estratificada e muito móvel", nas palavras de Wendell Berry. Há pouca evidência de que os índices de mobilidade vertical diminuíram. Muito pelo contrário: um grande número de pesquisas sociais aponta de forma consistente para a conclusão de que os índices de mobilidade continuaram mais ou menos constantes desde a Guerra Civil.[9] Nesse mesmo período, entretanto, a concentração de poder corporativo, a queda da produção em pequena escala, a separação da produção com o consumo, o crescimento do Estado de bem-estar social, a profissionalização do conhecimento e a erosão da competência, da responsabilidade e da cidadania fizeram dos Estados Unidos uma sociedade na qual as divisões de classe estão mais profundas do que foram no passado. A ambição não busca mais por uma "competência". "Ascender socialmente", como diz Berry, parece ser apenas o único prêmio pelo qual vale a pena lutar. "Ninguém mais pensa em se aperfeiçoar ao se tornar melhor no que faz ou assumir alguma espécie de responsabilidade pública para melhorar as condições sociais; pensa-se apenas se aperfeiçoar [...] para 'ascender socialmente' rumo a um 'local de melhor posição'".

Berry empresta essa última frase de uma memória escrita por Justin Smith Morrill em 1874, na qual Morrill explicava os propósitos que existiam por trás da legislação de 1862, batizada com o seu nome; uma legislação que estabelecia um sistema de colégios com propriedades doadas pelo governo para ensinarem "a agricultura e as artes mecânicas". A Lei Morrill, tal como Berry a via, pode ser analisada tanto como a realização plena da tradição jeffersoniana, quanto como o início do seu fim. Por um lado, foi feita para desencorajar a "ocupação de curto prazo e a procura afoita por novas residências", práticas que antes eram associadas com um padrão explorador e esbanjador de cultivo e com a "deterioração do solo". Em outras palavras, foi feita para desencorajar a mobilidade, jamais para promovê-la. Por outro lado, também parecia atingir a ascensão da agricultura a um patamar profissional. Morrill era contra o "monopólio da educação" exercido pelos colégios de artes liberais, tendo como base que eles restringiam o "número daqueles que supostamente são qualificados a preencher as vagas de melhor posição nos empregos públicos ou particulares em um número limitado de formados nas instituições literárias". Como Berry aponta, as intenções de Morrill eram ambíguas. Ele desejava "exaltar a utilidade daqueles que devem ganhar o seu pão pelo suor do trabalho", mas o que parecia realmente exaltar era o patamar profissional: "Será que a educação vai exaltar sua utilidade ao melhorar a qualidade do trabalho deles ou por torná-los elegíveis para promoção em 'lugares de melhor posição'?".

O questionamento de Berry a respeito dos argumentos de Morrill define a escolha mais importante que uma sociedade democrática deve fazer: se ela deve melhorar o nível geral de competência, energia e devoção – a "virtude", como era chamada na antiga tradição política –, ou somente promover um recrutamento amplo das elites. Nossa sociedade claramente fez a segunda escolha. Identificou as oportunidades com a mobilidade social e fez da ascensão social a única meta das políticas públicas. O debate sobre a ação afirmativa mostra o quão profundamente essa noção patética de restrições penetrou no discurso público. Uma política destinada a recrutar minorias para as classes profissionais e administrativas é algo oposto não apenas no fundamento que fortalece a posição dominante dessas mesmas classes, mas também no fundamento que enfraquece o princípio da meritocracia. Ambos os lados argumentam nessa mesma base. Ambos veem carreiras abertas ao talento como se fossem o início ou o fim da democracia quando, na verdade, o carreirismo tende a destruir a democracia no divórcio do conhecimento com a experiência prática, desvalorizando o tipo de conhecimento adquirido com esse tipo de experiência, e gerando assim condições sociais nas quais não se esperam que as pessoas comuns conheçam coisa alguma. O reino da experiência especializada – o resultado lógico das políticas públicas que igualam as oportunidades com o acesso irrestrito a "locais de melhor posição" – é a antítese da democracia como foi entendida por aqueles que viam este país como a "última e a melhor esperança da terra".

4

A democracia merece sobreviver?

O isolamento crescente das elites significa, entre outras coisas, que as ideologias políticas perderam contato com as preocupações dos cidadãos comuns. Já que o debate político se tornou restrito, em sua maioria, às "classes falantes", como passaram a ser caracterizadas, ele também ficou restrito a fórmulas. As ideias circulam e retornam na forma de palavras de ordem e de reflexos condicionados. A velha disputa entre a esquerda e a direita exauriu sua capacidade para clarificar qualquer tipo de assunto e providenciar um mapa confiável do real. Em alguns cantos, a própria ideia de realidade é questionada, talvez porque as classes falantes já habitam um mundo artificial onde suas simulações já a substituíram por completo.

Ambas as ideologias, da direita e da esquerda, em qualquer caso, estão tão rígidas que qualquer nova ideia causa pouca impressão em seus defensores. Os fiéis, fechados em si mesmos para qualquer argumento ou fato que possa questioná-los em suas convicções, nem tentam mais convencer os seus adversários em um debate. Suas leituras consistem, em sua maioria, em obras escritas sob um ponto de vista idêntico ao que acreditam. Em vez de lidarem com diferentes argumentações, ficam contentes em classificá-las como ortodoxas ou heréticas. A exposição a um desvio ideológico, seja de um lado ou de um outro, absorve uma energia que seria melhor se fosse investida em uma autocrítica, uma capacidade evanescente que é o nítido sinal de uma tradição intelectual moribunda.

A Revolta das Elites e a Traição da Democracia

Os ideólogos da direita e da esquerda, em vez de refletirem sobre os desenvolvimentos sociais e políticos que interrogam as crenças convencionais, preferem trocar acusações de que são fascistas ou comunistas – apesar do fato óbvio de que nem o fascismo, nem o comunismo representam a tendência do futuro. A visão deles do passado é tão distorcida quanto a do futuro. Eles ignoraram minuciosamente o comentário social surgido no fim do século XIX, quando ficou evidente que a pequena propriedade estava desaparecendo e as pessoas começaram a se perguntar se as virtudes associadas com a posse de terras deveriam ser preservadas, em qualquer outra forma, sob condições econômicas que pareciam fazer a posse de qualquer terra ser algo inatingível.

É de comum acordo que, antes da Guerra Civil, por meio de um escopo amplo da opinião política, a democracia não tinha futuro em uma nação de mercenários. O surgimento de uma classe permanente de trabalhadores em função de um soldo, depois da guerra, foi um acontecimento profundamente perturbador, que desestabilizou os analistas da política americana de uma maneira muito mais ampla do que percebemos. Os movimentos agrários que chegaram a um ápice no Partido Popular não estavam sozinhos na sua tentativa de preservar uma produção de pequena escala por meio da compra e venda corporativas. Liberais de esquerda, como E. L. Godkin, o influente editor da revista *The Nation* e do jornal *The New York Evening Post*, também apoiaram esses movimentos cooperativos, até que descobriram que o sucesso deles dependia da regulamentação governamental do crédito e dos bancos. Nos primeiros anos do século XX, sindicalistas e socialistas na Europa propunham soluções ousadas e imaginativas (senão impraticáveis) ao problema do salário-mínimo, em uma época que os sociais-democratas caíram no mito da "lógica da história" – o chamado movimento inexorável em direção à centralização governamental e à redução correspondente do cidadão a um consumidor.

Até mesmo nos Estados Unidos, onde nunca se desenvolveu um forte movimento sindicalista, os tópicos levantados pelos sindicalistas geraram, de qualquer modo, uma boa dose de especulação durante a chamada era progressista. O pensamento progressivo era vivaz e foi precisamente por causa disso que resistiu às ortodoxias políticas associadas à ideia de progresso. Alguns progressistas importantes rejeitaram aceitar a divisão da sociedade em uma classe trabalhadora e educada como o preço do progresso. Eles não apenas defenderam o Estado de bem-estar social como a única maneira de proteger os interesses dos trabalhos; como admitiram a força da objeção conservadora pela qual os programas de bem-estar promoveriam um "sentimento de dependência", nas palavras de Herbert Croly, mas rejeitaram a afirmação conservadora de que "a única esperança daquele que ganha o seu salário é se tornar um proprietário de algo". Croly afirmava que alguma responsabilidade de "operar o mecanismo dos negócios da vida moderna" deveria ser dada às classes trabalhadoras – ou melhor, combatida pelos trabalhadores dos seus empregadores, já que a "independência [deles] [...] não seria nada demais" se fosse "entregue por eles pelo Estado ou pela associação dos empregadores".

A sabedoria convencional, algo que deveria ser comum tanto na esquerda como na direita, reconhece que vivemos em uma sociedade interdependente, onde a virtude da autoconfiança tornou-se tão anacrônica quanto a produção em pequena escala. A tradição populista, como eu a entendo, percebeu esse problema. A palavra de alerta dela era independência, não interdependência. Os populistas viam a autoconfiança (que, é claro, não descarta a cooperação na vida cívica e econômica) como a essência da democracia, uma virtude que jamais ficou datada. A briga deles com a produção em larga escala e com a centralização política foi com o fato de que, dessa forma, enfraqueceram o espírito de autoconfiança e desencorajaram as pessoas a assumirem responsabilidade por suas ações. Essas desconfianças são mais concretas do que nunca e são ainda mais sugeridas pelo culto à vítima e a sua proeminência nas campanhas recentes por reforma social. Essa era a força do movimento de direitos civis – que podem ser compreendidos dentro do movimento populista – e que recusou constantemente pedir uma posição moral privilegiada em relação às vítimas da opressão moral. Martin Luther King era um liberal clássico, dentro do contexto da sua teologia evangélica social, mas um populista na sua insistência de que os negros tinham de assumir a responsabilidade por suas próprias vidas e na sua defesa pelas pequenas virtudes burguesas: trabalho árduo, sobriedade, autoaperfeiçoamento. Se o movimento dos direitos civis foi um triunfo para a democracia, foi porque a liderança de King transformou um povo degradado em cidadãos ativos e que respeitavam a si mesmos, alcançando uma nova dignidade ao defender os seus direitos constitucionais.

King tinha um entendimento muito mais compreensivo da democracia do que muitos democratas, e isso também fazia parte do legado populista. Quando Walter Lippmann começou a dizer, nos anos 1920, que a opinião pública é necessariamente mal informada e que era melhor deixar o governo com os especialistas, John Dewey comentou corretamente sobre esse tópico. Para Lippmann, a democracia significava nada mais, nada menos que o acesso universal às boas coisas da vida. Para Dewey, ela lidava com a "suposição da responsabilidade" de homens e mulheres comuns, em um "desenvolvimento estável e equilibrado de espírito e caráter". O que ele falhou em explicar foi justamente como a responsabilidade poderia prevalecer em um mundo dominado por organizações gigantescas e pelas comunicações de massa. Os teóricos clássicos da democracia duvidaram se o autogoverno poderia funcionar de maneira eficaz além do nível local – e era por isso que defendiam o localismo o quanto possível. O próprio Dewey esperava por um "movimento de retorno [...] aos lares da humanidade", mas ele não podia dizer aos seus leitores como tal retorno aconteceria, pois dava por certo a inevitabilidade da centralização governamental, junto com a "desintegração da família, da igreja e da vizinhança".

A troca de ideias de Dewey com Lippmann levanta a pergunta perturbadora sobre se a democracia implica padrões elevados de conduta pessoal. Ao contrário de muitos contemporâneos liberais clássicos, Dewey claramente pensava que sim. Em *The Public and Its Problems* [O público e seus problemas], notou de forma alarmante que "as lealdades com as quais os indivíduos se asseguravam e que lhes davam apoio, direção e unidade de aparência em suas vidas, desapareceram por completo". O problema referido em seu título era como reconstituir tudo isso. Como outros pensadores progressistas, notavelmente Charles H. Cooley, Dewey começou a refutar críticos da democracia que afirmaram que ela alimentava a mediocridade, a autoindulgência, um amor excessivo ao conforto, a mão de obra desleixada e uma comunidade tímida à opinião dominante. A ideia de que a democracia é incompatível com a excelência, de que os padrões de excelência são inerentemente elitistas (ou, como Dewey diria atualmente, sexista, racista, e por aí vai), sempre foi o melhor argumento contra a sua existência. Infelizmente, muitos democratas secretamente (ou não tão secretamente) compartilham dessa crença e, portanto, são incapazes de responder contra ela. Em vez disso, baseiam-se na afirmação de que os homens e as mulheres democráticos compensam com tolerância o que lhes falta em termos de caráter.

A última variação nesse tema familiar, a sua *reductio ad absurdum*, é que o respeito pela diversidade cultural nos proíbe impor os padrões de grupos privilegiados nas vítimas da opressão. Esta é claramente uma receita para a incompetência universal (ou pelo menos para uma divisão desastrosa entre as classes competentes e as incompetentes) que perde, com uma velocidade impressionante, qualquer espécie de credibilidade que possa haver quando a nossa sociedade (por causa da sua abundância de terras e de outros recursos naturais, combinados com a ausência crônica de trabalho) oferecia uma margem mais generosa a esse tipo de comportamento. A evidência crescente da corrupção e da ineficiência abrangentes, o declínio da produtividade americana, a busca pelos lucros especulativos em detrimento da industrialização, as condições miseráveis das nossas cidades dominadas pelo crime, o crescimento alarmante e desgraçado da pobreza, e a disparidade cada vez maior entre a pobreza e a riqueza, algo moralmente obsceno e igualmente explosivo em termos políticos – esses acontecimentos, que não podem ser mais ignorados ou escondidos, reabriram o debate histórico sobre a democracia. No momento do seu triunfo vertiginoso sobre o comunismo, a democracia surge sob fogo cerrado em seu próprio lar, e as críticas estão prestes a crescer se as coisas continuarem a desmoronar na atual situação. Instituições formalmente democráticas não garantem uma ordem social razoável, como podemos reconhecer nos exemplos da Índia e da América Latina. Assim que as condições nas cidades americanas começam a se aproximar daquelas do Terceiro Mundo, a democracia deve provar a si mesma e de uma vez por todas que pode ser algo viável.

Os liberais sempre acreditaram que a democracia não precisa da virtude cívica. Segundo esse modo de pensar, são as instituições liberais, nunca o caráter dos cidadãos, que fazem a democracia funcionar. Ela é o sistema legal que torna possível as pessoas viverem com suas diferenças. A crise crescente de competência e de confiança cívica, entretanto, joga um pesado manto de dúvida sobre a afirmação agradável de que as instituições, ao contrário do caráter, fornecem toda a virtude que a democracia necessita. A crise de competência sugere o desejo por uma interpretação revisionista da história americana, que acentua o modo no qual a democracia liberal gastou todo o capital que foi emprestado das tradições morais e religiosas existentes antes da ascensão do liberalismo. Um segundo elemento neste revisionismo é o respeito elevado por tradições negligenciadas de pensamento, derivadas do republicanismo clássico e da incipiente teologia protestante, e que nunca tiveram ilusões sobre o esquecimento da virtude cívica. Quanto mais apreciamos as lealdades que antes davam aos indivíduos "apoio, direção e aparência de unidade na vida", mas precisamos buscar orientações em pensadores como Emerson, Whitman, Brownson, Hawthorne, Josiah Royce, Cooley, Dewey, Randolph Bourne, que entenderam que a democracia deve defender algo mais desafiador do que o esclarecido interesse por si mesmo, o "estar aberto ao outro" e a tolerância.

Não é só uma questão a respeito da sobrevivência da democracia. Isso é suficiente para dar uma nova urgência aos problemas que sempre estivemos ansiosos para evitar. Mas a questão mais profunda, claro, é se a democracia merece sobreviver. Por mais que tenha suas atrações intrínsecas, a democracia não é um fim em si mesmo. Ela deve ser julgada pelo seu sucesso ao produzir bens superiores, obras de ensino e de arte elevados e um tipo de caráter nobre. "A democracia jamais superará os sofismas", escreveu Walt Whitman em *Democratic Vistas* [Visões democráticas], "até se encontrar e crescer de maneira esplendorosa em suas próprias formas de arte", seu próprio "caráter religioso e moral", as "personalidades perfeitas" que farão "o nosso mundo ocidental uma nacionalidade superior a qualquer outra coisa conhecida". O teste da democracia, pensava Whitman, era se ela poderia produzir um "agregado de heróis, personagens, experimentos, sofrimentos, seja de prosperidade ou de fracassos, de glória ou desgraças, comuns a todos, típicos de todos os homens".

Para aqueles que cultivam o ideal da mente aberta (mesmo que seja vazia), essa fala sobre heróis, experimentos, glória e desgraça é algo automaticamente suspeito – para não dizer assustador. O chamado por modelos de heroísmo "comuns a todos" parece ameaçar o pluralismo dos compromissos éticos que a democracia é obrigada a proteger. Contudo, na ausência de padrões comuns, a tolerância se torna indiferença, e o pluralismo cultural degenera em um espetáculo estético no qual os modos populares dos nossos vizinhos são saboreados com o requinte de um *connoisseur*. Entretanto, os nossos próprios vizinhos, como indivíduos, nunca tiveram esse tipo de julgamento. A abstenção do julgamento ético, na concepção ou na incompreensão do pluralismo agora vigente, torna inapropriado falar de "compromissos éticos" de qualquer maneira. A apreciação estética é tudo o que pode ser conquistado nas definições atuais de diversidade cultural. As perguntas que agora nos dividem além da esperança do comprometimento se transformam em perguntas sobre o estilo de vida, segundo o jargão do dia. Como devo me vestir? O que devo comer? Com quem devo me casar? Quais devem ser os meus amigos? Neste contexto, a pergunta que realmente importa – como devo viver? – também se torna um assunto de gosto, de preferência pessoal idiossincrática, na melhor das hipóteses algo religioso ou de identificação étnica. Mas essa pergunta cada vez mais difícil e profunda, se for adequadamente compreendida, necessita que falemos sobre virtudes impessoais como fortaleza, vontade de trabalhar, coragem moral, honestidade e respeito pelos adversários. Se acreditamos nessas coisas, além disso tudo, devemos também nos preparar para recomendá-las a todos, como as pré-condições morais de uma boa vida. Ao nos referirmos a tudo como uma "pluralidade de compromissos éticos", significa que não exigimos nada de ninguém e reconhecemos que ninguém está certo para pedir quaisquer tipos de exigências a nós mesmos. A abstenção de julgamento nos condena logicamente à solidão. A não ser que estejamos preparados para exigir de cada um de nós, podemos aproveitar somente um tipo bem rudimentar de uma vida comum.

Mesmo que não concordemos com uma definição de uma boa vida – e podemos dizer que não chegamos sequer a fazer um esforço quanto a isso –, podemos certamente concordar a respeito de padrões mínimos de trabalho, alfabetização e competência em geral. Sem eles, não temos nenhuma base nem para pedir nem para conceder respeito. Os padrões comuns são absolutamente indispensáveis a uma sociedade democrática. As sociedades são organizadas ao redor de uma hierarquia de privilégios que pode abarcar múltiplos padrões, mas uma democracia não pode suportar isso, pois um padrão de duas medidas significa uma cidadania de segunda classe.

O reconhecimento de direitos iguais é uma condição necessária, mas insuficiente, para a cidadania democrática. Se a democracia tiver acesso equânime aos meios de competência (ou assim falamos deles), os direitos iguais não conferirão respeito por si mesmos. É por isso que se trata de um erro fundamentar a defesa da democracia na ficção sentimental de que as pessoas são todas iguais. Na verdade, as pessoas são desiguais em suas capacidades (e é claro que isso não nos previne de imaginarmos como seriam as vidas dos outros). Como Hannah Arendt afirmou, o Iluminismo andou para trás. É a cidadania que confere igualdade, não é a igualdade que cria o direito à cidadania. Semelhança não é equidade, e "igualdade política, portanto, é o oposto exato da igualdade diante da morte", escreve Arendt, "ou da igualdade diante de Deus". A igualdade política – a cidadania – equaliza as pessoas que, de outra forma, seriam diferentes em suas capacidades, e a universalização da cidadania, portanto, deveria ser acompanhada não apenas por treinamento formal nas artes cívicas, mas por medidas destinadas a assegurar a distribuição mais ampla de responsabilidades políticas e econômicas, o exercício daquilo que é ainda mais importante do que o treino formal ao ensinar o que seria um bom julgamento, um discurso claro e compreensível, a capacidade de decisão e a vontade de aceitar as consequências de nossas ações. É nesse sentido que a cidadania universal implica um mundo todo de heróis. A democracia requisita tal universo, se a cidadania não for se tornar uma formalidade vazia.

A democracia também precisa de uma ética mais revigorante do que a tolerância. Essa última é algo bom, mas é apenas o início da democracia, não sua meta final. Em nossa época, a democracia é muito mais seriamente ameaçada pela indiferença do que pela intolerância ou pela superstição. Tornamo-nos proficientes demais ao dar desculpas para os nossos atos – e, pior, ao criarmos desculpas pelos que "estão em desvantagem". Estamos tão ocupados na defesa dos nossos direitos (conferidos, na maior parte, por decretos judiciais) que pouco pensamos sobre nossas responsabilidades. Raramente dizemos o que pensamos, com medo de ofender alguém. Estamos determinados a respeitar todos, mas nos esquecemos que o respeito deve ser merecido. Ele não é uma outra palavra para tolerância ou a apreciação de "estilos de vida e de comunidades alternativas". Trata-se de uma perspectiva de turista em relação à moralidade. Respeito é algo que experimentamos diante de feitos admiráveis, caráteres bem formados e dons naturais bem aproveitados. Ele está necessariamente vinculado ao exercício do julgamento e do discernimento, jamais à aceitação indiscriminada.

Nossa sociedade trabalha na brecha dos dois grandes medos que nos paralisam: o fanatismo e a guerra racial. Uma vez que descobrimos, com demora, a contingência de todos os sistemas de crença e de ideologias, ficamos obcecados com os terrores surgidos quando as verdades parciais foram tomadas como universais. Em um século dominado pelo fascismo e pelo comunismo, esse medo é compreensível, mas agora é certamente possível afirmar, sem ser acusado de complacência, de que a ameaça totalitária está retrocedendo. Nem mesmo o fundamentalismo islâmico seria um perigo semelhante, como nos dizem.[*] Aqueles que se preocupam muito com o fanatismo ideológico geralmente entram em uma complacência por si próprios, algo que vemos especialmente nos intelectuais liberais. É como se eles sozinhos entendessem o perigo da universalidade deslocada, a relatividade da verdade, o anseio em suspender o juízo. Eles se veem, esses intelectuais devotos de mentes abertas, igual a uma minoria civilizada em um mar de fanatismo. Orgulhosos de si mesmos por sua emancipação religiosa, mal a entenderam como se fosse um conjunto de dogmas definitivos e absolutos, resistentes a qualquer espécie de louvor inteligente. Não percebem a disciplina que há contra o fanatismo e que faz parte da própria religião. A "busca pela

---

[*] Infelizmente, Lasch não conseguiu prever o que aconteceria nos Estados Unidos e na Europa após os atentados de Onze de Setembro. (N. T.)

certeza", como Dewey a chamava, é condenada com uma paixão implacável na tradição profética comum ao Judaísmo e ao Cristianismo, que sempre nos avisa repetidamente contra a idolatria, inclusive a idolatria da própria igreja. Muitos intelectuais assumem que a religião satisfaz o anseio por uma segurança moral e emocional – uma noção que até mesmo um conhecimento superficial sobre a religião refutaria. Parece que há limites, em particular para a expansão de uma mente considerada aberta, e esses limites rapidamente se revelaram quando a conversação passou a lidar com o assunto da religião.

O problema da intolerância racial está intimamente ligado ao do fanatismo. Aqui, de novo, há uma boa dose de complacência e de moralismo, misturados ao medo de ser intolerante. As classes pensantes parecem trabalhar sob a ilusão de que elas, sozinhas, superaram o preconceito racial. Na visão delas, o resto do país continua incorrigivelmente racista. A ansiedade dessas classes de levar cada conversação de volta ao assunto racial é suficiente por si mesma para iniciar a suspeita de que a dedicação delas ao assunto excede qualquer coisa que é justificada pelo estado atual das relações raciais. A monomania não é um sinal de bom julgamento. Mas se ela surge do moralismo ou do pânico ou de uma mistura dos dois, a afirmação de que a maioria dos americanos continua racista em seus corações não pode se sustentar em um exame mais detido. O aperfeiçoamento das atitudes em torno da raça é um dos poucos acontecimentos positivos que aconteceu nas últimas décadas. É claro que o conflito racial desapareceu, mas trata-se de um erro grave interpretar cada conflito que acontece nos Estados Unidos como a prova de uma aparência retrógrada dos americanos comuns, como se fosse o retorno da intolerância que teve papel predominante na história da nossa nação. O novo racismo é mais reativo do que propriamente residual, menos ainda ressurgente. É uma resposta, mesmo inapropriada e ofensiva, a um padrão de duas medidas sobre a justiça racial que atinge muitos americanos como algo irracional e injusto. Já que a oposição a um padrão duplo "afirmativo" é algo frequentemente desprezado como racista, uma reação a esse tipo de insulto – das classes trabalhadoras e da classe média baixa assediadas pela ação afirmativa, incitadas por estudantes universitários que agridem com suas tentativas de forçar a linguagem e o pensamento politicamente corretos – é aceitar o "racismo" como um motivo de orgulho para recusá-lo, com provocação estudada, diante daqueles que pretendem tornar o racismo e os direitos da minoria os únicos assuntos da discussão pública.

Da perspectiva das pessoas que são completamente obcecadas pelo racismo e pela ideologia fanática, a democracia pode significar apenas uma única coisa: a defesa do que eles chamam de diversidade cultural. Mas há assuntos muito mais importantes diante dos amigos da democracia: a crise de competência; o contágio da apatia e do cinismo sufocante; a paralisia moral daqueles que valorizam a "abertura" acima de tudo. Nos anos 1870, Walt Whitman escreveu: "Talvez jamais tenha existido tanto vazio no coração, aqui e agora nos Estados Unidos. Parece que a crença genuína nos abandonou". Essas palavras são mais atuais do que nunca. Quando estaremos prontos para ouvi-las?

5

Comunitarismo ou populismo?
A ética da compaixão e a ética do respeito

O título deste capítulo se refere a uma diferença de ênfase, jamais a uma oposição irreconciliável entre duas posições que não têm nada em comum. As tradições populistas e comunitárias são distintas, porém historicamente interligadas; qualquer relato a respeito delas e do seu significado contemporâneo deve fazer justiça tanto ao que as une como ao que as separa de cada uma. O populismo é enraizado na defesa da pequena propriedade, algo que era amplamente defendido, no século XVIII e no início do XIX, como a base necessária da virtude cívica. O comunitarismo tem os seus antecedentes intelectuais em uma tradição sociológica, inicialmente de caráter conservador, e que encontrou as origens da coesão social em uma crença comum, tão fortemente arraigada no cotidiano que ela não precisa ser articulada, em especial nos modos populares, nos costumes, nos preconceitos e nos hábitos do coração. Contudo, como essas tradições compartilham algumas reservas a respeito do Iluminismo, nunca foi fácil diferenciá-las. Ao mesmo tempo, nunca teve muito sentido fazer tal tipo de exercício intelectual. Ambas existem fora da celebração dominante do progresso, e o acordo entre elas a respeito deste tópico de extrema importância é o que faz suas diferenças parecerem algo trivial.

Se conceitos como "populismo" ou "comunidade" aparecem de maneira proeminente no discurso político atual, é porque a ideologia do Iluminismo, ao ser atacada por diversos lados, perdeu muito do seu apelo.

As afirmações relacionadas a uma razão universal estão sob suspeita. A esperança por um sistema de valores que transcenderia o particularismo das classes, da nacionalidade, da religião e da raça não possui mais qualquer espécie de convicção. A razão e a moralidade do Iluminismo são crescentemente vistas como um disfarce para o exercício do poder, e a previsão de que o mundo pode ser governado de forma racional parece ser mais remota do que em qualquer época desde o século XVIII. O cidadão do mundo – o protótipo da humanidade no futuro, segundo os filósofos iluministas – não é algo que está em evidência. Temos um mercado universal, mas ele não acompanha os efeitos civilizadores que antes eram tão esperados por Hume e Voltaire. Em vez de criar uma nova apreciação dos interesses e das inclinações em comum – a semelhança essencial dos seres humanos que existem em qualquer lugar –, o mercado global parece perceber com mais intensidade as diferenças étnicas e nacionais. A unificação do mercado caminha de mãos dadas com a fragmentação da cultura.

O crepúsculo do Iluminismo se manifesta politicamente no crepúsculo do liberalismo que, em muitos aspectos, é o produto mais atraente da filosofia iluminista e o veículo das suas melhores esperanças. Por meio de todas as permutações e as transformações da ideologia liberal, duas das suas características principais persistiram em todos esses anos: o seu compromisso com o progresso e a sua crença de que um estado liberal poderia existir sem a virtude cívica. As duas ideias estão conectadas em uma linha de pensamento que tem como premissa o fato de que o capitalismo a tornou razoável a todos que aspiram a um nível de conforto anteriormente acessível apenas aos ricos. Portanto, os homens se dedicariam aos seus negócios particulares, reduzindo a necessidade de se ter um governo, que aparentemente pode cuidar de si mesmo. Foi a ideia de progresso que tornou possível acreditar que as sociedades abençoadas com abundância material conseguiriam viver sem a participação ativa dos cidadãos comuns no governo. Depois da Revolução Americana, os liberais argumentaram – em oposição à antiga perspectiva de que a "virtude pública é a única fundação das repúblicas", nas palavras de John Adams – que um sistema adequado de vigilância constitucional seria "o mais vantajoso até mesmo para os homens ruins que atuam em função do bem público", como disse James Wilson. Segundo John Taylor, "uma sociedade avarenta pode criar um governo capaz de se defender contra a avareza dos seus membros" ao comparar o "interesse do vício [...] ao lado do da virtude". A virtude se encontra nos "princípios do governo", argumentou Taylor, nunca nas "vagas qualidades dos indivíduos". As instituições e "os princípios da sociedade podem ser virtuosos, apesar dos indivíduos que a compõem serem imorais".

O paradoxo de uma sociedade virtuosa baseada em indivíduos imorais, por mais agradável que seja na teoria, nunca existiu de forma consistente na vida real. Os liberais acreditavam muito mais na virtude particular do que eles gostariam de admitir. Até hoje, os que defendem essa perspectiva mínima de cidadania tentam contrabandeá-la entre as brechas da ideologia do livre mercado que eles divulgaram insistentemente. O próprio Milton Friedman admite que uma sociedade liberal requer um "grau mínimo de letramento e de conhecimento", junto com uma "ampla aceitação de um conjunto comum de valores". Não está claro se a nossa sociedade pode ter essas condições mínimas, como as coisas parecem ser atualmente, mas sempre ficou evidente, de qualquer maneira, que uma sociedade liberal precisa de mais virtude do que Friedman quer permitir. Um sistema dependente do conceito de direitos pressupõe indivíduos que defendam os direitos dos outros, somente porque eles esperam que esses outros também respeitem, em retorno, os mesmos direitos. O próprio mercado, esta instituição central da sociedade liberal, também pressupõe, no mínimo, indivíduos argutos, astutos e lúcidos – e que seriam os paradigmas da escolha racional. Ele pressupõe não apenas o egoísmo, mas um egoísmo esclarecido. Foi por esse motivo que os liberais do século XIX deram tanta importância à família. A obrigação de sustentar uma esposa e filhos, sob a ótica deles, disciplinaria o individualismo possessivo e transformaria o jogador em potencial, o espectador, o esnobe e o trapaceiro em um provedor consciente. Ao abandonarem o antigo ideal republicano de cidadania, junto com a acusação republicana contra a luxúria, os liberais não tinham mais a base para apelar aos indivíduos que deveriam subordinar seus interesses particulares ao bem público. Mas ao menos poderiam apelar ao egoísmo supremo do casamento e do parentesco. Poderiam pedir, senão pela suspensão do interesse pessoal, por sua elevação e seu refinamento.

A esperança de que as expectativas acumuladas poderiam levar os homens e as mulheres a investirem suas ambições em suas proles já era um fracasso a longo prazo. Quanto mais o capitalismo se identificou com a gratificação imediata e com a obsolescência planejada, mais destruía implacavelmente as fundações morais da vida familiar. O aumento do índice de divórcio, um sinal de alerta nos últimos anos do século XIX, parecia refletir uma impaciência crescente com os limites impostos pelas responsabilidades e pelos compromissos a longo prazo. A paixão por ir adiante começou a implicar no direito de recomeçar toda vez que os compromissos anteriores se tornassem um fardo. A abundância material também enfraquecia a economia, assim como as fundações morais de um "estado familiar bem ordenado", algo que era admirado pelos liberais do século XIX. Os negócios familiares foram substituídos pelas corporações, a colheita da família (de um modo muito mais lento e dolorido) deu lugar a uma agricultura coletiva controlada pelo mesmo banco que planejou a consolidação industrial. O levante agrário das décadas de 1870, 1880 e 1890 provou ser o início de uma longa e perdida batalha para salvar as fazendas familiares, erigidas na mitologia americana até hoje como a condição *sine qua non* de uma boa sociedade, mas na prática sujeitas a um ciclo terrível de mecanização, endividamento e produção excessiva.

Portanto, em vez de ser um contraponto, a família foi invadida e minada pelo mercado. A veneração sentimental pela maternidade, até mesmo no ápice da sua influência no fim do século XIX, jamais poderia esconder a realidade de que o trabalho não remunerado carrega o estigma da inferioridade social quando o dinheiro se torna a medida universal de valor. No longo prazo, as mulheres foram forçadas a trabalhar não apenas porque suas famílias precisavam de uma renda extra, mas porque o trabalho remunerado parecia representar a única esperança delas de ter alguma igualdade em relação aos homens. Na nossa época, está cada vez mais claro que as crianças pagam o preço por esta invasão da família pelo mercado. Com os pais no trabalho e os avós reclamando sua ausência, a família não é mais capaz de proteger suas crianças dessa situação. A televisão se transformou na babá como primeira opção. Sua presença invasiva é o golpe fatal a qualquer esperança restante de que a família pode dar um abrigo para as crianças crescerem. Elas estão expostas ao mundo exterior a partir do momento em que estão velhas o suficiente para serem abandonadas diante do aparelho. E mais: estão expostas a ele de um modo brutal, porém sedutor, e que reduz os valores do mercado aos termos mais simplórios. A televisão comercial dramatiza, de forma bastante explícita, o cinismo que sempre ficou implícito na ideologia do mercado. A convenção sentimental de que as melhores coisas da vida são de graça já caiu no esquecimento há tempos. Uma vez que essas melhores coisas custam sem dúvida muito dinheiro, as pessoas passam a buscá-lo no mundo descrito pela televisão, por meios justos ou injustos. A ideia de que o crime não compensa – outra convenção descartada – se rende ao reconhecimento de que a aplicação da lei é uma batalha perdida, de que as autoridades políticas são incapazes diante dos sindicatos do crime e que, em geral, impedem a polícia em seu esforço de levar os criminosos a julgamento, de que todos os conflitos são mediados pela violência e de que qualquer escrúpulo relacionado à violência condena o sujeito com escrúpulos a posição de perdedor.

Por todo o século xx, o liberalismo foi impelido a seguir em duas direções: rumo ao mercado e, apesar de suas desconfianças em relação ao governo, rumo ao Estado. De um lado, o mercado parece ser a encarnação ideal do princípio – o princípio cardeal do liberalismo – pelo qual os indivíduos são os melhores juízes dos seus próprios interesses e que devem, portanto, ter a permissão de falarem por si mesmos em assuntos que lidam com suas felicidades e bem-estar. Mas esses mesmos indivíduos não podem aprender a falar por si, muito menos ter uma compreensão inteligente do que sejam essa felicidade e esse bem-estar, em um mundo onde não há mais valores exceto os do mercado. Mesmo os defensores do liberalismo precisam da disciplina formadora de caráter que suas próprias famílias, vizinhanças, escola e, em especial, igreja oferecem. Todas essas instituições (não apenas a família) têm sido enfraquecidas pela intromissão do mercado, uma vez que este tem a tendência de universalizar a si mesmo. Ele não coexiste facilmente com as instituições que operam segundo os princípios opostos ao seu: escolas e universidades, jornais e revistas, órgãos de caridade, famílias. Cedo ou tarde, o mercado tende a absorvê-los completamente, impondo uma pressão quase irresistível a cada atividade para se justificar nos únicos termos que ele reconhece: tornando-se uma proposta comercial, com seu respectivo preço, ao exibir o lucro final na última linha da planilha. Dessa forma, transforma o jornalismo em entretenimento, a erudição em carreirismo profissional, o trabalho social na administração científica da pobreza. Inexoravelmente, o mercado remodela cada instituição à sua própria imagem.

Na tentativa de restringir o escopo do mercado, os liberais então se voltaram em direção ao Estado. Mas, em geral, o remédio provou ser pior do que a doença. A substituição dos tipos informais de associação pelos

Comunitarismo ou populismo?

sistemas formais de socialização e de controle enfraquece a confiança social, mina a vontade de assumir a responsabilidade pelos próprios atos, destrói o respeito pela autoridade e assim se revela autodestrutivo. Vejamos o que aconteceu com os bairros, antes tão efetivos como intermediários entre a família e uma parte maior do mundo. Eles foram destruídos não apenas pelo mercado, pelos crimes e pelas drogas, ou, de forma menos dramática, pelos shoppings de subúrbio, mas também pela engenharia social influenciada pelo Iluminismo. O impulso principal da política pública, desde as primeiras cruzadas contra o trabalho infantil, era transferir o cuidado das crianças de locais informais para instituições planejadas especificamente em função de propósitos pedagógicos e de custódia. Atualmente, essa tendência continua em relação às creches, em geral justificadas pelos argumentos irrefutáveis de que as mães trabalhadoras precisam delas, mas também porque as creches podem aproveitar as últimas inovações da pedagogia e psicologia infantis. Essa política de segregar as crianças em instituições conforme a idade, sob supervisão profissional, revelou-se um tremendo fracasso, por motivos já sugeridos alguns anos atrás por Jane Jacobs em *The Death and Life of Great American Cities* [A morte e a vida das grandes cidades americanas], um ataque ao planejamento urbano que também se aplica ao planejamento social de modo mais amplo. "O mito de que os parques, gramados, seguranças particulares ou supervisores é algo inerente à educação das crianças, e de que as ruas da cidade, repletas de pessoas comuns, são inerentemente ruins para a sensibilidade delas, revela um desprezo completo pelos seres humanos normais." Nesse desprezo peculiar, os planejadores perderam o contato com a maneira pela qual as ruas da cidade, se funcionassem como deveriam, ensinam às crianças uma lição que não pode ser transmitida pelos educadores ou pelos cuidadores profissionais: a de que "as pessoas devem assumir um mínimo de responsabilidade pública por cada um, mesmo que elas não tenham nenhum vínculo com o outro". Quando o vendedor da esquina ou o chaveiro repreende uma criança

A Revolta das Elites e a Traição da Democracia

por correr na rua, ela aprende algo que não pode ser ensinado somente por uma instrução formal. O que ela aprende é que os adultos que não têm qualquer relação com o seu próximo, exceto pelo acaso da afinidade, possuem certos padrões e assumem responsabilidades diante da vizinhança. Jacobs chama isso, com muita razão, de "a regra fundamental para uma vida urbana bem-sucedida", aquela na qual as "pessoas contratadas para cuidarem das crianças não podem ensinar, porque a essência da responsabilidade é fazer isso sem ser contratado".

Os bairros encorajam a "confiança pública casual", segundo Jacobs. Na sua ausência, a manutenção diária da vida será dada aos burocratas profissionais. A atrofia dos controles informais leva irresistivelmente à expansão dos controles burocráticos. Esse tipo de desenvolvimento ameaça extinguir a mesma privacidade a qual os liberais sempre defenderam. Ele também sobrecarrega o setor organizacional com um fardo que não consegue suportar. A crise do financiamento público é apenas um indicador da fraqueza inerente das organizações que não podem mais contar com os mecanismos informais e cotidianos da confiança e de controle social. A revolta dos contribuintes, apesar de ser inspirada por uma ideologia de privatização que resiste a qualquer espécie de apelo cívico, cresce, ao mesmo tempo, com uma suspeita bem fundamentada de que os impostos apenas sustentam o engrandecimento burocrático. O Estado está claramente sobrecarregado, e ninguém confia mais na sua habilidade de resolver os problemas que precisam ser resolvidos.

Com o rompimento das organizações formais, as pessoas terão de improvisar modos de lidar com suas necessidades imediatas: vigiar as próprias vizinhanças, tirar as crianças das escolas públicas para educá-las em suas casas. A falha do Estado contribuirá assim para a restauração dos mecanismos informais de ajuda. Mas é muito difícil perceber como as fundações da vida cívica podem ser restauradas, a menos que esse tipo de trabalho se transforme em uma meta primordial de política pública. Ouvimos muito sobre o conserto da nossa infraestrutura material, mas a nossa infraestrutura cultural precisa igualmente de atenção, muito mais do que só a atenção retórica dos políticos que louvam os "valores familiares" enquanto procuram políticas econômicas que os destroem por dentro. É uma atitude ingênua ou cínica levar o público a acreditar que desmontar o Estado de bem-estar social é o suficiente para assegurar um retorno à cooperação informal – como se fossem "mil pontos de luz".[*] As pessoas perderam o hábito da ajuda mútua; elas vivem em cidades e nos subúrbios onde os shoppings substituíram os bairros, e também preferem a companhia dos amigos mais próximos (ou simplesmente a companhia da televisão) à socialização informal das ruas, das padarias e dos bares; e não são suscetíveis à reinvenção das comunidades porque o Estado provou ser um substituto insatisfatório. Os mecanismos do mercado não consertarão a construção da confiança pública. Muito pelo contrário: o efeito do mercado na infraestrutura cultural é tão corrosivo quanto aquele provocado pelo Estado.

Podemos agora começar a apreciar o apelo do populismo e do comunitarismo. Eles rejeitam tanto o mercado quanto o Estado de bem-estar social na busca por uma terceira via. É por isso que são extremamente difíceis de serem classificados no espectro convencional da opinião política. A oposição deles em relação às ideologias de livre mercado parece alinhá-los com a esquerda, mas a crítica que fazem do Estado de bem-estar social (toda vez que é feita de maneira aberta ou explícita) soa de direita. Na verdade, essas posições não são nem de esquerda, nem de direita, e por esse motivo parecem assegurar a melhor esperança para romper o impasse do atual debate, que foi institucionalizado pelos dois

---

[*] No original, "*a thousand points of light*". Trata-se de uma frase do discurso de George H. W. Bush, escrito pela jornalista Peggy Noonan e proferido ao aceitar sua candidatura pelo partido Republicano na convenção eleitoral de 1988. Referia-se ao intenso voluntarismo americano, apelando aos sentimentos nobres dos valores tradicionais e religiosos. (N. T.)

grandes partidos políticos no seu controle dividido do governo. Em uma época na qual o debate público é composto basicamente por palavras de ordem ideológicas repetidas infinitamente para audiências compostas, em sua maioria de fiéis de cada partido, precisa-se desesperadamente de novos ares de pensamento. Contudo, isso não surgirá daqueles que têm interesse de manter as velhas ortodoxias. Necessitamos de "uma terceira via para pensar a obrigação moral", como argumenta Alan Wolfe, uma via que não coloque a obrigação moral nem no Estado, nem no mercado, mas no "senso comum, nas emoções normais e na vida cotidiana". O pedido de Wolfe por um programa político destinado a fortalecer a sociedade civil, que parece um pouco com as ideias desenvolvidas no livro *The Good Society* [A boa sociedade], de Robert Bellah e seus colaboradores, deve ser bem-vindo pelo número crescente de pessoas que se encontram insatisfeitas com as alternativas determinadas pelo debate convencional.

Esses autores mostram os pontos fortes da posição comunitária, junto com algumas de suas falhas características. Elas deixaram evidentes que tanto o mercado quanto o Estado pressupõem a força dos "laços não econômicos que envolvem a confiança e a solidariedade", como escreve Wolfe. Mesmo assim, a expansão dessas instituições enfraquece os laços de confiança e mina as pré-condições do seu próprio sucesso. O mercado e a "cultura do trabalho", raciocina Bellah, estão "invadindo as nossas vidas particulares", erodem a nossa "infraestrutura moral" da "confiança social". E nem o Estado de bem-estar social consegue consertar o estrago. "Os exemplos mais bem-sucedidos deste tipo de Estado [...] sugerem que só dinheiro e a assistência burocrática não impedem o declínio da família" ou fortalecem qualquer outro tipo de "instituição que possa criar uma interdependência moralmente relevante".

O livro mais recente de Wolfe, *Whose Keeper?* [Guardião de quem?], tem uma análise útil tanto das consequências ideológicas como culturais e sociais dos desenvolvimentos que expandiram a influência do mercado e do Estado em detrimento da associação cotidiana. Admiradores pioneiros do mercado – por exemplo, Adam Smith – acreditavam que o egoísmo era uma virtude desde que fosse limitado ao domínio da troca comercial. Eles não defendiam ou mesmo não viam condições nas quais cada fase da vida seria organizada segundo os princípios do mercado. Agora que a vida particular foi amplamente absorvida pelo mercado, entretanto, uma nova escola de pensamento econômico oferece o que parece ser uma "nova visão moral": uma sociedade completamente dominada pelo mercado, na qual as relações econômicas não são mais "atenuadas pelos vínculos da confiança e da solidariedade". A obra de Milton Friedman e de outros representantes daquilo que é erroneamente chamado de teoria econômica neoclássica relata que "não há nenhuma área fora do mercado. Há apenas um único compartimento na vida social: aquele definido pela ação com interesse próprio". A resposta social-democrata aos economistas defensores do livre mercado, e sua expansão na obra de filósofos como Robert Nozick, é igualmente insatisfatória, como nos mostra Wolfe. Semelhante a Michael Sandel, Wolfe examina John Rawls como o expoente primordial de um liberalismo social-democrata que concebe os seres humanos como abstrações desenraizadas, totalmente absorvidos no aproveitamento das suas próprias vantagens. Rawls alega que uma compreensão adequada desses interesses leva os indivíduos a apreciarem os princípios de justiça que defendem uma vasta expansão do Estado de bem-estar social, mas a sua perspectiva sobre as relações sociais, como explica Wolfe, é bem parecida com a de que qualquer atitude justifica uma expansão do mercado. A teoria de Rawls não dá espaço para a confiança ou para a consciência, qualidades que ele acredita serem "opressivas". Não dá espaço para vínculos afetivos, exceto da maneira mais abstrata possível. "As pessoas na república rawlsiana não amam outros homens e outras mulheres: em vez disso, amam a humanidade." A teoria dele "ensina os outros a desconfiarem sobre o que mais os ajudaria – as conexões pessoais com aqueles que conhecem – e a valorizarem o que os ajudaria de menos – os princípios abstratos" que, sem dúvida, provarão ser "um guia pobre sobre os dilemas morais na vida cotidiana".

O problema com o Estado de bem-estar social, tal como vê Wolfe, é que ele perdeu contato com o seu propósito original – a redistribuição de renda. Atualmente, o Estado de bem-estar social, pelo menos na Escandinava, está "muito mais envolvido diretamente na regulação das obrigações morais". Wolfe cita a expansão das creches apoiadas pela máquina pública como um dos exemplos mais marcantes. "Da mesma forma que o Estado cresce e as famílias se enfraquecem, torna-se cada vez mais difícil permanecer esperançoso de que a intervenção social não alterará significantemente o caráter das instituições da sociedade civil." Isso levanta uma questão ainda mais perturbadora: "Quando o governo pretende criar regras de obrigação moral, será que ele enfraquecerá os mesmos laços sociais que tornaram possível qualquer espécie de governo?".

Infelizmente, Wolfe não vai muito mais longe ao analisar a questão. Ele prefere insistir em suas críticas ao mercado. Quando condena esse último, é meramente "ambivalente" sobre ele. Wolfe é consciente às críticas crescentes ao Estado de bem-estar social na Suécia, e ele reconhece a força do que está sendo dito – por exemplo, de que a "responsabilidade individual" (nas palavras de Gunnar Heckscher) é minada pela noção de que a "sociedade é culpada" pela pobreza, pela delinquência, e outros males. Wolfe cita trechos do relato contraditório sobre a sociedade sueca escrito por Hans Magnus Enzensberger no início dos anos 1980: "O poder do Estado cresceu sem nenhuma oposição, infiltrando-se em todas as brechas da vida diária, regulando as ações das pessoas de um modo sem precedente nas sociedades livres". O ponto do raciocínio de Enzensberger, admite Wolfe, "não pode ser negado". Contudo, algumas páginas adiante, ele insiste que Enzensberger está "errado" quando afirma que "os escandinavos estão sob perigo de perderem a sua autonomia moral diante do governo". De qualquer forma, o Estado de bem-estar social no nosso próprio país está tão pateticamente enfraquecido que ele se tornou uma ameaça para ninguém. Não é algo "completamente satisfatório", mas é claramente preferível ao mercado. Se tivéssemos de escolher entre os sistemas escandinavos e os nossos sistemas, teríamos de concluir que "as necessidades das gerações futuras seriam mais bem servidas" pelos primeiros. O livro de Wolfe não cumpre a sua promessa. O que começou como um exemplo para a descoberta de uma "terceira via" termina com um apoio qualificado do Estado de bem-estar social e com uma defesa evidente da sociologia – um anticlímax, para dizer o mínimo.

The Good Society [A boa sociedade], tal como *Whose Keeper?* [Guardião de quem?], é muito mais um ataque contra o mercado do que um ataque contra o Estado de bem-estar social. Neste tipo de análise, o comunitarismo é mais difícil de distinguir da social-democracia. Em um ponto do primeiro livro, os autores clamam explicitamente por um "*New Deal* global", mesmo que tenham suas reservas a respeito da "sociedade administrada". Eles têm algo a dizer sobre responsabilidade, mas aqui estão preocupados com a "responsabilidade social", nunca a responsabilidade dos indivíduos. Escuto notas de "compaixão", a palavra de ordem da social-democracia, uma palavra de ordem que sempre foi usada para justificar os programas de bem-estar social, a expansão dos guardiões estatais e das funções tutelares, o resgate burocrático das mulheres e das crianças, e outras vítimas dos maus-tratos. A ideologia da compaixão, mesmo que seja agradável aos nossos ouvidos, é uma das principais influências na subversão da vida cívica, que depende também do respeito mútuo. Uma compaixão incompreendida degrada tanto as vítimas, reduzidas a objetos de pena, como os seus benfeitores, facilmente crentes de que ter pena dos seus concidadãos é melhor do que defendê-los por meio de padrões impessoais, um vínculo que lhes daria o respeito que merecem. Temos pena daqueles que sofrem, e acima de tudo temos pena daqueles que sofrem de maneira explícita; mas temos respeito por aqueles que recusam explorar o sofrimento dos outros apenas pelo uso da pena. Respeitamos aqueles que querem assumir a responsabilidade por suas ações e que se submetem aos padrões exatos e impessoais que são aplicados objetivamente. Atualmente, acredita-se de forma ampla, ao menos entre os membros da classe compassiva, que os padrões impessoais são inerentemente opressivos e que discriminam mulheres, negros e as minorias em geral. Dizem-nos que esses padrões refletem a hegemonia cultural dos falecidos machos brancos europeus. A compaixão nos compele a reconhecermos a injustiça de impô-los a todos os outros membros da sociedade.

Quando a ideologia da compaixão leva a esse tipo de absurdo, está na hora de questioná-la. A compaixão tornou-se o rosto humano do desprezo. Antes, a democracia implicava oposição a qualquer forma de duplo padrão. Hoje, aceitamos essa nova espécie de padrão – uma receita para uma cidadania de segunda classe, como sempre – sob o nome de preocupação humanitária. Ao desistirmos do esforço de elevar o nível geral de competência – o significado tradicional da democracia –, permitimos institucionalizar a competência na classe compassiva, que autoriza a si mesma para que faça o trabalho de cuidar de todo o mundo.

O populismo, tal como o entendo, é claramente preocupado com o princípio do respeito. É por este motivo, entre outros, que ele é preferível ao comunitarismo, que se compromete rapidamente com o Estado de bem-estar social e a apoiar a sua ideologia da compaixão. O populismo sempre rejeitou as políticas de deferência e as da piedade. Ele defende os costumes simples e o discurso simples e direto. Não se impressiona com títulos e outros símbolos de elevada posição social, nem com alegações de superioridade moral feitas em nome dos oprimidos. Rejeita a "opção preferencial pelos pobres", se isto significa tratá-los como vítimas indefesas das circunstâncias, absolvendo-os da responsabilidade ou

Comunitarismo ou populismo?

desculpando-os de seus delitos na base de que a pobreza traz a presunção de inocência. O populismo é a voz autêntica da democracia. Afirma que os indivíduos detêm respeito por si mesmos até que provem não possuir esse direito, mas também insiste que eles devem assumir a responsabilidade pelo que fazem. Reluta ao fazer alianças ou a ter juízos fundamentados na ideia de que "a sociedade é culpada". O populismo é "discriminatório", para usar um adjetivo comum no uso pejorativo de um termo que mostra a nossa capacidade de discriminar juízos enfraquecidos pelo clima moral da "preocupação" humanitária.

Os comunitários se arrependem do colapso da confiança social, mas em geral fracassam ao não perceberem que a confiança, em uma democracia, só pode ser baseada no respeito mútuo. Eles insistem que os direitos devem ser equilibrados com responsabilidade; porém, parecem estar mais interessados na responsabilidade da comunidade como um todo – digamos, na responsabilidade dos seus membros menos afortunados – do que na responsabilidade dos indivíduos. Quando os autores de *The Good Society* [A boa sociedade] dizem que "a democracia significa prestar atenção", parecem nos lembrar de um sentimento do bem comum e de combate contra um individualismo egoísta que nos cega às necessidades dos outros. Mas é a nossa relutância em fazermos exigências ao outro, muito mais do que a relutância de ajudarmos àqueles que precisam de apoio, que esvazia a força da democracia atual. Nós nos tornamos acomodados e tolerantes para o nosso próprio bem. Em nome da compreensão e da simpatia, toleramos mão de obra de segunda, hábitos de pensamento de segunda e padrões inferiores na conduta pessoal. Suportamos os maus costumes e os diversos tipos de má linguagem, indo da escatologia usual que agora está por toda a parte aos academicismos elaborados. Raramente nos preocupamos em corrigir um erro ou em argumentar contra nossos oponentes com a esperança de mudar suas mentes. Em vez disso, gritamos para que eles concordem ou discordem, afirmando que todos têm direito a emitir nossas opiniões. A democracia nos nossos dias está destinada a morrer mais de indiferença do que de intolerância. A tolerância e o entendimento são virtudes importantes, mas elas não devem ser uma desculpa para a apatia.

As diferenças entre o populismo e o comunitarismo são de ênfase, mas têm importantes consequências políticas. Minha maior oposição ao ponto de vista comunitário é que ele tem pouco a dizer sobre tópicos controversos, como ação afirmativa, aborto e política familiar. Os autores de *The Good Society* [A boa sociedade] garantem aos seus leitores que eles "não desejam defender uma única forma de vida familiar". O que importa é a "qualidade da vida familiar", na visão deles, não a sua estrutura. Mas a qualidade e a estrutura não são assim tão separáveis. O senso comum nos diz que as crianças precisam tanto de pais como mães e que eles ficam devastados quando ocorre um divórcio, incapazes de florescer nas creches públicas. Sem minimizar a dificuldade de resolver os problemas que assolam a família, devemos ao menos ser capazes de defender um padrão no qual medimos o sucesso e o fracasso dos nossos esforços. Precisamos de uma bússola para nos guiar, não de uma afirmação geral de boas intenções. Se os comunitários são sérios a respeito do que Bellah chama de "uma política da generalidade", precisam demarcar as condições que são amplamente divulgadas e que tornam mais difíceis do que nunca educar as crianças. Os pais estão profundamente perturbados pelo clima moral de permissividade, pelo sexo e pela violência a que as crianças estão expostas prematuramente, pelo relativismo moral encontrado nas escolas e pelo desprezo à autoridade que as fazem impacientes com qualquer tipo de restrição. A maioria da oposição contra o aborto reflete o mesmo tipo de preocupação, que não pode ser discutido simplesmente ao assumir a posição de que o aborto, como a estrutura da família, deve ser um assunto de escolha individual. A privatização da moralidade é mais uma indicação do colapso da comunidade, e um comunitarismo que se rende a esse tipo de evento,

Comunitarismo ou populismo?

ao mesmo tempo em que defende uma filosofia pública, não pode ser levado a sério.

É claro que qualquer tentativa de fundamentar uma política pública em um conjunto evidente de orientações morais nos leva à oposição prevista de que as percepções morais são inerentemente subjetivas e que é impossível chegar a um acordo em comum sobre esses assuntos. Portanto, a política e a moralidade devem ser estritamente separadas. Qualquer tentativa de combiná-las, segundo este raciocínio, resultará na imposição dos valores de um grupo sobre todos os outros. A crítica mais comum sobre o comunitarismo é que ele levaria à estrita uniformidade da opinião pública, à repressão da discordância e à institucionalização da intolerância, tudo isso em nome da moralidade. Os opositores do comunitarismo, compostos tanto de libertários de direita como de liberais de esquerda, citam a Genebra de Calvin, a Commonwealth puritana de Cromwell e os julgamentos das bruxas de Salém para provarem o que acontece quando o Estado tenta impor a moralidade. A palavra "comunidade" soa aos seus ouvidos como uma receita para o preconceito e o paroquialismo. Remete às imagens da vida em vilas como as de Sherwood Anderson e Sinclair Lewis: plenas de suspeitas, de fofocas complacentes e cruéis ao suprimir qualquer forma de originalidade e de liberdade intelectual. Desse ponto de vista, o comunitarismo parece ameaçar tudo o que o mundo moderno conquistou em seu progresso do provincialismo ao cosmopolitismo, incluindo o respeito pela diversidade que se tornou (é o que nos dizem) a característica principal das sociedades civilizadas.

A melhor resposta para esta acusação é que ela exagera a dificuldade de alcançar uma compreensão comum sobre o que significa esses assuntos morais. Amitai Etzioni, fundador da revista *Responsive Community*, a principal publicação comunitária, argumenta de maneira convincente de que "há mais consenso do que parece ter" a respeito disso. Os "valores que temos como uma comunidade" incluem um "compromisso com a democracia, com a Declaração Americana dos Direitos de 1789 e com o respeito mútuo entre os subgrupos". Os americanos acreditam no tratamento justo para todos e "no desejo de tratar os outros com amor, respeito e dignidade". Acredita nas virtudes da tolerância e de sempre dizer a verdade. É a amplitude e a profundidade deste acordo, diz Etzioni em seu livro mais recente *The Spirit of Community* [O espírito da comunidade], que torna possível vislumbrar uma "posição intermediária e razoável" entre o libertarianismo e o autoritarismo. Infelizmente, a influência excessiva feita por grupos com interesses particulares, o viés da mídia ao aumentar os conflitos e o tipo de justiça defendido pelo adversário, incorporados no nosso sistema legal, promoveram muito mais crises do que propriamente um consenso. Conduzimo-nos politicamente como se não tivéssemos nada em comum. Alguns fanáticos ousam pedir, nas palavras de Etzioni, que "devemos esquecer a noção de uma única sociedade e permiti-la ser substituída por um conglomerado de tribos de diversas cores". De fato, eles afirmam que o tribalismo é a única forma de "comunidade" que deve se enraizar em uma sociedade multirracial e multicultural.

Etzioni não apenas rejeita esse ponto de vista como confia que a maioria dos americanos pensa o mesmo, já que compartilham um amplo conjunto de crenças básicas. Todavia, podemos refutar a sua descrição da "infraestrutura moral" como algo vago, além de que muitas pessoas podem discordar sobre a aplicação dela a respeito de assuntos específicos. Em todo caso, há evidências – embora Etzioni não tire proveito delas – de que os americanos concordam até mesmo sobre tópicos concretos, os mesmos tópicos os quais, proeminentes nos últimos anos como a origem de um amargo conflito ideológico, um acordo é alegadamente impossível. As pesquisas de opinião pública mostram que a maioria das pessoas é a favor da expansão de oportunidades econômicas para as mulheres. Uma pesquisa feita pela Gallup em 1987 mostra que 66% dos entrevistados rejeitaram a proposta de que "as mulheres devem retornar ao seu papel tradicional na sociedade". Ainda assim, 68%, segundo a mesma pesquisa, acreditam que "muitas crianças estão crescendo em creches públicas". Quase 90% descreveram a si mesmos como tendo "valores conservadores sobre a família e o casamento". Em 1982, Daniel Yankelovich relatou que dois terços da maioria favoreciam simultaneamente tanto os direitos das mulheres como o "retorno aos padrões mais tradicionais da vida familiar e da responsabilidade paterna".

E. J. Dionne, que registrou essas descobertas em seu livro *Why Americans Hate Politics* [Por que os americanos odeiam a política], observa essas categorias convencionais como algo que não descreve exatamente o que os americanos acreditam. "Na nossa época os conceitos de 'esquerda' e 'direita' parecem ser menos úteis do que nunca." Vejamos o assunto do aborto, talvez o mais polêmico de todos na política americana, no qual a concordância parece ser algo impossível. Quando esse tópico é definido como algo que pertence à escolha individual contra a interferência governamental, a posição a favor da escolha sempre vence. Mas a maioria dos americanos acredita que muitos abortos estão sendo feitos e, por isso, defendem restrições, tais como o consentimento dos pais. A mesma ambivalência surge nas atitudes populares diante do governo. Boa parte das pessoas concorda, em princípio, que o governo se tornou gigantesco e intrometido, mas ao mesmo tempo apoiam a Previdência Social, planos de saúde nacionais e emprego para todos. Dionne relata que, geralmente, as pesquisas sugerem que "os americanos acreditam em ajudar aqueles que estão em tempos difíceis, em fomentar a igualdade de oportunidades e em direitos iguais, em providenciar amplo acesso à educação, à habitação, à saúde e às creches". Ao mesmo tempo, acreditam que "o trabalho árduo deve ser recompensado, que as pessoas que se comportam de forma autodestrutiva em relação aos seus próximos devem ser punidas, que as pequenas instituições perto de casa funcionam melhor do que as grandes instituições longe do lar e que as escolhas individuais e morais sempre têm suas consequências sociais". Acima de tudo, acreditam que as famílias nas quais as mães e os pais vivem sob o mesmo teto, com seus filhos, criam o melhor arranjo para educarem os jovens. Esse compromisso com a "família tradicional", insiste Dionne, não deve ser visto como uma oposição ao feminismo ou até aos estilos de vida alternativos. Ele simplesmente reflete a compreensão de que "as crianças em geral ficam melhores quando vivem com uma mãe ou com um pai que juraram mais do que um vínculo passageiro entre si".

Da forma como Dionne as caracteriza, as atitudes populares possuem muito mais senso comum do que as ideologias rígidas que dominam o debate público. Em geral, elas são ambivalentes, mas não necessariamente contraditórias ou incoerentes. Infelizmente, não encontraram nenhuma expressão na política nacional, e, é por este motivo, segundo Dionne, que os americanos têm pouco interesse no jogo político. As explicações para a apatia política e para o impasse oferecido pelos comentadores, inclusive Bellah e Etzioni, enfatizam considerações em torno de procedimentos: palpites, financiamento de campanha, as enormes vantagens da representação nas eleições do congresso. Contudo, a verdadeira explicação é algo substancial: os partidos não conseguem mais representar as opiniões e os interesses das pessoas comuns. O processo político está dominado pelas elites rivais que estão comprometidas com ideologias irreconciliáveis. Se Dionne estiver certo, as políticas da ideologia distorceram a nossa visão de mundo e nos confrontam com uma série de falsas escolhas: entre o feminismo e a família, a reforma social e os valores tradicionais, a justiça racial e a responsabilidade individual. A rigidez ideológica provoca o efeito de obscurecer os pontos de vista que os americanos têm em comum, além de substituir os assuntos importantes por tópicos puramente simbólicos e de criar uma falsa impressão de polarização. É a proeminência de assuntos que parecem aos americanos ser irreais, raciocina Dionne, e isto explica "porque eles odeiam política". Os assuntos que atiçam as defesas histéricas de fé, em ambos os lados da divisão ideológica, parecem ter pouco contato com os problemas que a maioria das pessoas enfrenta na vida cotidiana. A política se tornou um assunto de gestos ideológicos, enquanto o verdadeiro problema continua sem solução. "Quando os americanos dizem que a política não tem nada a ver com o que realmente importa, em geral estão completamente certos".

Nada disso significa que uma política realmente importante – enraizada no senso comum popular em vez das ideologias que seduzem as elites – resolveria, sem nenhuma dor, todos os conflitos que ameaçam dividir o país ao meio. Os comunitários menosprezam a dificuldade de encontrar uma abordagem em relação aos assuntos familiares que, digamos, são tanto em defesa da família como a favor do feminismo. Talvez seja isso o que o público deseja na teoria. Porém, na prática, isso exige uma reestruturação do mercado de trabalho destinado a criar horários muito mais flexíveis, estruturas de carreiras menos rígidas e previsíveis, e um critério por uma ascensão menos destrutiva para as obrigações comunitárias e familiares. Tais reformas implicam uma interferência com o mercado e uma redefinição do que significa o sucesso, e nenhuma delas será alcançada sem uma boa dose de controvérsia.

Os problemas confrontados pela sociedade americana (ou qualquer sociedade industrial avançada) não podem ser simplesmente resolvidos ao dar por certo "o que os americanos acreditam", apesar de que isso seria certamente um passo dado na direção correta. As pesquisas revelam que há "mais espaço para um acordo" do que pensamos, segundo Dionne, mas ele dificilmente daria lugar a uma filosofia pública. Como o próprio Dionne admite, a ambivalência do país tende em geral para esquizofrenia. Os americanos têm uma "personalidade dividida, que, vez ou outra, enfatiza a liberdade individual e a importância da comunidade".

De forma alguma estes são valores completamente irreconciliáveis, mas também não podem ser equilibrados perfeitamente por uma simples divisão de diferenças. Como uma orientação a uma prática política óbvia, a esquizofrenia não é muito melhor do que a paranoia ideológica. Uma "noção coerente do bem comum" – conforme o pedido final de Dionne – deve ser mantida diante de escolhas difíceis, mesmo que elas não sejam as escolhas ditadas por ideologias ultrapassadas. Uma filosofia pública para o século XXI deve dar mais importância à comunidade do que à decisão individual. Terá de enfatizar responsabilidades em vez de direitos. Terá de encontrar uma expressão melhor da comunidade do que o Estado de bem-estar social. Terá de limitar o escopo do mercado e o poder das corporações sem substituí-los por um Estado centralizador e burocrático.

Um abandono das antigas ideologias não provocará uma era dourada de concórdia. Se conseguirmos superar as falsas polarizações criadas atualmente pelas políticas de gênero e de raça, podemos descobrir que as verdadeiras divisões ainda são as de classe. "Voltemos ao início" pode significar um retorno à luta de classes (uma vez que é justamente o início rejeitado pelas nossas elites como algo desesperadamente datado) ou, ao menos, a uma política na qual as classes se tornam o assunto dominante. É desnecessário dizer que as elites determinantes no tom da política americana, mesmo quando discordam sobre qualquer outra coisa, sempre compartilham de um risco em comum quando suprimem a política de classe. Muito dependerá se os comunitários continuarão a consentir nessa tentativa de fugir da discussão a respeito das classes no âmbito político ou se eles começarão a ver que as desigualdades gritantes, como os populistas sempre entenderam, são incompatíveis com qualquer forma de comunidade que agora seria reconhecida como algo desejável – e de que tudo depende, portanto, de diminuir a lacuna que há entre as elites e o resto da nação.

PARTE II

O DECLÍNIO DO DISCURSO DEMOCRÁTICO

6

A conversação e as artes civis

Se as elites falam apenas consigo mesmas, uma das razões para que isto aconteça é a ausência de instituições que promovam uma conversação além das divisões de classes. A vida cívica precisa de normas nas quais as pessoas devam se encontrar como iguais, sem nenhum préjulgamento a respeito de raça, classe ou nacionalidade. Graças à decadência das instituições cívicas, que vão desde os partidos políticos aos parques públicos e aos locais de encontro informais, a conversação se tornou uma especialidade quase tanto quanto a produção do conhecimento. As classes sociais falam entre si em um dialeto próprio, inacessível a quem está de fora; elas se misturam somente quando ocorrem cerimônias ou feriados oficiais. Desfiles e outros tipos de espetáculo não substituem a ausência das reuniões informais. Até mesmo o bar e a cafeteria da esquina, que à primeira vista parecem não ter nada a ver com as políticas ou com as artes cívicas, dão suas contribuições ao tipo de conversa ampla e improvisada sobre a qual a democracia se sustenta. Agora, essas contribuições estão ameaçadas de serem extintas ao percebermos que as saídas pela vizinhança foram trocadas pelos passeios nos shoppings, em cadeias de restaurantes *fast-food* e *food trucks*. Nossa abordagem a respeito de como comemos e bebemos é cada vez menos integrada com o ritual e com a cerimônia. Tornou-se algo estritamente funcional: bebemos e nos alimentamos às pressas. Nossos hábitos desenfreados não permitem nem tempo, muito menos – o que é importantíssimo – locais para uma boa conversa, mesmo em cidades que deveriam ter como meta, se isso pode ser debatido, promover tal comportamento.

Emerson, um escritor que geralmente nunca foi um admirador das cidades, uma vez chamou Paris de "o centro social do mundo", acrescentando que seu "mérito supremo" estava em ser a "cidade da conversação e dos cafés". Mais do que todos os outros escritores, Emerson gostava do valor da solidão, mas também reconhecia os "imensos benefícios" da sociabilidade, "e o único evento que nunca perde o seu charme", observou ele no ensaio "Sociedade e solidão", era o "encontro com pessoas superiores em condições que permitiam o mais alegre dos intercursos".

Jim Sleeper, autor do livro *The Closest of Strangers: Liberalism and the Politics of Race in New York* [O mais próximo dos estranhos: Liberalismo e a política de raça em Nova York], se refere aos bairros da cidade como as "provas finais da cultura cívica". Os adultos da vizinhança, como mostra Sleeper, transformaram-se em modelos para os jovens, dando exemplos de "papéis que os mercados urbanos recompensam apenas de maneira indireta, se tanto: o cuidador, o defensor, o carregador, o comunicador, o colega de time, o amante, o amigo". O encontro com pessoas superiores, para usar a expressão de Emerson, nos dá um lampejo do grande mundo além do horizonte imediato da família e dos amigos – um lampejo de "charme" e de romance. Se Sleeper estiver certo, esse tipo de encontro também nos ensina as virtudes essenciais para a vida cívica: lealdade, confiança, responsabilidade. Ele aquieta o senso de romance com deveres. Encoraja-nos a fazer algo por nós mesmos, a nos impor exigências difíceis e a apreciar as satisfações conferidas pela devoção servil a um ideal – oposto às satisfações criadas pelo mercado e pelas ruas, que oferecem nada mais do que um brilho sem qualquer tipo de substância. Estímulos menos explícitos, mas mais profundos, sutis e duradouros, segundo Sleeper, podem ser descobertos em vários lugares e em diversos tipos de atividades. Apesar do fato de que "sua extensão

foi desprezada pelos cosmopolitas entre nós, [ainda assim] os nova-
-iorquinos de todas as idades podem encontrá-los, ao menos, nos bairros,
na paróquia local ou na sinagoga e no bar mais próximo, no restaurante,
no centro comunitário ou até mesmo no parque".

Os locais de encontro informais, que sustentam a vida dos bairros,
também são o assunto de um vibrante livro de Ray Oldenburg, *The Great
Good Place: Cafés, Coffee Shops, Community Centers, Beauty Parlors, General
Stores, Bars, Hangouts and How They Get You Through the Day* [O bom e
grande lugar: Cafés, mercearias, centros comunitários, salões de beleza,
lojas, bares, festas e como tudo isso te ajuda ao longo do dia]. Uma atração importante desses encontros informais – nos "terceiros lugares", como
Oldenburg os chama para distingui-los, de um lado, das organizações
enormes e extremamente estruturadas, e de outro, das famílias e de outros
grupos menores – é o fato de que "seja lá qual for a amostra de uma hierarquia existente, ela é comprovada pela decência humana" e não apenas por
riqueza, glamour, agressão ou inteligência. Oldenburg nos lembra do pro-
vérbio romano: "Nada é mais entediante do que um homem pobre alçado
a um alto posto na sociedade". Ele também contrasta a sociedade informal
descoberta nas festas da vizinhança com a hierarquia do local de trabalho, onde a sabedoria romana não fica muito evidente. No "bom e grande
lugar", "prevalece o justo". Trata-se de uma regra "invariável", de acordo
com a experiência de Oldenburg, na qual "os melhores sempre aparecem".
Mais do que isso, eles se sobressaem na vizinhança como um todo; os
hábitos de decência adquiridos na sociedade informal dos seus pares não
são esquecidos quando os membros do bairro saem das suas tocas.

A promoção da decência nos terceiros lugares não fica limitada
a eles. Os membros constantes desses locais não farão nada daquilo
que será desaprovado no balcão da cafeteria. Muitos tópicos de
comportamento adequado ou inadequado serão revistos nas infi-
nitas horas e na agenda em aberto que ocorrem nas conversações

repletas de digressões e que ocorrem nos terceiros lugares. Há uma perspectiva sombria a respeito daquelas pessoas que permitem que sua propriedade se torne um empecilho, composta do tipo de gente que emporcalha um estacionamento com fraldas descartáveis usadas e do imbecil ético que procura por um pretexto para processar alguém por causa de algum dinheiro sem mérito, ou então de algum culpado por não cumprir seus deveres e suas responsabilidades familiares. Ninguém pode ser um membro do círculo interno sem ter tido uma consciência a mais do seu papel na vizinhança.

A voz interior que se pergunta o que os seus semelhantes pensariam a respeito desse tipo de atitude desonrosa pode servir como uma ação poderosa para aquilo que se chamava anteriormente de controle social (o termo era usado quando se referia às sanções proferidas por uma comunidade em vez de ser uma autoridade imposta por especialistas em modificação de comportamento e outras coisas esquisitas). Oldenburg pensa que não há motivo para exagerar quando dizem que os lugares onde acontecem encontros informais promovem "muito mais decência sem proclamá-la do que várias organizações que afirmam publicamente serem a encarnação de todas as virtudes".

Conforme essas observações sugerem, não é porque esses eventos sociais "ajudam você ao longo do dia" que os terceiros lugares são valiosos, mas sim porque as lanchonetes, as cafeterias, as cervejarias e os bares encorajam a conversação, a essência da vida cívica. Ela certamente florescerá, segundo Oldenburg, nos locais de encontro informais onde as pessoas podem falar sem nenhuma restrição, exceto se essas restrições foram impostas pela própria arte da conversação. Tal como Emerson, ele acredita que a conversação é a *raison d'*être da cidade. Sem uma boa conversa, as cidades se transformam em meros lugares simplesmente porque se tornam ambientes onde a principal preocupação é "ajudar você ao longo do dia".

A conversação e as artes civis

O lar da boa conversa, portanto, é o terceiro lugar – um local de encontro que está no meio termo entre um ambiente de trabalho e um círculo familiar, entre a luta pelo poder e o calor materno do útero. Essa classificação nos faz lembrar o reino caseiro das associações voluntárias, tão caro aos sociólogos e aos críticos sociais influenciados pela tradição sociológica, a qual presumivelmente faria a mediação entre o indivíduo e o Estado. Contudo, da forma como Oldenburg o descreve, o "terceiro lugar" parece ser mais o fórum do homem pobre. Ele não é exatamente uma "associação voluntária" – isto é, uma associação feita daqueles que se juntam para chegar a algum propósito em comum. Muito menos é um "enclave" de estilo de vida, um termo usado por Robert Bellah e outros autores no livro *Habits of the Heart* [Hábitos do coração] para se referir às associações informais baseadas em gostos compartilhados e inclinações pessoais. Mesmo que seja esperado encontrar membros habituais em um terceiro lugar, você também encontrará conhecidos casuais e completos desconhecidos. Tal como a vizinhança que o serve, o terceiro lugar une pessoas involuntariamente pela simples proximidade física. "Gostamos mais do nosso grupo do que da companhia dos nossos vizinhos", escreveu uma vez Mary Parker Follett, mas "a satisfação e a alegria que vêm com a semelhança indicam uma personalidade fraca". Por outro lado, a vizinhança oferece o "efeito recompensador de viver várias experiências e ideais diferentes". Podemos afirmar que essas diferenças alimentam os assuntos da conversação vivaz, algo completamente distinto da admiração mútua e da concordância sem desafios.

É essa mistura de associações involuntárias que dá ao terceiro lugar uma característica próxima da política. Nesse meio, o reconhecimento deve ser conquistado pela força de caráter em vez de ser outorgado por seus feitos, mesmo que seja o tamanho da sua conta bancária. Como Follett observou sabiamente em seu livro *The New State* [O novo Estado], publicado em 1918, mas ainda assim o melhor relato do potencial político da vizinhança: "Meus vizinhos podem não pensar muito de mim porque pinto quadros, sabendo que meu quintal é imundo, mas meus amigos artistas que gostam das minhas cores não conhecem ou não se importam com o meu quintal. Meus vizinhos podem não sentir nenhuma admiração pelas minhas pesquisas científicas, sabendo que não sou a primeira a aparecer na casa de um vizinho em apuros". O contraste entre as associações voluntárias e a sociabilidade dos bairros ajuda a explicar por que a decência, como Oldenburg a comenta, é muito mais valorizada no terceiro lugar do que riqueza ou feitos brilhantes – e mais: ali, ela é a virtude política e cívica mais proeminente. Tais considerações sobre a sociabilidade do terceiro lugar são apropriadas, feitas de modo bem modesto, pois encorajam virtudes relacionadas mais propriamente com a vida política do que com a "sociedade civil" criada pelas associações voluntárias.

Essa sociabilidade também fortalece as virtudes políticas de outras maneiras. Ela ajuda as pessoas a superarem muitas de suas inibições e reservas cotidianas, expandindo-as – se elaborarmos as implicações metafóricas da imagética espacial usada por Oldenburg –, ao desinflar o balão da pomposidade e da pretensão. O consumo de bebidas alcóolicas e de outros estimulantes que acompanham a conversação em vários terceiros lugares ajuda o sujeito tímido a encontrar uma voz, mas as convenções que desencorajam a bebedeira mantêm a exuberância verbal dentro dos limites. O humor e a invenção verbal estão à disposição, desde que não tornem a oratória exagerada ou histriônica. A conversação fica "menos desinibida e mais desejada", "mais dramática" e frequentemente pontuada com risadas e pirotecnia verbal. Como aqueles que frequentam tais lugares "esperam mais da conversação", entretanto, eles têm menos paciência do que o comum com os que dela "abusam, seja ao acabar um assunto com comentários inapropriados ou por falarem mais do que deviam".

É fácil ver o motivo de os terceiros lugares, em termos históricos, serem os ambientes naturais dos panfleteiros, agitadores, políticos profissionais, jornalistas, revolucionários e outros tipos dedicados à palavra.

A conversação e as artes civis

Antes da ascensão do jornalismo moderno, os bares e as cafeterias (geralmente localizados à beira dos pedágios ou em grandes encruzilhadas) também tinham a função de ser uma espécie de mídia – lugares onde as notícias eram reunidas e depois divulgadas ao público que os frequentava. Mesmo em países totalitários, eles mantiveram essas funções até os nossos dias. Essa história é duplamente apropriada para enfatizar o caráter protopolítico do terceiro lugar, além de especular – mesmo que Oldenburg não faça isso – as razões pelas quais o declínio da participação democrática pode estar diretamente relacionado ao desaparecimento desse tipo de estabelecimento. Assim como as festas da vizinhança foram substituídas pelos shoppings do subúrbio, a essência da arte da conversação política foi trocada pela conversa fiada ou pela fofoca pessoal. De forma cada vez mais crescente, literalmente a conversação não tem mais espaço na sociedade americana. Com sua ausência, como – ou melhor, *onde* – os hábitos políticos podem ser adquiridos e aperfeiçoados?

Oldenburg argumenta que o terceiro lugar recria algumas das melhores características da vida em uma cidade pequena dentro das metrópoles. Ao lidar com aqueles que veem a cidade pequena como algo completamente isolado de tudo e de todos, ele elogia a habilidade dela de entreter-se por si própria, seus hábitos gregários e sua capacidade de permitir uma abertura a um mundo mais amplo. Usa a citação de uma carta que lhe foi escrita por uma mulher educada em uma pequena cidade de Ohio durante a época da Depressão e que afirma que foram "todas aquelas conversas ouvidas na mercearia" que a ajudaram a ter uma percepção crescente de que "o mundo era muito maior do que Barberton, Ohio". Ela suspeitava que ao escutar sobre aqueles assuntos, durante a sua infância, desenvolveu um "interesse duradouro por política, economia e filosofia (sendo que nenhum desses temas fazia parte do universo de seu lar), assuntos que se tornaram o núcleo" da sociabilidade em uma cidade pequena.

Se a cidade pequena e a sua extensão urbana, a vizinhança, alimentaram um "interesse nas pessoas e na infinita capacidade delas de divertir e esclarecer o próximo", como Oldenburg escreve, a mesma coisa não pode ser dita a respeito do shopping, mesmo que este seja divulgado como a nova versão da rua principal. Aqueles que alegam que os shoppings promovem um novo sentido de comunidade "estão completamente errados, à beira do *nonsense* completo", insiste Oldenburg. Os shoppings estão cheios de sujeitos passageiros e de servos das corporações, jamais de membros da comunidade. Um integrante da Câmara do Comércio não diz nenhum eufemismo a respeito do fim desses centros comerciais: eles dão "boas-vindas aos compradores, não aos ociosos". Os bares e os restaurantes são planejados para rápida rotatividade e alta produtividade. Poucos bancos para sentar desestimulam o descanso. A música de fundo nos alto-falantes sufoca a conversação. Oldenburg faz comparações com os sujeitos ridículos que frequentam a rua principal das pequenas cidades; se esta oferece "um elenco de personagens", o shopping dá um "amálgama transitório de pessoas indistintas".

A defesa do modo de vida suburbano, oposto ao antigo modo de vida da vizinhança da cidade pequena, não pode se sustentar na afirmação de que o primeiro promove um sentido de comunidade. Ele deve se sustentar na *crítica* da comunidade – ao afirmar que as cidades pequenas e suas vizinhanças são estreitas de visão de mundo, desconfiada de párias e intolerantes a respeito de qualquer tipo de "diferença" (a suposta celebração daquilo que se tornou a marca principal do "pós-modernismo" acadêmico). Mary Parker Follett relata que, quando ela tentou explicitar as vantagens da vizinhança, aqueles que discordaram dos seus argumentos se tornaram "repentinamente violentos em relação ao assunto".

Nunca entendi por que o tópico os enraivece mais do que qualquer outro. Eles dão por certo de que o que proponho é isolá-los em suas vizinhanças e mantê-los lá de forma hermética; presumem que eu quero substituir a vizinhança por qualquer outro tipo de contato. Dizem-me sobre a mesquinharia da vida nos bairros, e sou obrigada a ouvir histórias das maldades que acontecem por lá, da fofoca ao boicote deliberado. A intolerância e a miopia de visão de mundo pululam nos grupos da vizinhança, é o que eles dizem; e isso jamais aconteceria em um grupo mais amplo.

A oposição mais forte à vizinhança, atualmente, é a de que ela oprimiria as mulheres. O terceiro lugar de Oldenburg revela ser uma instituição machista, em sua maioria, e é apenas este fato que condena a vizinhança aos olhos daqueles que pensam que toda a forma de segregação sexual (exceto, é claro, a autossegregação das mulheres emancipadas) é incompatível com a igualdade sexual. Oldenburg não recua diante desta oposição. Ele admite o "domínio do homem na tradição do terceiro lugar", mas também argumenta que as mulheres se habituaram a se encontrar em seus próprios locais de encontros e, por isso mesmo, a segregação sexual teve propósitos úteis. Um exemplo disso foi a prevenção no investimento dos homens e das mulheres nas expectativas emocionais de um casamento. Oldenburg diz que foi este novo e "essencialmente falho" ideal de intimidade marital, e não o movimento feminista, que destruiu a sociabilidade entre pessoas do mesmo sexo. Como o shopping, o "compartilhamento" entre casais foi uma invenção suburbana que levou as pessoas a procurarem todas as suas satisfações emocionais na vida privada, relegando a praça pública à procura obstinada da troca em função do lucro. Apesar de Oldenburg minimizar a antiga oposição das mulheres à sociabilidade completamente masculina, penso que ele está certo ao fazer a relação com um ideal de intimidade que colocou um peso excessivo no casamento (tal como foi notado por vários observadores) – e este não conseguiu suportá-lo.

Ele também está correto na sua argumentação de que o declínio da segregação sexual coincidiu com o crescimento de uma forma ainda mais cruel de separação: a da idade. Oldenburg afirma que o bar tinha uma "função importante ao conectar as diferentes gerações e ao encorajar um jovem a deixar de lado os frágeis hábitos da adolescência". A mercearia da esquina, como esse correspondente de Ohio nos lembra, poderia ajudar a juventude no mesmo sentido. No geral, os jovens se acostumaram a ser mais envolvidos no mundo adulto do que agora. Tinham mais oportunidades para observarem os adultos naqueles momentos que estavam com a guarda baixa. Atualmente, são os jovens que são observados profissionalmente por um exército de adultos bem-intencionados, em lugares à parte que servem somente a propósitos pedagógicos. O resultado é que as crianças e os adolescentes têm menos oportunidades de criarem uma vida social própria e de se apropriarem do território dos adultos para uso próprio.[1] Oldenburg observa que o ambiente suburbano (que agora inclui igualmente a cidade, exceto pelas áreas deterioradas ao seu redor) não está suscetível a ter "modificações" pelos jovens, que usaram muito do seu tempo em atividades supervisionadas, confinadas em lugares destinados ao uso exclusivo de membros da mesma faixa etária. A organização da infância, feita pelos adultos, deve ser analisada em outro capítulo sobre a decadência do terceiro lugar e a ascensão correspondente daquele "agente poderoso e dissoluto conhecido como o modo americano de viver".

O traço mais característico desse modo de vida, se considerarmos o ponto de vista dos modelos cambiantes de sociabilidade, é a substituição da escolha e da preferência pessoal pelos tipos involuntários, algumas vezes casuais, promíscuos e imprevisíveis das associações informais. Este é o elemento em comum na ruptura da segregação sexual e no aumento da separação entre grupos de maior idade. As redes formadas pelos adultos que compartilham os mesmos interesses e gostos incluem tanto homens como mulheres, mas excluem os jovens. Como Oldenburg assinala, as redes "são contra as crianças". Elas também são "elitistas", já que a maioria delas pressupõe muito dinheiro e educação, sem mencionar transporte particular. E, ainda mais, são planejadas para proteger as pessoas do "vizinho que o destino impôs no outro lado da rua e na porta ao lado".

A atração das redes pessoais, que depende da equação da liberdade com a escolha pessoal, continua atualmente o que era na época de Mary Parker Follett. A descrição de Oldenburg encapsulada no ideal incorporado do "modo americano de viver" parece ser semelhante às oposições sofisticadas dos amigos dela a respeito da vizinhança.

> Cada um de nós tem sua comunidade pessoal [conforme Oldenburg sintetiza o ideal "americano"], e seus defensores fazem a rede parecer uma forma avançada de sociedade em vez de ser um artefato da atomização. Dizem-nos que aqueles que têm redes são cosmopolitas. Seus interesses e relacionamentos transcendem a vizinhança local. O "sujeito bem relacionado" é "liberado" da fofoca local e do preconceito e é "livre" para escolher os amigos dele ou dela em uma base mais racional e mais pessoal do que a mera proximidade geográfica.

E, tanto em 1994 como em 1918, a discussão de que a vizinhança é muito mais verdadeiramente cosmopolita do que o cosmopolitismo superficial dos bem pensantes cai em ouvidos moucos.

O que Oldenburg quer ressaltar é que os terceiros lugares podem ser criados simplesmente se forem postos ao lado de uma instituição antitética, no caso o clube particular. Ele lembra que os clubes são exclusivos, esnobes e ciosos da sua proteção do privilégio social. São "polos opostos" dos pontos de encontro na vizinhança, fato que nos diz algo sobre as implicações sociais e políticas do "liberalismo burguês pós-modernista", como Richard Rorty o chama no seu famoso ensaio de mesmo nome, e no qual o clube, e não o terceiro lugar, se torna o modelo de sociabilidade. Uma "sociedade civil de um tipo de burguesia democrática", defendida por Rorty como a melhor esperança para uma nova "ordem mundial", é semelhante a uma "feira rodeada por muitos e muitos clubes particulares". Um mundo onde o isolamento racial e étnico está prestes a ser rompido, onde várias nacionalidades são jogadas no mesmo cadinho das conglomerações que deverão ser inevitavelmente multiculturais e multirraciais – esse tipo de mundo não pode se manter unido por uma cultura em comum, segundo Rorty; mas, afinal, uma feira bem organizada pressupõe nada de mais na trilha das crenças normais ou nos valores compartilhados. Ela pressupõe nada além do que a aceitação de algumas poucas regras de procedimento. Os valores e as crenças em conflito não impedem aqueles que fazem negócios de "barganhar com lucro". Se eles anseiam pela companhia das pessoas que compartilham a mesma perspectiva de visão de mundo, podem "recuar" aos seus clubes "depois de um dia difícil de pechinchas".

O mundo ideal de Rorty é próximo da descrição do mundo que conhecemos atualmente, pelo menos nos Estados Unidos, e muitos americanos estão aptos a aceitá-lo, acredito, como sendo o melhor que podem esperar. O livro de Oldenburg ajuda a identificar o que falta nesse tipo de mundo: amenidades urbanas, convivência, conversação, política – em suma, quase tudo o que faz a vida valer a pena. Quando o mercado ocupa todo o espaço público, e a sociabilidade é obrigada a "recuar" para os clubes particulares, as pessoas correm o risco de perderem a capacidade de se divertir e até mesmo de se autogovernar. Assim que reconhecerem o perigo, contudo, ainda é possível ter a esperança de que encontrarão uma maneira de reverter a tendência suburbana da nossa civilização e restaurar as artes cívicas ao devido lugar no seu papel central.

7

A política racial em Nova York:
o ataque contra os padrões

Segundo Jim Sleeper, a glória de Nova York está na sua "integração da força proletária com a excelência profissional e os feitos da alta cultura" – exatamente a integração que está prestes a se romper, como já vimos, em cidade após cidade, inclusive na própria Nova York, se as tendências atuais se mantiverem inalteradas. É porque ele ama e conhece tão bem a cidade, como repórter e colunista dos jornais *Brooklyn Phoenix*, *North Brooklyn Mercury*, *New York Newsday* e *New York Daily News*, que o relato sem concessões de Sleeper a respeito de seu declínio, *O mais próximo dos estranhos: Liberalismo e a política de raça em Nova York*, tem tanta convicção. Não demorou muito para ele descobrir, quando se mudou da sua Boston natal para Nova York em 1977, que a cidade grande, como qualquer outra de sua dimensão, é um lugar de "andarilhos" e de "leitores". Seu conjunto de instituições cívicas – transporte público, escolas (inclusive um amplo sistema universitário urbano), hospitais, livrarias, parques, museus – torna possível um "desenvolvimento intelectual sem o montante de dinheiro geralmente necessário para cruzar o pórtico da alta educação". Essas instituições permitem a um grande número de nova-iorquinos algo como "um passo a mais na ascensão do aperfeiçoamento pessoal". Ligam "a mobilidade social do morador pobre a um amplo propósito cosmopolita".[1] Ao contrário daqueles neoconservadores que pregam a autoajuda para as minorias, Sleeper quer nos fazer ver que as oportunidades dependem de um setor público vigoroso e também que as instituições públicas, como se não bastassem, podem formar a própria estrutura da ambição. As instituições culturais de Nova York direcionam a ambição não para as metas comuns de dinheiro e do exílio suburbano, mas a um tipo de inteligência aguçada em seu entorno, que é a marca principal (ou costumava ser) dos nativos da cidade – um grupo loquaz no discurso, extremamente perceptivo e briguento.

As instituições cívicas conectam as vizinhanças, baseadas em laços familiares e étnicos e, portanto, altamente provincianos, à cultura impessoal de um mundo maior. Dizer que os bairros têm um papel importante na formação da virtude cívica não implica na glorificação da vida entre os vizinhos como um fim em si mesmo. Eles dão abrigo ao anonimato do mercado, mas também preparam os jovens para participar de uma cultura cívica que alcança além da vizinhança. Um bairro estável onde o padre, o professor, o técnico de basquete, a loja da esquina e o policial são modelos de como uma autoridade madura pode ensinar lições que se provarão de extremo valor além dos limites daquele perímetro. O resumo de Sleeper dessas lições acentua a responsabilidade pessoal e o respeito pelos outros – qualidades essenciais à vida cívica, em outras palavras, mas não necessariamente qualidades que trazem o sucesso comercial e a ascensão profissional: "Não saia da escola até que você tenha um trabalho estável; não tenha filhos até que consiga sustentá-los; trate outras pessoas e a propriedade delas com respeito".

Insularidade e cosmopolitismo: a tensão entre esses dois polos é a história da vida urbana. Irving Howe, Alfred Kazin e outros escritores autobiográficos evocaram o rico pano de fundo das comunidades insulares de Nova York e a ruptura com a antiga vizinhança – algo sempre doloroso e intenso –, permitindo aos jovens conquistar um lugar na república internacional das letras. Reduzir essa narrativa complexa à saga convencional da ascensão social, como Norman Podhoretz faz em *Making It* [Criando], é simplificá-la a ponto de se tornar irreconhecível. O rompimento não é inevitável, exceto se o objeto for concebido simplesmente como uma amostra bem-sucedida, no sentido mais rude do termo. Encontrar-se no mundo implica, acima de tudo, encontrar-se a si mesmo por meio de um retorno imaginário às suas raízes, sem se perder na luta para vencer ou para adquirir as distinções culturais que andam juntas com o sucesso material. É um erro comum pensar que se expor ao mundo cultural leva à perda ou à renúncia da sua subcultura particular. Exceto por aqueles que apenas almejam a assimilação completa – a exibição ostensiva de todas as armadilhas culturais de quem alcançou prestígio e poder – ao movimentarem-se além da identidade provinciana, o resto segue uma identidade mais complexa e até mesmo mais dolorosamente dividida. A tensão criativa entre a vizinhança e a cidade – no caso de Nova York, entre as subculturas que são peculiares às diversas nacionalidades e ao mundo da cultura incorporado nas suas instituições cívicas –, sempre foi uma fonte de vitalidade idiossincrática à vida urbana.

Os esforços do passado para o relaxamento dessa tensão – que se tornou quase insuportável para indivíduos divididos entre duas culturas e é, de qualquer maneira, mais fácil ser apreendida em sua dimensão negativa que na positiva – geralmente tiveram uma de duas formas. Há a condenação do particularismo, sob o nome de "americanismo" ou qualquer classificação de conformidade cultural, que convida a uma defesa encarniçada deste tipo de atitude à beira do separatismo racial e étnico. Na comunidade negra, o conflito duradouro entre as estratégias nacionalistas e integralistas obscureceram o caminho no qual ambas as propostas funcionaram ao resistirem a uma compreensão mais complexa da identidade dos negros. Os nacionalistas afirmavam que os negros jamais seriam aceitos como americanos e deveriam pensar em si mesmos como exilados africanos, enquanto os integralistas viam a assimilação no restante da sociedade como a consequência lógica da igualdade política. Nenhum dos programas capturou a "duplicidade" da experiência afro--americana, como W. E. B. Du Bois a chamou: a lealdade dividida que era dolorosa, inevitável, mas ainda assim promissora, se ela contribuísse a uma nova definição de americanismo que refletisse o particularismo sem negar o anseio a uma cultura americana comum.

Nem o nacionalismo negro, nem a integração afro-americana conseguem manter seus seguidores atualmente. Essas posições sempre foram parciais, mas ao menos conseguiram alguma consistência e coerência. Cada uma se dirigia a um lado de uma realidade complexa. A integração se baseava na compreensão de que a cor da pele era irrelevante a todo um escopo de desejos humanos – digamos, desde querer construir pontes a criar um negócio próprio, passando pelas exigências das obrigações da cidadania. Por outro lado, o nacionalismo negro se apropriou do denso pano de fundo histórico no qual se tornou simplesmente impossível de descontar a importância da raça na discussão. Tão logo essas posições entrassem em confronto em uma oposição claramente definida, era possível ver por que cada uma delas era incompleta, à espera de uma síntese que fizesse justiça a ambos os lados da experiência dos negros. O movimento dos direitos civis nos anos 1950 e no início dos 1960, injustamente desprezado pelos críticos nacionalistas como algo completamente integralista, antecipou, de fato, os elementos de tal síntese.

O colapso do movimento dos direitos civis deixou uma situação ainda mais confusa e desencorajadora, na qual os méritos, tanto do nacionalismo como da integração dos negros, desapareceram nas brumas da retórica racial. Por um lado, os campeões da "diversidade cultural" levaram o argumento nacionalista ao extremo quando negaram quaisquer valores universais ou transraciais. Não é mais uma questão de afirmar (do modo como fizeram, digamos, Marcus Garvey ou Malcolm X) que os negros não têm nada a ganhar com a integração em uma sociedade corrupta, uma sociedade que se recusa a praticar o que prega. Agora se trata da cultura ocidental como um todo, em particular o racionalismo ocidental, a própria noção de uma tradição comum ou de uma linguagem cívica comum ou um conjunto de padrões, que devem ser necessariamente ou inevitavelmente racistas. Por outro lado, essa forma extrema de particularismo retórico, que passou a dominar as discussões a respeito do problema da raça, cresceu em conjunto com um ataque implacável contra as vizinhanças, que enfraquece o particularismo cultural das únicas condições materiais nas quais ele pode florescer. O "novo tribalismo", que encontra sua defesa não apenas entre os acadêmicos pós-modernistas, mas também na mídia, no mundo do entretenimento comercial, nos salões e nas butiques culturais frequentadas pelos yuppies, surge em cena no exato momento em que este tipo de tribalismo parou de ter qualquer conteúdo substancial. "Tribalismo" é a última moda lançada por um capitalismo consumista que substitui rapidamente as vizinhanças pelos shoppings, minando, assim, a particularidade que o empacota avidamente como uma mercadoria.

Sleeper observa que "alguns nova-iorquinos de qualquer maneira parecem não querer viver nos bairros". As classes empresariais e profissionais, em sua maioria, são parte de uma população inquieta e transitória que possui um lar – se é que se pode dizer que eles têm um lar – em organizações nacionais e internacionais fundamentadas em especialidades esotéricas e dominadas pela ética dos feitos competitivos. Do ponto de vista gerencial e profissional, as vizinhanças são lugares onde os que falharam em seus empreendimentos são deixados de lado – remansos de fracasso e de estagnação cultural.

As batalhas políticas em torno da moradia livre e da desagregação escolar expuseram as vizinhanças às críticas adicionais de que essas últimas fomentaram a exclusão e a intolerância raciais. Da metade dos anos 1960 em diante, as políticas raciais favorecidas pelos liberais de esquerda procuraram romper os guetos negros, uma outra forma de vizinhança indesejável, em função de outros "enclaves" étnicos que presumivelmente perpetuavam o preconceito entre as raças. A meta da política liberal de esquerda, na verdade, é refazer a cidade conforme a imagem das elites móveis e afluentes que a olham como um lugar apenas para o trabalho e para o lazer, nunca como um lugar onde se possa assentar as raízes, criar as crianças, viver e morrer.

A integração racial pode ter sido concebida como uma política destinada a dar a todos o mesmo acesso a uma cultura cívica comum. Mas tornou-se algo concebido em grande parte como uma estratégia para garantir mobilidade educacional. As escolas integradas, como a Suprema Corte explicou na sua decisão sobre o caso Brown, superariam os danos psicológicos provocados pela segregação e faria a integração racial possível ao povo negro para competir com carreiras abertas a qualquer tipo de talento. A ênfase errônea nas carreiras profissionais, oposta aos trabalhos e à participação em uma cultura comum, ajuda a explicar a curiosa coexistência, nas políticas de raça após os anos 1960, de uma forma virulenta de particularismo cultural (segundo a qual, por exemplo, as crianças negras deveriam ler apenas escritores negros e assim escaparem da exposição ao "imperialismo cultural"), com estratégias que criaram consequências práticas de minarem o mesmo particularismo em sua expressão concreta nas vizinhanças.

Segundo Sleeper, nos anos 1940 e 1950, os liberais esquerdistas deram por certo uma "ordem social coerente e autoconfiante suficiente para admitir os negros" em seus próprios termos. Havia uma boa dose de tensão racial e de injustiça, mas também havia uma considerável dose de boa vontade em ambos os lados. A etnia branca, pensa Sleeper, ainda "lutava por si mesma". Desconfiada com a migração dos negros em suas vizinhanças, de qualquer modo estava comprometida com os princípios do jogo justo. (Até mesmo nos nossos dias, observa Sleeper, "a combalida etnia branca da cidade reconhece que ela não está perdendo para as minorias; existem os ricos eternos e a nova elite administrativa que, em uma estranha ironia, incluem radicais que os atormentavam nos anos 1960 e então se eximiam da culpa nos anos 1980 para depois afirmarem a sua prerrogativa de ser uma classe superior".) Aqueles que temiam ou se ressentiam com os negros se viam desarmados pelo heroísmo moral, pela autodisciplina e pelo patriotismo do movimento dos direitos civis. Os participantes do movimento, pela voluntariedade de se deixarem prender quando rompiam as leis, provavam quão profunda era a sua lealdade a um país cuja etiqueta racial simplesmente recusaram aceitar. O movimento justificou as exigências dos negros de serem americanos melhores do que aqueles que defendiam a segregação como se fosse esse o *"American way of life"*. Ao pedirem que a nação cumprisse o que prometera, apelaram a um padrão comum de justiça e a um senso básico de justiça que transcendia as fronteiras raciais.

A engenharia social, iniciada na metade da década de 1960, por outro lado, levou a uma deterioração das relações entre as raças. As ações afirmativas ágeis e o movimento de moradia livre ameaçaram a solidariedade étnica das vizinhanças e levaram os brancos de classe média baixa a se oporem aos negros. Por causa dessa resistência, os liberais de esquerda "reagiram com indignação moralista", nas palavras de Sleeper. Militantes negros encorajaram a polarização racial e exigiram uma nova política de "desagravo e de privilégios". Insistiram que o povo negro, como vítima do "racismo branco", não poderia ter os mesmos padrões educacionais ou cívicos dos brancos. Tais padrões eram racistas por si mesmos e não tinham outro propósito senão manter os negros em seus lugares. A esquerda branca, que romantizou a cultura afro-americana como um modo de vida expressivo, sexualmente libertário e acima de qualquer inibição burguesa, colaborou com o ataque contra essas normas comuns. O movimento dos direitos civis começou como um ataque contra a injustiça dos duplos padrões; e a ideia de um único padrão era atacada como o exemplo crucial do "racismo institucional".

O exemplo de como os militantes negros profissionais foram longe demais, junto com seus admiradores da esquerda e do liberalismo, na recusa de qualquer concepção de um padrão comum – até mesmo de qualquer concepção residual de verdade objetiva – está naquilo que ficou conhecido como o "fiasco de Brawley". Quando o "estupro" de Tawana Brawley, proclamado por Al Sharpton e Alton Maddox como um caso típico de opressão racial, foi depois provado ter sido uma farsa, o antropólogo Stanley Diamond argumentou na revista *Nation* que "pouco importa se o crime aconteceu ou não". Mesmo que o fato tenha sido encenado por "atores negros", foi feito com "habilidade e histeria controlada" e descreveu "o que acontece de verdade com muitas mulheres negras". William Kunstler acompanhou a mesma e previsível linha de raciocínio: "Não faz diferença alguma se o ataque contra Tawana realmente aconteceu. [...] [Ele] não disfarça o fato de que muitas mulheres negras são tratadas do modo como ela disse que foi tratada". Kunstler acrescentou que devia se creditar aos militantes negros que eles agora "tinham um assunto com o qual podiam dominar as manchetes e assim lançarem um ataque vigoroso contra o sistema de justiça criminal".*

É (ou deveria ser) uma experiência desanimadora contemplar os efeitos de uma campanha contra o "racismo" que se torna crescentemente uma tentativa para manipular a mídia – ou seja, a política como um teatro racial. Enquanto Sharpton e Maddox "dominam as manchetes", as condições de vida para a maioria dos negros em Nova York continuam a piorar. A ação afirmativa dá às elites negras acesso à burocracia municipal e à mídia, mas deixa as massas em uma situação pior do que antes. Sleeper mostra que a situação é ruim o suficiente quando "o sobrenome ou a cor de pele de alguém se tornam, por si mesmos, um modo de desenvolvimento" – uma política que "destrói o ideal americano do liberalismo clássico, no qual indivíduos são responsáveis por seus destinos e recompensados de acordo com suas performances". O que é ainda pior é que a maioria dos negros não avança de forma alguma e são impedidos

---

* Em 1987, Tawana Brawley, uma jovem negra de quinze anos, acusou quatro homens brancos de estupro, em Wappingers Falls, estado de Nova York. Posteriormente, a justiça encontrou contradições em seu discurso e as acusações foram consideradas infundadas. (N. T.)

pela sua própria militância que, supostamente, deveria libertá-los. As estratégias da cultura negra reforçam a solidariedade defensiva dos estudantes negros contra a excelência acadêmica, acusada de "atuar como os brancos". Criam desculpas para o fracasso acadêmico com o pretexto de que os estudantes negros não devem dominar um currículo "eurocêntrico". Usam a vitimização como forma de se eximirem de qualquer espécie de erro e, portanto, perpetuam uma das mais profundas raízes de qualquer espécie de fiasco: a da dificuldade da vítima em conquistar o respeito por si mesma.

Sob essas circunstâncias, não é surpreendente ver que os jovens nos guetos negros, em particular os homens, são obcecados por respeito ou por quem comete uma afronta contra a honra de alguém – "o abusado", que seria uma afirmação explícita de desprezo ou de "desrespeito" –, o que justificaria retaliações violentas. Quando o respeito por si mesmo é difícil de se alcançar, é tentador confundi-lo com a capacidade de causar medo. A subcultura criminal do gueto serve não só como substituto para a mobilidade social e dinheiro fácil (mesmo com todos os riscos que isso implica), dando uma alternativa atrativa aos trabalhos insalubres, mas também dá base para conquistar o respeito tão difícil de se alcançar por meios legais. A canonização retrospectiva de Malcolm X deve ser entendida como uma versão politizada da preocupação deslocada com a violência, a intimidação e o respeito. Graças a Spike Lee, Malcolm é agora visto como um líder que prometeu, de fato, restaurar o respeito que o povo negro tinha por si próprio "por quaisquer meios necessários" – isto é, através da intimidação racial. Por outro lado, Martin Luther King é condenado pelo gueto jovem como um Pai Tomás,* e sua insistência de que o movimento dos direitos civis precisava se aliar aos

---

* No original, "Uncle Tom". Trata-se de uma referência jocosa ao personagem principal de *A cabana do Pai Tomás*, clássico romance de Harriet Beecher Stowe, de 1852. O apelido de cunho negativo era dado aos negros considerados subservientes aos seus senhores brancos. (N. T.)

medos dos brancos, jamais intensificá-los, tornou-se incompreensível – por razões perfeitamente compreensíveis – para aqueles que não podem mais distinguir medo de respeito.

Enquanto isso, a economia urbana continua a se deteriorar. A fuga da indústria cria um vácuo que é apenas parcialmente preenchido pelas finanças, pelas comunicações, pelo turismo e pelo entretenimento. As novas indústrias não conseguem suprir as vagas de trabalhos para os desempregados. Nova York precisa de uma política de taxas e de emprego pleno; em vez disso, consegue palavras, símbolos e vários restaurantes. As novas indústrias encorajam um modo de vida hedonista e ensimesmado, que se encontra em oposição ao modo de vida promovido pelas vizinhanças centradas nas famílias. A especulação imobiliária – uma indústria que, conforme mostra Sleeper, é "para a cidade de Nova York o que o petróleo foi para a cidade de Houston" – é igualmente subversiva em relação ao antigo modo de vida, já que a mudança dos bairros se tornou mais lucrativa do que a estabilidade que havia neles. Os especuladores permitem a decadência de grandes edifícios e depois enriquecem com os seguros que cobrem os acidentes. A verdadeira indústria de imóveis divulga o evangelho de que uma nova vizinhança está para surgir ou para desaparecer, criando assim "profecias autorrealizáveis de melhoria ou decadência dos bairros".

Deve-se dar o crédito a Sleeper por ele não estar simplesmente interessado em distinguir o que é elogio e o que é crítica. Se o debate continuar nesse tipo de raciocínio, só caminhará em círculos. Ele está interessado em compreender o que faz uma cidade funcionar e o que faz uma cidade ser destruída. Quando insiste que uma cidade é tão complicada quanto Nova York e, por isso, não pode ser facilmente dividida em dois campos, "as pessoas de cor oprimidas e os opressores brancos que não sabem pensar", sua intenção não é negar a realidade da opressão branca, mas sim mostrar que ela não pode ser corrigida com pancadas no peito, posturas radicais e políticas teatrais. Quando defende uma política "transracial", não fala isso como se fosse um representante do *status quo* socioeconômico. Pelo contrário: a pergunta levantada pela eleição de David Dinkins para prefeito, segundo Sleeper, mostra precisamente se uma política transracial pode evitar a queda da política do *establishment* (no caso de Dinkins, a resposta parece ser que ela não consegue nada disso).[*]

O que Nova York precisa, argumenta Sleeper, é de uma política que deve enfatizar as divisões de classes em vez das de raças, afirmando que o "verdadeiro problema é a pobreza, e a verdadeira necessidade é a falta de trabalho". Os trabalhadores correm um risco em comum de liberar a cidade dos seus interesses parasitários e agora as indústrias passarem a controlá-los. É certo que eles também correm risco ao "manter os padrões em comum da responsabilidade pessoal, da honestidade pública e da confiança". Um compromisso em relação a esses padrões é um ingrediente necessário para qualquer coalizão interracial. Mas uma coalizão populista do tipo que Sleeper tem em mente deve incluir um compromisso com reformas econômicas igualitárias, em um ataque pleno contra o poder e o privilégio corporativos. Em vez de uma política com gestos radicais, Sleeper oferece um radicalismo de substância que levaria a mudanças reais, não apenas a mudanças retóricas – sempre um panorama desolador para aqueles (incluindo aí vários radicais e revolucionários culturais) com grande interesse nos arranjos que estão em voga.

---

[*] David Dinkins foi, até o presente momento, o único prefeito negro de Nova York. Falecido em Novembro de 2020, seu mandato durou de 1990 a 1993. (N. T.)

8

As escolas públicas:
Horace Mann e a investida à imaginação[*]

Se analisarmos friamente os destroços do sistema escolar na América, podemos achar difícil evitar a impressão de que alguma coisa radicalmente errada aconteceu em algum momento na história. Não surpreende, portanto, que vários críticos do sistema tenham se voltado ao passado com esperança de explicar como tudo desandou e como ainda poderiam consertar o problema.[1] Os críticos dos anos 1950 rastrearam o problema até as ideologias progressistas, que supostamente tornaram as coisas fáceis demais para as crianças e secaram o currículo pedagógico do seu vigor intelectual. Na década de 1960, uma onda de historiadores revisionistas insistiu que o sistema escolar tinha de ser uma espécie de "loteria", segundo a frase de Joel Spring, um mecanismo que deveria realocar os privilégios sociais, os quais reforçavam as divisões de classes enquanto promoviam a ostentação da igualdade. Alguns desses revisionistas foram longe demais, a ponto de afirmarem que o sistema de escola pública foi distorcido logo no início da sua implementação pelas exigências de uma ordem industrial emergente, o que a fez ser algo quase inevitável quando as escolas não foram usadas como um modo de treinar um corpo alerta e politicamente ativo

---

[*] As citações não creditadas deste capítulo provêm de dois longos relatórios que Horace Mann enviou ao legislativo do estado de Massachusetts como secretário do Departamento de Educação. As referências, bem como outras sugestões de leitura, se encontram nas notas de fim. (Ver p. 292) (N. E.)

de cidadãos, mas sim como uma forma de inculcar neles hábitos de pontualidade e de obediência.

Há algo a ser aprendido com os debates que aconteceram no período de formação do sistema escolar, em torno dos anos 1830 e 1840, mas a análise deles não apoia qualquer espécie de interpretação unidimensional da função da escola como uma agência de "controle social". Não vejo como alguém que leia os escritos de Horace Mann, que fez tanto para justificar um sistema de escolas públicas e para persuadir os americanos a pagarem por elas, possa perder o fervor moral e o idealismo democrático que moldaram o programa de Mann. É verdade que ele usou argumentos variados em defesa das escolas públicas, incluindo aí o raciocínio de que os alunos deveriam estudar os hábitos constantes do trabalho. Mas insistia que esses hábitos beneficiariam tanto os trabalhadores como os empregadores, citando, em favor desta observação, os altos salários oriundos daqueles que gozavam das vantagens de uma boa educação. Mann era cuidadoso para assinalar que, mais do que nunca, um acesso eficaz dos efeitos do aprendizado nas "fortunas ou propriedades mundanas" dos homens estava longe de ser a defesa "mais elevada" a favor da educação. De fato, ela poderia "ser vista como a menos elevada". Na visão dele, as defesas mais importantes a respeito da educação eram a "difusão do conhecimento útil", a promoção da tolerância, a igualdade de oportunidades, o "aumento dos recursos nacionais", a erradicação da pobreza, a conquista do "torpor e da imbecilidade mentais", o encorajamento do ensino e da lucidez em lugar da "superstição e da ignorância", além das substituições de métodos pacíficos de governança pelos de coerção e de guerra. Se Mann preferisse claramente o moralismo arrogante à banalidade da eficácia industrial, ele ainda apelaria às razões de prudência com uma consciência tranquila, já que nunca percebeu uma contradição entre elas. Os confortos e as conveniências eram coisas boas em si mesmas, até mesmo se houvessem bens mais elevados a serem atingidos. A visão dele de "aperfeiçoamento" era ampla o suficiente para

As escolas públicas

agrupar tanto o progresso material como o moral; era precisamente essa compatibilidade – para ser mais exato, a sua inseparabilidade –, que distinguia a versão de Mann da sua ideia de progresso daqueles que apenas celebravam as maravilhas da ciência moderna e da tecnologia.

Como um filhote do Iluminismo, Mann não cedeu a ninguém em sua admiração pela ciência e pela tecnologia, mas ele também era um produto do puritanismo da Nova Inglaterra, apesar de ter rejeitado a teologia dos puritanos. Era muito ciente do fardo moral herdado pelos americanos dos seus antecessores do século XVII para ver um alto padrão de vida como se fosse um fim em si mesmo ou então se unir àqueles que igualavam a promessa do modo de viver americano com a oportunidade de ficar rico rapidamente. Não olhava com benevolência para este tipo de projeto nem mesmo a longo prazo. Desprezava os extremos da riqueza e da pobreza – a "teoria europeia" da organização social, como ele a chamava – e concordava com a "teoria de Massachusetts", na qual tinha a "igualdade de condições" e "o bem-estar humano". Era para escapar desses "extremos de superior e inferior", acreditava Mann, que os americanos "fugiram" para Europa em primeiro lugar, e o retorno desses extremos, na Nova Inglaterra do século XIX, deve ter sido um motivo de profunda vergonha para seus compatriotas. Quando Mann se aprofundou nas conquistas dos seus antecessores, foi com a intenção de manter os americanos em um alto padrão de obrigação civil em vez de um padrão corrente que existia em outros países. Os seus frequentes apelos ao "período heroico da história do nosso país" não iniciaram a um "espírito orgulhoso, vaidoso e atrevido", ele escreveu. Uma avaliação da missão da América deveria ter se "mantido firme igual a um marco luminoso e um exemplo diante do mundo", em vez de ter sucumbido à indiferença moral e ao materialismo.

É inútil perguntar se reformadores como Horace Mann estavam mais interessados no humanitarismo do que em trabalhar a disciplina e o "controle social". A maioria dos debates infrutíferos entre os historiadores foi devotada a essa questão. Mann não era um radical, e ele estava inegavelmente interessado na ordem social, mas isto não o faz algo próximo de um humanitarista. Era genuinamente tocado pelo espetáculo da pobreza e do sofrimento, apesar de temer que eles dariam origem ao "agrarianismo", como ele e seus contemporâneos chamavam – a "vingança da pobreza contra a riqueza". Quando pregava o dever de "levar adiante essas classes infelizes do povo, que, na marcha da civilização, foram deixadas para trás", não há um motivo para pensar que ele estava preocupado apenas com o perigo da revolução social. Defendia os direitos da propriedade, sem dúvida, mas negava que eles fossem "absolutos e sem qualificações". A terra foi dada à humanidade "para a sua subsistência e para o benefício de toda a raça", e os "direitos dos sucessivos donos" foram "limitados pelos direitos daqueles que têm o privilégio da posse e do uso subsequentes". Cada geração tinha a obrigação de melhorar sua herança e transmiti-la à seguinte. "As gerações sucessivas de homens, se entendidas coletivamente, fazem parte de uma grande comunidade". A doutrina dos direitos absolutos de propriedade, que negava a solidariedade da humanidade, era uma base moral para "ermitões". Na perspectiva de Mann, os "sucessivos donos" da propriedade eram "curadores, ligados à fiel execução de suas confianças, graças às obrigações mais sagradas". Se eles recuassem nessas obrigações, poderiam esperar "retribuições terríveis" nas formas de "pobreza e destituição", "violência e desregramento", "licenciosidade e depravação", "devassidão política e perfídia legalizada". Aqui, Mann foi verdadeiramente profético, no sentido estrito do termo. Ele chamou o povo a prestar contas, apontando o que foi herdado em um conjunto rigoroso de obrigações sob as quais deveria viver de acordo e antecipando a "vingança certeira do Paraíso", caso falhasse. Era também um profeta no sentido vulgar: suas previsões se tornaram reais – as previsões em torno dos males específicos que se seguiriam ao fracasso em providenciar um sistema de educação que assegurasse "conhecimento e virtude", os fundamentos necessários a uma forma republicana de governo. Quem pode olhar para a América de hoje sem reconhecer a precisão da retórica de Mann, em especial na "perfídia legalizada" dos nossos líderes políticos? A única coisa que Mann falhou em ver foi a epidemia de drogas, apesar de que ela poderia ter sido incluída, suponho, sob a classificação de "licenciosidade e depravação".

Mesmo assim, os esforços de Mann em defesa das escolas públicas tiveram um sucesso espetacular, se considerarmos as metas a longo prazo (e até mesmo as imediatas) que ele tentava promover. Seus compatriotas precisavam das suas exortações, pois construíram um sistema de escolas públicas que era frequentado por todas as classes da sociedade. Rejeitaram o modelo europeu, que dava uma educação liberal para as crianças privilegiadas e treinamento vocacional para as massas. Aboliram o trabalho infantil e transformaram em obrigatória a entrada nas escolas, tal como Mann pediu. Forçaram uma separação estrita entre a Igreja e o Estado, protegendo as escolas das influências sectárias. Reconheceram a necessidade de treinamento profissional dos professores, e elaboraram um sistema de escolas que trouxesse esse tipo de resultado. Seguiram o conselho de Mann para providenciar regras não apenas aos assuntos acadêmicos, mas também nas "leis da saúde", canto e outras disciplinas formadoras de caráter. Chegaram até a aceitar sua dica de empregar mulheres no rol dos empregados, compartilhando da crença de que eram muito mais capazes do que os homens para lidar com alunos por meio da gentil arte da persuasão. Homenagearam o próprio Mann, enquanto estava vivo, como o pai fundador de suas escolas. Se ele foi um profeta em alguns aspectos, dificilmente foi um profeta desonrado em seu próprio país. Sucedeu além dos sonhos mais audazes da maioria dos reformadores; ainda assim, o resultado foi como se tivesse falhado completamente.

Portanto, aí está o nosso enigma: Por que o sucesso do programa de Mann nos deixa com os desastres políticos e sociais que ele mesmo previu, com espantosa exatidão, na ocorrência do seu fiasco? Colocar a questão dessa maneira sugere que havia algo inerentemente deficiente na visão educacional de Mann e que o seu programa tinha alguma falha fatal logo no início da sua concepção. A falha não estava no entusiasmo de Mann pelo "controle social" ou em seu humanitarismo pela metade. A história da reforma – com seu sentido elevado de missão, sua devoção ao progresso e ao aperfeiçoamento, o seu entusiasmo pelo crescimento econômico e pelas oportunidades iguais, o seu humanitarismo, o seu amor pela paz e o seu ódio pela guerra, sua confiança no Estado de bem-estar social e, acima de tudo, em seu zelo pela educação – é a própria história do liberalismo, jamais do conservadorismo. E, se o movimento reformador nos deu uma sociedade que pouco se parece com o que foi prometido, temos de nos perguntar não se esse movimento foi insuficientemente liberal e humanitário, mas sim se o humanitarismo liberal seria a melhor receita para uma sociedade democrática.

Temos um breve vislumbre das limitações de Mann ao observarmos a sua poderosa aversão à guerra – uma das maiores atrações (e algo bem superficial) à parte exterior do seu pensamento. Mann era profundamente comprometido com a proposta de que uma renúncia da guerra e dos hábitos que aconteciam nela causavam um índex infalível de progresso social, da vitória da civilização sobre a barbárie – e ele também reclamava que as bibliotecas das escolas e das cidades eram repletas de livros de histórias que glorificavam a guerra.

> Quão pouco esses livros contêm algo que seja adequado às crianças! [...] Descrições de batalhas, saques de cidades e aprisionamento de nações, tudo acontecendo com movimentos rápidos e em uma sucessão infinita. Temos apenas alguns lampejos que coletamos com a educação dos jovens, e tudo isso nos é apresentado como se estivéssemos engajados nas artes marciais e simulando o uso de armas, na preparação às grandes tragédias das batalhas – exercícios

As escolas públicas

e exibições, os quais, tanto em quem os pratica como em quem os assiste, cultivam todas as emoções que dividem a sociedade e transformam toda a corrente das forças mentais em um canal para a destruição.

Mann chamava a si mesmo de republicano (no sentido de que era uma oposição à monarquia), mas ele não tinha qualquer apreço para a conexão entre a virtude marcial e a cidadania, que recebeu muita atenção na tradição republicana. Até mesmo Adam Smith, cuja economia liberal achava que a tradição era um impedimento, se arrependia da perda da virtude cívica armada. "Um homem incapaz de ou defender-se ou de vingar-se a si mesmo deseja evidentemente uma das partes mais vitais do caráter de um homem." Na visão de Smith, era um motivo para arrependimento "a segurança e a felicidade gerais que prevaleceram nas eras de civilidade e polidez" terem sido substituídas "com tão pouco esforço ao desprezo ao perigo, à paciência na hora de enfrentar a dor, a fome e o trabalho árduo". Dado o crescimento do comércio, essas coisas não poderiam acontecer de outra forma, segundo Smith, senão com o desaparecimento de qualidades tão essenciais à masculinidade e, portanto, à cidadania, que elas passaram a ter, de qualquer modo, um desenvolvimento perturbador. A política e a guerra, jamais o comércio, serviram como a "grande escola do comando próprio". Se o comércio estava agora abandonando a "guerra e a cizânia" como o principal negócio da humanidade (a ponto de que o próprio termo "negócio" logo se tornou um sinônimo para comércio), o sistema educacional foi obrigado a assumir os valores preguiçosos que sustentavam algo que não poderia ser mais alcançado por meio da participação em eventos públicos.

Como Smith, Horace Mann acreditava que a educação formal poderia substituir outras experiências formadoras de caráter, mas ele tinha uma concepção bem diferente do tipo de perfil que gostaria de moldar. Ele não compartilhava nenhum dos entusiasmos que Smith

A Revolta das Elites e a Traição da Democracia

tinha pela guerra e nenhuma das suas reservas a respeito de uma sociedade composta de homens e mulheres, todos amantes da paz que viviam com seus afazeres e eram completamente indiferentes aos assuntos públicos. Como veremos, a opinião que Mann tinha sobre a política não era tão elevada quanto a sua opinião sobre a guerra. O seu programa educacional não tentou suprir a coragem, a paciência e a fortaleza que antes eram suprimidas pela "guerra e cizânia". Portanto, não ocorria a ele que as narrativas históricas, com seus relatos aterradores de abusos que aconteciam nas trincheiras dos deveres militares e políticos, poderiam atiçar a imaginação dos jovens e ajudar a moldar as suas próprias aspirações. Talvez fosse mais exato dizer que ele era desconfiado de *qualquer* espécie de apelo à imaginação. Sua filosofia educacional era hostil a essa faculdade humana tal como se apresentava. Ele preferia o fato à ficção, a ciência à mitologia. Reclamava que os jovens tinham "montanhas de ficções", quando precisavam de "histórias verdadeiras" e de "exemplos reais de homens reais". Mas a sua concepção dessas verdades que poderiam ser transmitidas com segurança às crianças se tornou de fato muito limitada. Ele pensava que a história "deveria ser reescrita" para permitir às mesmas crianças uma comparação entre "o certo e o errado" e para dá-las "alguma opção para admirar e emular o que era correto". As divergências de Mann ao tipo de história que as crianças estavam sendo convencionalmente expostas não eram apenas a respeito daquela que aclamava os abusos militares, mas a que confundia o certo e o errado – como sempre aconteceu, é claro, no mundo real. Era justamente esse elemento de ambiguidade moral que Mann queria eliminar. "Assim como a História nos surge, os exemplos do certo e do errado [...] estão todos misturados, sem sabermos o que são". Dessa forma, os educadores tinham o dever de separá-los e torná-los claros às crianças, sem nenhuma ambiguidade, avisando-as sobre suas diferenças.

O apelo de Mann pelo realismo histórico traiu a concepção empobrecida da realidade e gerou uma desconfiança da experiência pedagógica

As escolas públicas

sem nenhuma mediação – atitudes que passaram a caracterizar o pensamento educacional desde então. Como vários outros educadores, Mann desejava que as crianças recebessem suas impressões do mundo daquelas pessoas que fossem profissionalmente qualificadas para decidir o que era adequado a elas, em vez de capturar impressões aleatórias por meio de narrativas (tanto escritas como orais) que nunca foram dirigidas aos infantes. Qualquer um que passou algum tempo com crianças sabe que elas adquiriram a maioria da sua compreensão do mundo adulto ao ouvirem o que os adultos não desejam que ouçam – seja de maneira sorrateira, seja ao manterem seus olhos e ouvidos bem abertos. A informação adquirida desse modo é mais vívida e estimulante do que qualquer outro tipo, uma vez que as permite se colocar no lugar dos adultos em vez de serem simplesmente tratadas como objetos da solicitude e do didatismo dos mais velhos. Contudo, é precisamente essa experiência do imaginário do mundo adulto – essa peça teatral, feita sem supervisão, das imaginações produzidas pelos jovens – que Mann esperava substituir com a instrução formal. Assim, ele era contra "romances e todos esses tipos de livros" que ofereciam "mero *prazer*, contrapostos às instruções do que fazer com as preocupações práticas da vida". É certo que as suas objeções eram dirigidas principalmente contra a "leitura sem comprometimento", que aparentemente distraía as pessoas da "reflexão a respeito das grandes realidades da experiência"; e, se ele nunca excluiu especificamente os trabalhos de ficção mais sérios, não há qualquer indício, em sua vasta obra de escritos educacionais, que reconhecia a possibilidade de que essas "grandes realidades da existência" fossem tratadas mais plenamente na ficção e na poesia do que em qualquer outra espécie de literatura.

O ponto fraco na filosofia educacional de Mann foi pressupor que a educação em si acontece somente nas escolas. Talvez seja injusto afirmar que ele deixou essa suposição fatal como um legado às gerações seguintes de educadores, como parte da sua herança intelectual. Afinal de contas, uma inabilidade de ver além das escolas – uma tendência de acreditar que escolarização e educação eram sinônimos – deveria, provavelmente, ser vista como um risco ocupacional dos educadores profissionais, uma forma de cegueira inerente à profissão. Mesmo assim, Mann foi um dos primeiros que deu a sua sanção oficial a esse tipo de atitude. A forma como pensava sobre o assunto era ainda mais impressionante naquilo que omitia do que no que era dito com tantas palavras. Simplesmente não lhe ocorria que atividades como a política, a guerra e o amor – os temas básicos dos livros que detestava – eram, em si, educativas. Ele acreditava que a política partidária, em especial, era a perdição da vida americana. Em seu "Décimo Segundo Relatório", descreveu o entusiasmo ao redor da eleição presidencial em 1848 em uma linguagem que dá, sem sombra de dúvida, a importância da política como uma forma de educação popular, apenas para depois condenar a campanha (a mesma na qual ele ganhou ao ser eleito para a Câmara dos Deputados) como se fosse uma distração do seu trabalho mais importante – o de educador.

A agitação contagiava o país. Não havia uma mente ou uma atmosfera estagnadas [...]. Os humores, as discussões, a eloquência estavam em plena demanda que poderiam ser sentidos na distância de mil milhas – de um lado ao outro da União. A agitação alcançava as soleiras mais humildes da vida. O mecânico em sua loja martelava ao som das rimas políticas; e o fazendeiro, enquanto colhia sua safra, observava certos aspectos do céu político com uma atenção que o fazia se esquecer do céu natural. Encontros eram feitos [...]. A imprensa fazia suas folhas choverem sobre a terra, tão densas quanto os flocos de neve em uma tempestade de inverno. As histórias públicas e particulares eram esquadrinhadas, para encontrar provas de honra ou de desonra; a economia política era invocada; os nomes sagrados do patriotismo, da filantropia, do dever a Deus e do dever ao homem, estavam na ponta de cada língua.

As escolas públicas

A campanha de 1848, tal como Mann a descreveu, iniciou uma intensidade de resposta popular que seria motivo de inveja nos nossos tempos e, mesmo assim, ele só conseguia perceber nela "violência" e "ruído" – uma "Saturnália de licenciosidade, maledicências e dissimulação". Ele pretendia que a energia devotada à política pudesse ser empregada para que "as crianças fossem à escola". Em outro trecho no mesmo relato, comparou a política a uma conflagração, um fogo fora de controle, ou novamente a uma peste, uma "infecção" ou um "veneno".

Ao ler essas passagens, começa-se a perceber que Mann queria manter a política fora das escolas não só porque tinha medo de que o seu sistema fosse destruído pelas mesmas pessoas que desejariam usá-lo para seus interesses partidários, mas também porque desconfiava de qualquer tipo de atividade política. Segundo seu ponto de vista, produzia uma "inflamação das paixões". Gerava muita controvérsia – o que poderia ser considerado parte necessária da educação; porém, aos seus olhos, era também um desperdício de tempo e de energia. A política dividia os homens em vez de uni-los. Por esses motivos, Mann procurou não somente isolar a escola das pressões políticas, mas retirar a história política do currículo. O assunto não poderia ser ignorado completamente; de outro modo, as crianças ganhariam apenas "aquele conhecimento que é adquirido das discussões políticas furibundas, ou dos noticiários partidários". Mas a instrução na "essência de um governo republicano" devia ser conduzida para enfatizar não só "aqueles artigos que fazem parte do credo do republicanismo, aceitos por todos, críveis para todos, e que formam a base comum da nossa fé política". Qualquer coisa controversa deveria ser transmitida em silêncio ou, na melhor das hipóteses, com a admoestação de que a "sala de aula não é nem um tribunal para julgar, nem um fórum para discutir isso".

Apesar de ser algo periférico ao meu ponto principal, é válido fazer uma digressão e ver o que Mann considerava serem os artigos comuns no credo republicano, as "ideias elementares" com as quais todos poderiam concordar. O ponto mais importante parece ser o dever dos cidadãos de apelar às cortes judiciais, se forem lesados, em vez de praticar a lei com suas próprias mãos, além do dever de mudar essas leis "em um apelo via voto, não via uma rebelião". Mann não conseguia ver que essas "ideias elementares" eram bastante polêmicas por si mesmas ou que outras pessoas poderiam brigar entre si com a suposição implícita de que o objetivo principal de um governo era manter a ordem. Mas a substância de suas visões políticas é algo menos importante ao meu propósito do que a sua tentativa de forçá-las como se fossem princípios universais. Já era ruim o suficiente que ele disfarçasse os princípios do Partido Progressista como se fossem princípios comuns a todos os americanos, protegendo-os, assim, de qualquer espécie de crítica razoável.* O que torna a situação pior é o modo como sua branda tutoria privou as crianças de qualquer coisa que teria incentivado sua imaginação ou – para usar um termo de Mann – sua paixão. A história política, ensinada de acordo com as linhas recomendadas pelo educador americano, não podia ter nenhuma controvérsia – tinha de ser higienizada, expurgada e, portanto, desprovida de qualquer espécie de entusiasmo. Assim, se tornaria calma, inócua, profundamente entediante, banalizada por um didatismo sufocante. A ideia de Mann sobre a educação política se unia com a da educação moral, na qual dava grande ênfase em sua oposição ao mero treino intelectual. Ele concebia a educação moral como uma inoculação contra os "vícios e os crimes sociais": "jogo, intemperança,

---

* No original, "*Whig party*", como era conhecido o partido americano de tendência progressista, fundado em 1834 e dissolvido em 1860. Ele pretendia ser o principal opositor ao então Partido Democrata do presidente Andrew Jackson, de tendência fisiológica e utilitarista, sem qualquer semelhança com os atuais democratas. Entre seus fundadores mais notórios, estavam Daniel Webster e Horace Greeley. Não deve ser confundido com o célebre "*Whig party*" do Parlamento inglês, notório por ser o partido das causas liberais clássicas, em especial por causa de estadistas como Edmund Burke e William Pitt. (N. T.)

As escolas públicas

dissolução, dissimulação, desonestidade, violência e outras ofensas similares". Na tradição republicana – comparada com o republicanismo de Mann, da qual era somente um eco distante –, o conceito de virtude referia-se à honra, ao ardor, à energia superabundante e ao uso pleno das forças de cada um. Para Mann, a virtude era apenas uma oposição pálida do "vício". Ela tinha "sobriedade, frugalidade, probidade" – qualidades que jamais podem atiçar a imaginação dos jovens.

O assunto da moralidade nos leva aos poucos ao assunto da religião, em que percebemos com clareza as limitações de Mann. Quero chamar a atenção para vários aspectos do pensamento de Mann que foram bastante louvados pela maioria das pessoas. Até mesmo seus detratores – aqueles que veem sua filantropia como um disfarce para o controle social – elogiam-no pela sua presciência ao proteger as escolas das pressões sectárias. Ele era muito decidido sobre a necessidade de banir instruções religiosas baseadas em quaisquer tipos de dogmas. Durante a sua vida, foi injustamente acusado de banir, ao mesmo tempo, a instrução religiosa e assim minar por dentro a moral pública. Mann respondeu a essas "graves acusações" de forma bastante plausível, alegando que o sectarismo não poderia ser tolerado nas escolas que todos esperavam usar – ou, no caso, seriam compelidos a usar, se ele conseguisse fazer as coisas do seu modo. Mas deixou claro que um "sistema rival das escolas 'paroquianas' ou 'sectárias'" também não deveria ser mais tolerado. O programa dele vislumbrava, na prática, um sistema de escola pública como um monopólio, pelo menos segundo a letra da lei. Implicava na marginalização, senão a eliminação pura e simples, de instituições que competiriam com as escolas comunitárias.

A oposição de Mann ao sectarismo religioso não arrefeceu com a sua saída do setor público da educação. Ele era um opositor do sectarismo per se, pelos mesmos motivos que o faziam ter uma visão demasiadamente sombria da política. Segundo sua perspectiva, o sectarismo respirava o espírito do fanatismo e da perseguição. Deu origem à controvérsia religiosa, tão inaceitável para Mann quanto a controvérsia política. Ele falava a respeito de ambas com imagens inflamadas. Se os "calores e animosidades" teológicos "iniciados nas famílias, e entre os vizinhos, espraiassem em um fogo devorador" nas reuniões escolares, essas "matérias inflamáveis" cresceriam de maneira tão intensa que ninguém poderia "apagar as chamas", até os próprios "fanáticos" fossem "consumados na conflagração que eles mesmos acenderam". Não era suficiente manter as igrejas fora das escolas públicas; era necessário mantê-las fora da vida pública como um todo, senão os sons "discordantes" do debate religioso se dissipariam no "único, indivisível e todo glorioso sistema do Cristianismo" e nos levaria ao "retorno de Babel". O mundo perfeito, tal como existia na cabeça de Mann, era um mundo onde todos concordavam entre si, uma cidade celestial onde os anjos cantavam uma única melodia. Ele admitia com tristeza de que "mal podemos conceber o estado de uma sociedade tão perfeita nesta terra se não excluirmos todas as diferenças de opinião", mas ao menos era possível relegar essas discordâncias "sobre os direitos" e sobre outros assuntos importantes às franjas da vida social, barrá-las nas escolas e, por implicação, da esfera pública como um todo.

Nada disso significa que as escolas não devessem ensinar religião; significa apenas que elas deveriam ensinar a religião que era comum a todos, ou pelo menos a todos os cristãos. A Bíblia deveria ser lida na escola, supondo que poderia "falar por si mesma", sem os comentários que poderiam dar origem a discordâncias. Aqui, novamente, o programa de Mann convida a um tipo de crítica que não entende o que está em risco. Suas instruções rejeitavam qualquer espécie de denominação religiosa e sempre estiveram abertas às objeções de que excluíam os judeus, os muçulmanos, os budistas e os ateus. Apesar de serem ostensivamente tolerantes, na verdade eram repressoras ao igualar a religião de maneira estreita com o Cristianismo. Essa é apenas uma crítica trivial. Na época em que Mann escreveu suas instruções, ainda fazia algum sentido falar

As escolas públicas

nos Estados Unidos como uma nação cristã, mas os motivos pelos quais ele justificava uma forma que evitava qualquer espécie de denominação religiosa, dentro da perspectiva do Cristianismo, poderiam ser facilmente estendidos a incluir também outras religiões. A verdadeira crítica é que a mistura final é tão inócua que colocaria as crianças para dormir em vez de acordá-las com sentimentos de espanto e maravilha. Orestes Brownson, um dos críticos mais perspicazes de Mann naquela época, mostrou, em 1839, que o sistema dele, ao suprimir tudo o que causava discórdia em matéria de religião, deixaria apenas um resíduo tedioso. "Uma fé que abraça somente generalidades é melhor do que não ter fé alguma." As crianças educadas em um "Cristianismo" suave e sem nenhuma denominação específica "terminariam no vazio", principalmente nas escolas onde "muito seria ensinado no geral, mas nada seria transmitido no particular", além de serem privadas de um direito de nascença, tal como Brownson via esse assunto. Seriam ensinadas a "respeitar e a preservar o que existe"; seriam aconselhadas a irem contra a "libertinagem das pessoas, a turbulência e a brutalidade da turba", mas jamais aprenderiam aquele "amor pela liberdade" que há sob tal sistema.

Apesar de Brownson não compartilhar o horror de Mann a respeito de dissensões, ele também desprezava a lacuna cada vez mais crescente entre a riqueza e a pobreza e via a educação popular como um meio para superar essas divisões. Contudo, ao contrário de Mann, Brownson entendia que o verdadeiro trabalho da educação não acontecia de forma alguma nas escolas. Antecipando o que diria John Dewey, Brownson escreveu que

nossas crianças eram educadas nas ruas, influenciadas por seus parentes, nos campos e nas montanhas, pelo clima do cenário que as rodeava e pelos céus além das sombras das nuvens, no seio familiar, pelo amor e pela gentileza, ou pela ira e mau humor dos pais, pelas paixões e pelos afetos que eram manifestados, as conversas as quais escutavam e, acima de tudo, pelos desejos, os hábitos comuns, e pelo tom moral da comunidade.

Essas observações, junto com a longa discussão que Brownson fez a respeito da imprensa e dos liceus, pareciam rumar à conclusão de que as pessoas poderiam desenvolver um amor pela liberdade por meio da exposição de uma controvérsia ampla e pública, a "livre ação do espírito sobre um outro espírito".

A ampla discussão pública, como já vimos, era justamente aquilo que Mann pretendia evitar. No seu modo de ver as coisas, nada de valor educacional poderia vir de bom de um choque de opiniões, do ruído e do calor do debate político e religioso. A educação somente poderia acontecer em instituições construídas deliberadamente para esse propósito, no qual as crianças ficariam expostas ao conhecimento exclusivo dos educadores profissionais, naquilo que seria considerado apropriado. Penso que tal presunção passou a ser o princípio norteador da educação americana. A reputação de Mann como um dos fundadores da escola pública é merecida. Sua energia, seu entusiasmo missionário, seus poderes de persuasão e a posição estratégica que ele usufruiu como secretário do Conselho de Educação de Massachusetts tornou a ele possível deixar um marco duradouro no empreendimento educacional. Alguém pode ir mais longe e afirmar que esse tipo de empreendimento jamais se recuperou dos erros e dos equívocos que existiam desde a sua origem.

Não se trata de afirmar que Horace Mann ficaria feliz com o nosso sistema educacional tal como existe hoje em dia. Pelo contrário, Mann estaria horrorizado. De qualquer modo, os horrores são, ao menos e indiretamente, uma consequência das suas próprias ideias, impregnadas pelo idealismo moral com o qual elas antes eram associadas. Nós incorporamos o pior de Mann nas nossas escolas e de alguma forma deixamos de lado o que havia nele de melhor. Profissionalizamos o ensino ao estabelecer requisitos elaborados para se tornarem certificados oficiais,

As escolas públicas

mas não conseguimos ser bem-sucedidos ao institucionalizar a apreciação de Mann a respeito do ensino como uma vocação honrosa. Criamos uma ampla burocracia educacional sem elevar os padrões acadêmicos ou aperfeiçoar a qualidade da didática. A burocratização da educação tem o efeito oposto ao minar a autonomia do professor, substituindo o juízo dos administradores pelo dos professores e, sem saber, desencorajando as pessoas com o dom do ensino a não entrarem de forma alguma na profissão. Seguimos o conselho de Mann ao desestimular os tópicos puramente acadêmicos, mas o resultado foi a perda do rigor intelectual que não foi devidamente equilibrado com uma melhoria da capacidade escolar de alimentar os traços de caráter que Mann considerava tão importantes: autoconfiança, cortesia e a capacidade de aceitar uma gratificação. A redescoberta periódica de que o treinamento intelectual foi sacrificado em função das "habilidades sociais" levou a uma ênfase equivocada na pura dimensão cognitiva da educação, que tem como lacuna até mesmo a percepção redentora que Mann dava à dimensão moral. Compartilhamos a desconfiança de Mann a respeito da imaginação e a sua concepção estreita da verdade, insistindo que as escolas deveriam se afastar dos mitos, das histórias e das lendas, mantendo-se firme nos fatos, mas o alcance da permissividade desses eventos é algo muito mais pateticamente limitado hoje do que era na época do pai fundador da escola pública.

A história deu lugar a uma versão infantilizada da sociologia, obedecendo ao princípio equivocado de que o modo mais rápido de estimular a atenção das crianças é ficar mais próximo do que há em casa: suas famílias, suas vizinhanças, as indústrias locais, as tecnologias das quais elas dependem. Uma suposição mais sensível seria a de que as crianças precisam aprender a respeito de lugares distantes e tempos antigos antes de terem conhecimento a respeito das suas cercanias. Uma vez que a maioria das crianças não tem oportunidades para viajar para fora do país, e uma vez que viagens no nosso mundo não são, de qualquer maneira, algo que amplie nosso horizonte de consciência, a escola pode providenciar um substituto – mas isso jamais acontecerá se ela se apoia na noção de que a única forma de "motivá-las" é expô-las a algo com o que já estão familiarizadas ou a algo que nunca foi aplicado em suas próprias vidas.

Como Mann, acreditamos que o ensino escolar é uma panaceia para tudo o que nos aflige. Os contemporâneos dele asseguravam que as boas escolas poderiam erradicar o crime e a delinquência juvenil, acabar com a pobreza, transformar as "crianças desprezadas e abandonadas" em cidadãos úteis e servir como o "grande protetor" que igualaria os ricos e os pobres. Eles seriam mais bem sucedidos se começassem com um conjunto mais modesto de expectativas. Se há uma única lição que podemos esperar ser aprendida nos 150 anos depois que Horace Mann comandou o ensino público de Massachusetts, é que as escolas não podem salvar a sociedade. O crime e a pobreza ainda estão entre nós, e a lacuna entre os ricos e os pobres continua a crescer. Enquanto isso, nossas crianças, mesmo quando jovens adultos, não sabem ler e escrever. Talvez tenha chegado o momento – se é que ele já não se foi – de ter que começar tudo de novo.

9

A arte perdida do debate

Há muitos anos nós nos deliciamos com a promessa da era da informação. Dizem-nos que os efeitos sociais da revolução da comunicação incluirão uma procura insaciável por pessoas capacitadas, um aperfeiçoamento das habilidades requisitadas para o emprego e um público esclarecido capaz de acompanhar os assuntos do dia e de fazer juízos bem formados a respeito dos tópicos civis. Em vez disso, encontramos universitários graduados trabalhando em ocupações para as quais são superqualificados. A procura pelo trabalho servil supera a procura pelos trabalhadores com qualificação. Parece que a economia pós-industrial promove uma alta rotatividade de pessoas, um movimento veloz de um tipo de trabalho para outro, além de uma concentração crescente da força de trabalho em setores cindidos e retrógados no vocabulário técnico do mercado. A experiência recente não sustenta a expectativa de que as inovações tecnológicas, em particular as melhorias na área da comunicação, criarão uma abundância de trabalhos competentes, eliminando os desagradáveis e tornando, assim, a vida fácil para todos. Pelo contrário: o efeito mais importante é o de aumentar a lacuna entre a classe das pessoas com conhecimento e o resto da população, entre aqueles que se encontram dentro dos seus lares na nova economia global e os que "apreciam o pensamento de que a informação que chega a eles se torna cada vez mais ampla" conforme o tempo (nas palavras de Arno Penzias dos laboratórios AT&T Bell) e aqueles que, usando pouco os telefones celulares, as máquinas de fax, ou os serviços de informação on-line, ainda vivem no período ao qual Penzias se refere com desprezo como a Era de Papel.

A respeito da alegação de que a revolução da informação aumentaria o nível da inteligência pública, não é segredo algum que a sociedade sabe muito menos a respeito dos assuntos políticos do que no passado. Milhões de americanos não conseguem mais lhe dizer o que significa a Declaração Americana dos Direitos de 1789, o que o Congresso faz, o que a Constituição diz sobre os poderes da presidência, como surgiu o sistema de partidos ou como ele opera. Segundo uma pesquisa recente, uma maioria razoável acredita que Israel é uma nação árabe. Em vez de culparmos as escolas por essa ignorância desconsolada dos assuntos públicos, como é o nosso costume, deveríamos procurar em outro lugar por uma explicação mais completa, tendo em mente que as pessoas estão aptas a adquirir tal conhecimento assim que consigam pô-lo em uso. Já que o público não participa nos debates a respeito dos tópicos nacionais, não há mais motivo para que ele se informe sobre os assuntos cívicos. É a decadência do debate público, não o sistema escolar (por pior que ele esteja) que torna o público mal-informado, apesar de todas as maravilhas da era da informação. Quando o debate se transforma em uma arte perdida, a informação, mesmo que esteja prontamente disponível, não causa impressão alguma.

O que a democracia precisa é de um debate público vigoroso, não somente de informação. É claro que um necessita do outro, mas o tipo de informação que a democracia precisa pode ser gerada apenas por meio do debate. Nós não sabemos o que precisamos saber até fazermos as perguntas corretas, e nós podemos identificá-las apenas se submetermos nossas próprias ideias a respeito do mundo ao teste da controvérsia pública. A informação, geralmente vista como a precondição para o debate, é mais bem compreendida se for percebida como o resultado do seu produto. Quando entramos em uma discussão que nos dá foco

A arte perdida do debate

e estimula completamente nossa atenção, nos tornamos pesquisadores ávidos de informações relevantes. De outro modo, nós a teremos de forma passiva – se é que a teremos de qualquer maneira.

O debate político começou a entrar em decadência na passagem do século XIX para o século XX, curiosamente em uma época quando a imprensa se tornava mais "responsável", mais profissional, mais consciente das suas obrigações cívicas. No início do século XIX, a imprensa era ferozmente partidária. Até meados dele, os jornais eram geralmente financiados pelos partidos políticos. Mesmo quando eles se tornaram mais independentes dos partidos, não abraçaram o ideal de objetividade ou de neutralidade. Em 1841, Horace Greeley lançou o seu *New York Tribune* com o anúncio de que seria um "jornal que recusaria tanto o partidarismo servil de um lado, como a neutralidade afetada, amordaçada de outro". Editores temperamentais como Greeley, James Gordon Bennett, E. L. Godkin e Samuel Bowles se opuseram ao modo pelo qual as exigências da lealdade partidária interferiam na independência editorial, tornando o editor mais um "testa de ferro" de um partido ou de uma facção, mas eles nunca tentaram disfarçar suas próprias perspectivas ou impor uma separação estrita entre as notícias e o conteúdo editorial. Seus jornais eram publicações de opinião nas quais o leitor esperava encontrar um determinado ponto de vista, junto com uma crítica imperdoável aos outros pontos de vista.

Não é por acaso que esse tipo de jornalismo cresceu durante o período de 1830 a 1900, quando a participação popular na política estava no seu auge. Dos votantes aptos, 80% iam às urnas na época das eleições presidenciais. Depois de 1900, a percentagem começou a cair de forma aguda (de 65% em 1904 para 59% em 1912) e continuou assim por todo o século XX. Desfiles com tochas acesas, passeatas e embates de oratória como se fossem feitos por gladiadores fizeram da política do século XIX um objeto de consumo no interesse popular, no qual o jornalismo fazia o papel de extensão dos encontros comunitários. A imprensa do século XIX criou um fórum público em que os assuntos eram ardentemente debatidos. Os jornais não apenas publicavam as controvérsias públicas como participavam nelas, atraindo igualmente os seus leitores. A cultura impressa era baseada nos restos de uma tradição oral. A imprensa não era o meio exclusivo de comunicação, e ela jamais rompeu os seus laços com a linguagem falada. A linguagem impressa ainda era formada pelos ritmos e pelas exigências da oralidade, particularmente nas convenções da argumentação verbal. A imprensa servia para criar um fórum mais amplo para a palavra falada, não para demovê-la ou para alterá-la.

Os debates entre Abraham Lincoln e Stephen Douglas foram os exemplos supremos da tradição oral.[*] De acordo com os padrões atuais, Lincoln e Douglas romperam com cada regra do discurso político. Eles submeteram seu público (que era enorme e chegou a ter cerca de 15 mil pessoas em uma ocasião) a uma análise detalhada de assuntos complexos. Falaram com sinceridade, em um estilo pungente, coloquial e, às vezes, áspero, algo que poucos políticos fariam hoje. Tinham posições claras muito difíceis de serem negadas. Conduziam-se como se a liderança política carregasse uma obrigação de esclarecer assuntos em vez de apenas elegê-los.

O contraste entre esses famosos debates e os debates presidenciais dos nossos dias, nos quais a mídia define os assuntos e determina as

---

[*] Os debates entre Abraham Lincoln (1809-65) e Stephen Douglas (1813-61) aconteceram entre os meses de agosto e outubro de 1858. Lincoln era o candidato do Partido Republicano (a favor da União e contra a escravidão dos negros) e Douglas era o do Partido Democrata (defensor da soberania das federações, que dava o direito a cada uma delas decidir como quisessem o problema da escravidão). Esses encontros anteciparam muitas discussões que desembocariam na explosão da Guerra Civil Americana (1860-4). Além disso, os debates acabaram delimitando a forma atual de discussões acadêmicas adotada pelas universidades americanas quando se pretende discutir assuntos importantes. (N. T.)

A arte perdida do debate

regras básicas, é algo, sem dúvida, desfavorável para nós. O questionamento jornalístico dos candidatos políticos – que é o que o debate se tornou – tem a tendência de aumentar a importância dos jornalistas e de diminuir a dos candidatos. Os jornalistas fazem as perguntas – perguntas prosaicas e previsíveis, em sua maioria – e pressionam os candidatos por respostas específicas e imediatas, tendo o direito de interromperem ou de cortarem subitamente as respostas, em especial quando os candidatos parecem sair da pauta prevista. Para se prepararem para esse suplício, os candidatos dependem dos seus assessores para informá-los com fatos e números, citações e qualquer coisa que dê a impressão de uma competência ampla e impecável. Quando são confrontados por um exército de jornalistas prontos a encontrar cada passo em falso que deram, mas sempre com a ajuda do escrutínio frio e implacável da câmera de tv, os políticos sabem que tudo depende da administração das impressões visuais. Devem emitir uma aura de confiança e de decisão, além de jamais parecer estar perdido em suas palavras. A natureza da ocasião exige que eles exagerem o alcance e a eficácia da política pública, ao dar a impressão de que os programas de governo corretos e a liderança correta podem superar cada desafio apresentado.

Este formato necessita que todos os candidatos pareçam os mesmos: confiantes, sem perturbações, e, portanto, irreais. Mas também impõe a eles a obrigação de explicar o que os torna diferentes dos outros. Uma vez que a pergunta foi feita, ela responde por si mesma. De fato, a pergunta é inerentemente redutora e degradante, um bom exemplo do efeito da tv ao diminuir o objeto da expectativa, ao olhá-lo por trás do seu disfarce e assim derrubar qualquer pretensão. A pergunta, ao ser dita de maneira ríspida, mas com o tom necessário daquele ceticismo que permeia inevitavelmente uma grande parte da linguagem televisiva, revela ser gritantemente retórica. O que *o* faz ser tão especial? Nada.

Eis a pergunta fundamental que a TV nos apresenta, pois é da natureza desse meio nos ensinar com uma insistência implacável que ninguém é especial, por mais que diga o contrário. Neste ponto da nossa história, a melhor qualificação para se chegar ao posto mais alto da nação talvez seja uma recusa em cooperar com o programa da mídia que pretende inflar o próprio ego. Um candidato com a coragem de se abster dos "debates" organizados pela mídia seria automaticamente reconhecido como alguém diferente dos demais e teria uma boa parcela do respeito público. Os candidatos deveriam insistir em debater diretamente com cada um dos seus concorrentes em vez de responderem a perguntas que os colocam à mercê dos comentaristas e dos polemistas ideológicos. A passividade e a subserviência deles os diminuem aos olhos dos eleitores. Eles precisam recuperar o respeito por si mesmos ao desafiarem o prestígio da mídia como árbitros da discussão pública. A recusa de jogar pelas regras da imprensa tornaria as pessoas cientes da influência ampla e ilegítima da comunicação de massa na política americana. E providenciaria uma amostra peculiar de caráter que os eleitores reconheceriam e aplaudiriam.

O que aconteceu com a tradição que existia nos debates entre Lincoln e Douglas? Os escândalos da Era Dourada deram uma má reputação à política partidária. Eles confirmaram os enganos cometidos pelos "melhores" desde a ascensão da democracia de Andrew Jackson.* Por volta dos anos 1870 e 1880, uma opinião negativa a respeito da política foi amplamente compartilhada pelas classes educadas. Os reformadores

---

* A presidência de Andrew Jackson (1767-1845), datada de 1829 a 1837, é considerada por vários historiadores como responsável por estabelecer, de maneira negativa, o que hoje se chama "populismo" (e que nada tem a ver com a tradição política analisada por Lasch), sendo vista como uma inversão do que os "pais fundadores" dos Estados Unidos pretendiam fazer com a Declaração de Independência de 1789 e a Constituição de 1787. (N. T.)

polidos – segundo seus inimigos, os "magnatas"* – exigiam uma profissionalização da política, destinada a libertar o serviço civil do controle partidário e substituir os indicados políticos pelos especialistas treinados. Mesmo aqueles que rejeitaram o convite para declarar sua independência do sistema partidário, como Theodore Roosevelt (cuja recusa de renunciar ao Partido Republicano enfureceu os "independentes"), compartilhavam o entusiasmo pela reforma do serviço civil. Os "melhores" deveriam confrontar os apaniguados em seu próprio campo, segundo Roosevelt, em vez de recuarem às margens da vida política.

O desejo de purgar a política teve seu auge na era progressista. Sob a liderança de Roosevelt, Woodrow Wilson, Robert La Follette e William Jennings Bryan, os progressistas pregaram "eficiência", "bom governo", "bipartidarismo" e a "administração científica" dos assuntos públicos e declararam guerra ao "monopólio dos chefes". Eles atacaram o sistema que privilegiava a idade avançada existente no Congresso, limitaram os poderes do presidente da Câmara, substituíram os prefeitos pelos administradores urbanos e delegaram funções governamentais importantes para comissões repletas de administradores treinados. Ao reconhecerem que as máquinas políticas eram, na verdade, agências de bem-estar social de um tipo bem rudimentar, as quais dispensavam vagas de trabalho e outros benefícios a seus integrantes e, portanto, ganhavam a lealdade deles, os progressistas passaram a criar um Estado Paternalista como um modo para competir com as máquinas políticas. Lançaram investigações esclarecedoras a respeito de assuntos como crime, drogas, pobreza social e outros "problemas sociais". Defenderam a visão de que o governo era uma ciência, não uma arte. Criaram ligações entre o governo e a

---

* No original, "*mugwumps*". Trata-se de um termo pejorativo usado para um movimento de políticos que faziam parte do então Partido Republicano, mas que passaram a defender o Partido Democrata por conta de episódios de corrupção na eleição presidencial de 1884. Eram chamados de "magnatas" por seus opositores por se apresentarem moralmente superiores, acima da luta ideológica entre os partidos. (N. T.)

universidade para assegurarem um suprimento constante de especialistas e de conhecimento especializado. Mas davam pouca importância ao debate público. A maioria das questões políticas era muito complexa, na perspectiva deles, para ser submetida ao julgamento popular. Eles preferiram contrastar o especialista científico com o orador, sendo que o último era visto como um inútil cujas reclamações apenas confundiam a mente do público.

O profissionalismo na política significava o profissionalismo no jornalismo. A conexão entre os dois foi explicitada por Walter Lippmann em uma série notável de livros: *Liberty and the News* [Liberdade e as notícias], de 1920; *Opinião pública*, de 1922; e *The Phantom Public* [O público fantasma], de 1925. Eles criaram um mapa a ser usado como guia para o jornalismo moderno, a racionalização mais elaborada para uma imprensa guiada pelo novo ideal de objetividade profissional. Lippmann estabeleceu os padrões pelos quais a mídia ainda é julgada – e, em geral, com resultado a desejar.

O que nos preocupa, entretanto, não é se a imprensa manteve os padrões de Lippmann, mas, em primeiro lugar, como ele chegou a essas regras. Em 1920, Lippmann e Charles Merz publicaram "Liberdade e as notícias", um longo ensaio na revista *New Republic*, que examinou a cobertura da imprensa a respeito da Revolução Russa. Esse estudo, agora esquecido, mostrou que os jornais americanos deram aos seus leitores um relato da Revolução completamente distorcido por preconceitos antibolcheviques, viés de confirmação e pura ignorância.* O ensaio foi também motivado pelo colapso da objetividade jornalística durante a época da guerra, quando as publicações acreditaram em si mesmas como "as defensoras da fé". Segundo Lippmann, o resultado foi uma "ruptura

---

* Em contraste à observação de Lasch, Gay Talese escreveu em seu clássico *O reino e o poder*, em 1971, que Walter Duranty, correspondente do *Times* na Rússia, era considerado "um apologista de Stálin" pelos editores do próprio jornal. Posteriormente, descobriu-se que colaborou também com o jornal comunista *Daily Worker*. (N. T.)

com os meios de conhecimento público". A dificuldade continuou após a guerra ou a Revolução, os "destruidores supremos do pensamento realista". O comércio do sexo, da violência e do "interesse humano" – marcas registradas do jornalismo moderno das massas – fez surgir sérias perguntas sobre o futuro da democracia. "Tudo o que os críticos mais agudos da democracia alegaram que era verdade é que não há um modo recorrente de notícias relevantes e confiáveis."

Em *Opinião pública* e *The Phantom Public* [O público fantasma], Lippmann respondeu a esses críticos, de fato, ao redefinir o que seria a democracia. Para ele, a democracia não precisava que o povo governasse literalmente a si mesmo. O risco do público em relação ao governo era somente um procedimento burocrático. O interesse da sociedade não se estendia à substância da criação de leis: "O público está interessado na lei, não nas leis; no método da lei, não em sua substância". Essas questões de substância deveriam ser decididas pelos administradores especializados cujo acesso à informação confiável os imunizava contra os "símbolos" emocionais e os "estereótipos" que dominavam o debate público. O povo era incompetente para governar a si mesmo e mal se importava de fazer isso, de acordo com Lippmann. Contudo, desde que as regras do jogo justo fossem obrigadas a existir, o público deveria consentir a deixar o governo nas mãos dos especialistas – pois, dessa maneira, é claro, esses últimos seriam os responsáveis pela boa mercadoria, no caso a crescente abundância dos confortos e das conveniências que antes eram tão bem identificados com o modo americano de viver.

Lippmann reconhecia o conflito entre suas recomendações e a teoria já existente sobre a democracia, segundo a qual os cidadãos deveriam participar nas discussões de política pública e ajudarem, mesmo que de forma indireta, na elaboração das leis. A teoria democrática, de acordo com sua argumentação, possuía raízes em condições sociais que já não existiam mais. Ela pressupunha um "cidadão onicompetente", um "ás de quatro" que pode ser encontrado apenas em uma "comunidade simples e autossuficiente". No "vasto e imprevisível ambiente" do mundo moderno, o ideal antigo de cidadania estava obsoleto. Uma sociedade industrial complexa necessitava de um governo comandado por oficiais que precisavam ser guiados – uma vez que qualquer forma de democracia direta era agora impossível –, seja pela opinião pública, seja pelo conhecimento especializado. A opinião da sociedade era suspeita porque poderia ter sua unidade apenas por causa de frases de efeito e de "imagens simbólicas". A desconfiança de Lippmann em relação a esse tipo de opinião se baseava na distinção epistemológica entre o que era verdade e o que era mera opinião. Tal como a concebia, a verdade crescia conforme a pesquisa científica desinteressada; todo o resto não passava de ideologia. O escopo do debate público tinha de ser severamente reduzido. Na melhor das hipóteses, esse tipo de debate era uma necessidade desagradável – não era a essência exata da democracia, mas o seu "defeito primordial", o qual surgia apenas porque, infelizmente, o "conhecimento exato" era bem limitado. Em termos ideais, o debate público jamais deveria existir; as decisões deveriam ser feitas somente por meio de "padrões" científicos de "medidas". A ciência trespassava os "estereótipos e os chavões entremeados" e os "fios da memória e da emoção" que mantinham o "administrador responsável" completamente amarrado.

O papel da imprensa, tal como Lippmann o via, era o de fazer circular a informação, jamais o de encorajar a discussão. O relacionamento entre informação e discussão era algo antagônico, nunca complementar. Lippmann não defendia a postura de que a informação confiável era uma precondição necessária para uma discussão; pelo contrário, o seu ponto era o de que a informação prescindia da discussão, e essa última era completamente desnecessária. A discussão era o que acontecia na ausência da informação confiável. Lippmann se esqueceu do que aprendeu (ou deveria ter aprendido) com William James e John Dewey: a nossa busca por informação confiável deveria ser orientada pelas perguntas que surgem durante as discussões a respeito de um determinado tipo de ação. É apenas submetendo as nossas preferências e os nossos planos ao teste do debate que conseguiremos entender o que conhecemos e o que ainda precisamos aprender. Até o momento em que somos obrigados a defender nossas opiniões em público, elas continuam sendo opiniões no sentido pejorativo dado por Lippmann – convicções mal-formadas, baseadas em impressões aleatórias e afirmações feitas sem nenhum exame. É no ato de articular e de defender os nossos pontos de vista que os elevamos da categoria de "opinião", que dá a eles uma forma e uma definição, tornando possível sua compreensão e sua identificação com as experiências pessoais de outras pessoas. Em resumo: passamos a conhecer nossas próprias mentes apenas quando nos explicamos aos outros.

A tentativa de atrair outras pessoas ao nosso ponto de vista traz o risco, é claro, de adotar, em vez disso, o ponto de vista deles. Temos de adentrar, com a ajuda da imaginação, nos argumentos dos nossos oponentes, não apenas com a intenção de refutá-los, mas também para que possamos persuadir aqueles que devemos convencer. A discussão é arriscada e imprevisível e, portanto, educativa. Muitos de nós temos a pretensão de pensar a respeito da discussão (como pensava Lippmann) similar a um embate de dogmas rivais, uma disputa cheia de gritos na qual nenhum dos lados consegue ceder. Mas as discussões não são vencidas por causa dos oponentes que gritam sem parar. Elas são vencidas ao transformar as mentes desses oponentes – algo possível somente se escutarmos os argumentos de nossos opositores de modo respeitoso, e ainda assim persuadi-los de que há algo de errado com eles. E nesse processo podemos também concluir que há algo de errado com nosso próprio argumento.

A Revolta das Elites e a Traição da Democracia

Se insistirmos na discussão como a essência da educação, defenderemos a democracia não como a forma mais eficiente de governo, mas também como a mais educativa – a que estende o círculo do debate o máximo possível e assim impele todos os cidadãos a articularem seus pontos de vista, colocá-los sob risco, cultivando as virtudes da eloquência, a clareza de pensamento e de expressão, e um julgamento sadio. Como Lippmann observou, as comunidades pequenas são o *locus* clássico da democracia – não porque são "autossuficientes", mas por simplesmente permitirem que todos tenham seu papel nos debates públicos. Em vez de desprezar a democracia direta como algo irrelevante às condições modernas, precisamos recriá-la em uma escala mais ampla. E, sob este ponto de vista, a imprensa se torna o equivalente do encontro comunitário.

De fato, era o que Dewey dizia – apesar de, infelizmente, não afirmar isso com clareza – em *The Public and Its Problems* [O público e seus problemas], de 1927, um livro escrito em resposta aos estudos derrogatórios de Lippmann a respeito da opinião pública. A distinção feita pelo jornalista americano entre verdade e informação se baseava em uma "teoria do conhecimento meramente espectadora", como James W. Carey explica em seu estudo "A abordagem cultural da comunicação". Lippmann entendia que conhecimento é o que temos quando um observador, de preferência um observador treinado no âmbito da ciência, nos dá uma cópia da realidade que todos podemos reconhecer. Por outro lado, Dewey sabia que até mesmo os cientistas discutiam entre si. "A pesquisa sistemática", ele dizia, era somente o início do conhecimento, não a sua forma final. O conhecimento que toda a comunidade precisava – seja uma comunidade de pesquisadores científicos ou uma comunidade política – surgia apenas do "diálogo" e da "troca direta de informações".

É significativo que, como mostra Carey, a análise da comunicação feita por Dewey acentuava a faculdade da audição em vez da visão. "A conversação", escreveu o educador,

176

tem um significado vital que falta nas palavras fixas e petrificadas do discurso escrito. [...] As conexões feitas pelo ouvido com as emoções e com o pensamento contínuo e vital são imensamente próximas e muito mais variadas do que as feitas com o olho. A visão é um espectador; a audição é um participante.

A imprensa expande o escopo do debate ao complementar a palavra falada com a palavra escrita. Se ela precisa se desculpar por qualquer coisa, não é porque a palavra escrita se tornou uma pobre substituta para a linguagem pura da matemática. Neste tipo de conexão, o importante foi que a palavra escrita se tornou uma substituta pobre para a palavra falada. Contudo, ela tornou-se uma substituta aceitável desde que a palavra escrita tenha a palavra falada como modelo do seu tipo de comunicação – e não a matemática. Segundo Lippmann, a imprensa era duvidosa porque ela jamais poderia nos dar representações precisas da realidade, apenas "imagens simbólicas" e estereótipos. A análise de Dewey implicava uma linha mais estimulante de crítica. Como Carey acrescenta, "a imprensa, ao ver o seu papel como o de alguém que informa o público, abandonou o papel de transmitir o que havia na conversação da nossa cultura". Tendo abraçado o ideal de objetividade de Lippmann, a imprensa não serve mais para cultivar "certos hábitos vitais" na comunidade: "a habilidade de seguir uma linha de raciocínio, captar o ponto de vista do outro, expandir as fronteiras da compreensão e debater as propostas alternativas que devem ser discutidas".

A ascensão paralela da publicidade e das agências de relações públicas ajuda a explicar por que a imprensa abdicou da sua função mais importante – ampliar o fórum público – ao mesmo tempo em que se tornou mais "responsável". Uma imprensa responsável, oposta a uma que fosse plena de opinião ou partidária, atraía o tipo de leitor que os publicitários estavam ansiosos para alcançar: os que têm muito dinheiro, a maioria com a presunção de serem eleitores independentes. Esses leitores queriam ter a certeza de que estavam lendo todas as notícias que deveriam ser impressas, nunca as idiossincrasias de um editor e, sem dúvida, jamais um ponto de vista enviesado. A responsabilidade passou a ser igualada com a proibição da controvérsia porque os anunciantes estavam dispostos a pagar por isto. Alguns publicitários também estavam dispostos a pagar por sensacionalismo, apesar de, em geral, preferirem um público respeitável em vez do aumento do número de vendas. O que eles claramente não queriam era "opinião" – não porque estavam impressionados com a filosofia dos argumentos de Lippmann, mas porque o relato parcial não garantia a audiência desejada. Sem dúvida, também esperavam que uma aura de objetividade, a marca registrada do jornalismo responsável, apagasse os anúncios que cercavam cada vez mais as estreitas colunas de texto impresso.

Em uma curiosa reviravolta histórica, os anúncios, a publicidade e outras formas de persuasão comercial passaram a existir disfarçadas de informação. Elas substituíram o debate aberto. "Persuasores ocultos" (como Vance Packard os chamava) tomaram o lugar dos antigos editores, dos ensaístas – e os oradores não fizeram nenhum segredo da parceria que tinham com eles. A informação e a publicidade se tornaram cada vez mais indistintas. Grande parte das "notícias" em nossos jornais – 40%, segundo a estimativa conservadora do professor Scott Cutlip, da Universidade de Geórgia – consiste de itens copiados das agências internacionais e de relações públicas e depois regurgitados, sem modificações, pelos órgãos "objetivos" de jornalismo. Crescemos acostumados com a ideia de que boa parte do espaço nos jornais, por assim dizer, está tomado pelos anúncios – pelo menos, dois terços na maioria das publicações. Mas se considerarmos as relações públicas como outra forma de publicidade, pois as empresas particulares as financiam com intenções comerciais, agora temos de ficar acostumados com a ideia de que a maioria das "notícias" também não passa de propaganda.

A arte perdida do debate

O declínio da imprensa partidária e a ascensão de um novo tipo de jornalismo que defendia padrões rigorosos de objetividade não asseguram um fluxo contínuo de informação útil. A informação inútil é gerada por um constante debate público, irrelevante no melhor dos casos, e manipulador e equivocado no pior. Já a informação crescente, gerada por aqueles que pretendem promover alguma coisa ou alguém – um produto, uma causa, um candidato político ou um funcionário público –, sem defender sua opinião por seus próprios méritos, nunca é explicitada pelo aviso de que a sua fonte tem interesses publicitários. A maioria da imprensa, em sua ânsia de informar o público, tornou-se um meio para algo semelhante à correspondência indesejada. Como a agência de Correios – outra instituição que antes servia para ampliar a esfera da discussão face a face e para criar "comitês de cartas" –, agora entrega uma abundância de informação sem valor e indigesta que ninguém deseja, sendo que boa parte dela tem como fim o descarte completo. O efeito mais importante dessa obsessão com a informação, além da destruição das árvores e o fardo que se tornou a "administração de detritos", é minar por dentro a autoridade da palavra. Quando as palavras são usadas apenas como instrumentos de publicidade ou de propaganda, elas perdem o seu poder de persuasão. Em breve, perderão qualquer sentido. Assim, as pessoas também perdem a capacidade de usar a linguagem de forma expressiva e precisa ou até mesmo de distinguir uma palavra da outra. A palavra oral se espelha na palavra escrita e não o contrário, e o discurso comum passa a soar como o jargão túrgido que lemos na imprensa. E, então, esse tipo de discurso começa a parecer como "informação" – um desastre do qual talvez a língua inglesa jamais se recupere.

10

O pseudorradicalismo acadêmico: a farsa da "subversão"

Os debates a respeito da educação superior, como são relatados na mídia americana, reforçam a impressão de que as novas elites vivem em um pequeno mundo, fechado em si mesmo, descolado das preocupações cotidianas dos homens e das mulheres comuns. As batalhas ruidosas em torno do "cânone", que convulsionam as faculdades no topo das listas de melhores instituições de ensino, são completamente irrelevantes na situação da educação superior como um todo. As faculdades estaduais com duração de ensino de quatro anos e as faculdades estaduais com extensão de dois anos estão, acima de tudo, convocando um número muito maior de estudantes do que as universidades com prestígio, como Harvard e Stanford, as quais recebem um nível desproporcional de atenção. Por volta de 1990, mais da metade dos calouros da nação já tinha passado pelas faculdades comunitárias. Graças às altas mensalidades, a classe média foi forçada a sair das escolas glamourosas que se encontram no ápice do sistema educacional. O alistamento crescente dos grupos de baixa renda, notavelmente os negros e os hispânicos, obscureceu um desenvolvimento mais importante – o da gentrificação das principais universidades e das faculdades, tanto públicas como particulares. Segundo Russell Jacoby, cujo livro *Dogmatic Wisdom: How the Culture Wars Have Misled America* [Sabedoria dogmática: Como as guerras culturais desviaram a América] nos dá uma correção salutar à ênfase habitual nas instituições de elite, mais de 60% dos calouros que entraram na UCLA (Universidade da Califórnia, Los Angeles) em 1991 vieram de famílias com renda superior a 60 mil dólares, 40% com renda superior a 100 mil dólares. Os espectadores aplaudem a diversidade étnica, mas não conseguem perceber a "homogeneidade afluente", segundo as palavras de Jacoby, que "dá o falso clamor de que existem diferenças culturais amplas entre os estudantes".

A estratificação econômica significa que uma educação liberal (tal como ela existe) tornou-se uma prerrogativa dos ricos, em conjunto com um número menor de estudantes recrutados das seletas minorias. A grande maioria dos estudantes universitários, relegados às instituições que desistiram principalmente da pretensão de uma educação liberal, estuda negócios, administração, educação física, relações públicas e outros assuntos de ordem prática. Eles têm pouco treino com a escrita (a não ser que "inglês comercial" seja um substituto aceitável), raramente leem um livro e conhecem muito pouco de história, filosofia ou literatura. O único contato que têm com a cultura é por meio de cursos obrigatórios como "Introdução à sociologia" e "Biologia geral". Boa parte deles possui trabalhos de meio período que, de qualquer forma, deixam pouco tempo para a leitura e para a reflexão. Enquanto os liberais de esquerda e os conservadores debatem a revisão de um currículo supostamente "eurocêntrico", políticas destinadas a promover a diversidade racial e a "sensibilidade", e as implicações teoréticas do pós--estruturalismo, o assunto fundamental passa desapercebido: o abandono da missão histórica da educação americana – a da democratização da cultura liberal.

Da esquerda acadêmica, que afirma falar pelo povo, pode ser esperada a resistência à reestruturação da educação superior que o deixasse ser efetivamente abandonado ao seu próprio destino. Mas, hoje em dia, os radicais acadêmicos estão mais interessados na defesa dos seus privilégios profissionais contra as críticas que vêm de fora. Joan Scott, professora do Instituto de Estudos Avançados de Princeton, despreza essas críticas como o trabalho de "eruditos desiludidos" e de "intelectuais marginais". Os acadêmicos de tendência esquerdista não se dão ao trabalho de argumentar com opositores ou de entender o ponto de vista deles. Eles falam, com uma complacência irritante, como membros de um estamento profissional que desistiu de tentar se comunicar com uma audiência mais ampla, seja como professores ou como escritores. Defendem o seu jargão incompreensível como a linguagem da "subversão", com o discurso comum sendo catalogado como um instrumento de opressão. "A linguagem da 'clareza', dizem, "tem [...] um papel dominante em uma cultura que usa, de maneira hábil e poderosa, uma linguagem 'clara' e 'simplista' para sistematicamente minar por dentro [...] o pensamento complexo e crítico". Segue-se que apenas os colegas especialistas estão qualificados para falar a respeito da condição das humanidades. Jacoby cita Michael Berube, um professor de inglês, que reduz as críticas jornalísticas sobre a Academia sob os termos de que a "teoria de recepção", o "novo historicismo" e outros mistérios são acessíveis apenas aos iniciados. Os "vândalos acadêmicos", segundo um outro professor de tendências radicais, "falharam em aprender as novas linguagens críticas" e, portanto, devem ser ignorados. Fredric Jameson, na prática um dos líderes dos "estudos culturais", se surpreendeu com o fato de os leigos terem a expectativa de que o seu trabalho fosse "legível" – "disposto com a mesma elegância ociosa de uma revista de decoração de interiores" –, quando eles jamais fariam a mesma exigência da "física nuclear, da linguística, da lógica simbólica" e de outros grupos de especialistas. Um dos admiradores de Jameson, David Kaufmann, insiste em que a "prosa técnica" dele prova que a teoria cultural está agora no mesmo nível das ciências exatas.

Este tipo de conversa ajuda a impulsionar a autoimagem criada pelas humanidades e a manter sua autoestima diante das críticas, mas não funciona muito quando estamos fora da Academia. O público em geral escuta conservadores como William Bennett, Allan Bloom e Lynne

Cheney porque eles se dirigem à percepção cada vez mais crescente de que o sistema educacional está se desintegrando e parecem ter coisas importantes a dizer sobre a crise dessa situação. Por outro lado, as pessoas no espectro da esquerda – com notáveis exceções, como Jacoby – se recusam a enfrentar o assunto com seriedade. Na visão deles, não há crise alguma. O único problema com o sistema educacional é que ele é ainda resistente às tendências da mudança cultural. Essa mudança que está a acontecer – em geral, resumida como uma moda rumo ao "pluralismo" cultural – terá efeitos benéficos se eles tiverem a autorização para continuar. Introduziriam novas vozes e novos pontos de vista em um sistema dominado há muito tempo pelos machos brancos. Corrigiriam o cânone das obras-primas reconhecidas ou então o destruíram com a ideia "elitista" de que haveria a existência deste mesmo cânone. O pluralismo cultural destruirá o respeito exagerado pela grande arte e pela alta cultura que serviu apenas para excluir as minorias oprimidas. Encorajará os hábitos críticos do pensamento e esclarecerá que nada mais é sagrado, em especial de que nada está imune à própria crítica.

Estas metas podem ser ou não ser desejáveis, mas não abordam o assunto que perturba os críticos da educação. Falar de pluralismo e de diversidade não dá conforto nenhum quando os jovens não parecem aprender a ler ou a escrever; quando eles se formam com nada mais, nada menos que um arremedo de cultura; quando o nível de conhecimento geral deles cresce de maneira cada vez mais frágil a cada dia que passa; quando não conseguem reconhecer alusões a Shakespeare ou aos clássicos ou à Bíblia ou até mesmo ao passado histórico do seu próprio país; quando os índices do SAT* declinam; quando a habilidade manual e a produtividade dos americanos não causam mais inveja ao

---

* SAT é um exame educacional estabelecido nos Estados Unidos, similar ao nosso ENEM, que serve como critério de avaliação dos estudantes do ensino médio para ingressar nas universidades norte-americanas. (N. T.)

resto do mundo; e quando a educação superior é citada amplamente como o motivo do sucesso econômico de nações como o Japão ou a antiga Alemanha Ocidental. Esses são os desenvolvimentos que perturbam as pessoas comuns, e qualquer conversa séria sobre o assunto da educação deve se referir a eles.

Essas conversas também se relacionam à percepção do declínio moral, à crença de que as nossas crianças crescem sem os valores necessários. Os críticos do relativismo moral e do "humanismo secular" podem simplificar o tópico da discussão, mas as preocupações deles não devem ser desprezadas imediatamente. Muitos jovens estão à deriva, em termos morais. Eles se ressentem das exigências éticas da "sociedade" como violações da sua liberdade pessoal. Acreditam que seus direitos como indivíduos incluem o direito de "criar seus próprios valores", mas não podem explicar o que isso significa, além do direito de fazerem o que quiserem. Não parecem entender a ideia de que os "valores" implicam algum princípio de obrigação moral. Insistem sobre não dever nada à "sociedade" – uma abstração que domina suas tentativas de pensar sobre assuntos sociais e morais. Se eles se adaptam às expectativas sociais, é somente porque essa conformidade quase não oferece o argumento de resistência.

Os debates sobre educação parecem os debates a respeito da família, um assunto com o qual tem suas semelhanças. A direita fala sobre o declínio e a crise, a esquerda fala sobre o pluralismo e a diversidade. A direita não oferece uma explicação convincente para o problema, sequer uma solução, mas ao menos reconhece a sua existência: os divórcios frequentes; o crescimento das casas comandadas por mulheres; as relações pessoais instáveis; os efeitos arrasadores dessa mesma instabilidade no temperamento das crianças. Para a esquerda, essas coisas são os sinais saudáveis da mudança, um movimento que supera o núcleo familiar dominado pelos machos e ruma para uma estrutura familiar pluralista na qual as pessoas serão capazes de escolher em um amplo escopo de arranjos de vida. O fato de que um tipo de arranjo deve ser socialmente sancionado agride os progressistas como algo tão condenável quanto uma cultura ou um currículo comum. A transição da uniformidade ao pluralismo, argumentam, pode gerar confusão, mas a confusão é um preço muito pequeno pela liberdade de escolha.

Para quem não aceita essa visão ingênua das coisas, esses argumentos apenas disfarçam o colapso da família como se fosse um progresso. Da perspectiva deles, a mesma objeção pode se aplicar àqueles que defendem as modas mais recentes nas humanidades, sob a afirmação de que "são precisamente essas coisas agora defendidas como fiascos nas humanidades que, na verdade, indicam transformações vitais".[1]

É fácil mostrar que as percepções conservadoras sobre a crise cultural, sejam elas incitadas pela condição da família ou pelo estado da educação superior, são geralmente exageradas ou então mal-informadas. A afirmação de que o marxismo passou a dominar a vida acadêmica não se sustenta nem mesmo em uma investigação casual. Se o marxismo não é mais automaticamente suspeito, é porque ele não é mais a fonte principal de ideias radicais. O marxismo "cedeu tacitamente à afirmação de que era o estado dominante no discurso radical", como observou Martin Jay. Mas isso não assegura a questão de que o "discurso radical" dá ou não dá o tom da vida acadêmica, pelo menos nas humanidades. O próprio Jay observa que o "novo jargão da 'raça-gênero-classe'" é "agora invocado com uma previsibilidade acachapante em certas discussões acadêmicas". Se este é o caso, precisamos prestar atenção ao que os críticos conservadores estão dizendo sobre essa nova forma de "discurso radical". Também não podemos ignorar aqueles que atacam este pseudorradicalismo e que são da esquerda. Com aquilo que podemos chamar de previsibilidade acachapante, Jay despreza a crítica de Jacoby sobre o radicalismo acadêmico no livro *Os últimos intelectuais* como se fosse uma "lamentação nostálgica" pelo declínio dos "*soi-disant* intelectuais universais capazes de falar sobre e para toda a sociedade".

O pseudorradicalismo acadêmico

Se a crítica social de fato precisa de uma suposição de universalidade é um assunto importante ao qual retornarei, mas a pergunta não respondida pelo desprezo casual de Jay ao que escreveu Jacoby é se seria possível algum tipo de crítica social florescer quando o "discurso radical" ascendente nas humanidades tem tão pouco contato com o mundo fora da Academia.

Roger Kimball não está particularmente interessado no destino da crítica social, mas o seu ataque contra o radicalismo acadêmico, *Radicais nas universidades*, pode ser lido com muito gosto pelo leitor que pensa o mesmo. Kimball é o editor-assistente da revista *The New Criterion*, fundada em conjunto com Hilton Kramer, um dos últimos bastiões do modernismo e da alta cultura. Isso é o suficiente para desacreditá-lo aos olhos daqueles cujas leituras consistem principalmente nas revistas acadêmicas como *Yale French Studies*, *New German Critique*, *Critical Inquiry*, *Social Text* e *October*. Na era do "pós-moderno", do "pós--humanista", do "pós-estrutural" e do "pós-contemporâneo", a defesa da *The New Criterion* do modernismo literário – uma defesa feita formalmente pelos intelectuais de vanguarda antes reconhecidos pela esquerda – a coloca indiscutivelmente no campo reacionário. Mas qualquer um que leia o livro de Kimball com uma mente aberta reconhecerá a exatidão de muitas de suas observações. Ao traduzir a "verborragia inchada" do desconstrutivismo para o inglês, ele desinfla suas pretensões e mostra o "quão longe" ela pode "penetrar na credulidade do leitor sem fazer concessões ao senso comum". Kimball mostra, por exemplo, como Michael Fried pode distorcer a pintura de Courbet, *A caçada*, em uma representação metafórica da castração, da violência infligida pelo artista sob a natureza; mostra como vários teóricos da arquitetura "podem achar que ela na verdade é sobre 'questionar a forma', subverter 'a lógica dos muros' etc., e não sobre a construção de prédios apropriados e úteis, talvez até mesmo belos"; e mostra como apologistas de Paul de Man, ao serem confrontados com seus artigos em defesa dos nazistas na época da guerra, podem reduzir a controvérsia sobre ele a um mero debate sobre linguagem.

Kimball expõe o carreirismo que há sob toda essa "atmosfera intelectualizante" sobre a indeterminação da linguagem e o estado problemático da virtude e da identidade. Os novos humanistas são aparentemente indiferentes ao mundo do dia a dia ao insistirem que a linguagem, a arte e até mesmo a arquitetura se referem somente a eles mesmos, e assim se tornam mundanos o suficiente quando resolvem lidar com a própria ascensão na hora de se promoverem academicamente. Os estudos literários se tornaram autorreferentes de um jeito não intencionado pelos que se aprofundam na inescapável autorreferência da linguagem: a função principal deles é criar reputações acadêmicas, preencher as páginas dos periódicos acadêmicos e manter o empreendimento dos estudos literários. O desprezo pelo público em geral, algo nítido na obra dos novos teóricos literários, reflete uma convicção sem garantia de sua superioridade intelectual, mas também revela que ninguém consegue um cargo nas universidades escrevendo para pessoas comuns.

Já que o novo estamento humanista afirma ser contra todos os outros estamentos, sempre ao lado das minorias oprimidas que foram excluídas do "cânone" acadêmico, é importante reconhecer a condescendência com a qual ele observa não apenas o público fora da Academia, mas também as minorias a serviço do qual pretende falar. Como Kimball argumenta, a afirmação de que os escritos produzidos pelos "machos brancos ocidentais antes de 1900" – agora um termo corrente de repreensão – são inacessíveis às mulheres, aos negros e aos latinos, mostrando pouco respeito pela inteligência desses grupos ou aos seus poderes de identificação por meio do imaginário. Esse tipo de pensamento "implica que os feitos mais elevados da civilização são, de alguma forma, fora dos limites ou então inacessíveis a certos grupos", segundo as palavras de Kimball. A "retórica da emancipação" da academia revela ser "profundamente exclusiva – e alguém pode até mesmo dizer que é racista e sexista" em suas afirmações subliminares. É como se as pessoas comuns – em especial se pertencerem a um grupo étnico excluído – não pudessem ler os clássicos com algum nível de compreensão, se é que de fato compreenderiam algo. Portanto, o currículo deve ser redesenhado para enfatizar cinema, fotografia e livros que não façam qualquer exigência ao leitor – tudo em nome da democratização da cultura.

O estudo da cultura popular, segundo os autores de *Speaking for the Humanities* [Falando pelas humanidades], um manifesto recentemente publicado pela esquerda acadêmica, "dá aos estudantes uma estrutura a qual eles podem criticar os materiais que consomem diariamente e sem reflexão". Pode-se ter ou não uma feliz consequência disso, mas suspeita-se que essa forma agrada a vários professores simplesmente porque seria mais acessível aos estudantes do que ler livros repletos de alusões irreconhecíveis às tradições culturais e aos eventos históricos que estão além da sua experiência imediata. Aqueles que celebram o "vigor e a pertinência da discussão contemporânea nas humanidades" argumentam, com muita razão, que a "instrução na alteridade" é "uma das maiores funções no estudo humanístico". Mas essas reformas geralmente produzem o efeito contrário. Sob o nome do pluralismo, os estudantes são privados do acesso a essa experiência além do seu horizonte imediato e, mais, são encorajados a renegar boa parte dela – em geral, preservada nas obras de estatura clássica – como se fosse a cultura dos "machos brancos ocidentais". Na melhor das hipóteses, a exposição à "alteridade" revela ser uma rua de mão única. As crianças privilegiadas são impelidas – até mesmo intimadas – a aprender alguma coisa sobre "interesses, situações, tradições marginalizadas e suprimidas", mas os negros, os latinos e outras minorias são excluídao da exposição à "alteridade" na obra dos "machos brancos ocidentais". Trata-se de um duplo padrão vicioso, disfarçado de tolerância e que nega a essas minorias os frutos da vitória pelas quais elas lutaram tanto para conquistar: o acesso à cultura mundial. A mensagem subliminar de que são incapazes de apreciar ou de adentrar nessa cultura surge tão claramente no novo "pluralismo" acadêmico como acontecia com o antigo, por meio dos conceitos de intolerância e exclusão; e fica ainda mais evidente quando essa exclusão se baseia no medo em vez do desprezo. Visto dessa maneira, os donos de escravos temiam que o acesso ao melhor da cultura euro-americana incentivaria o gosto pela liberdade.

O exemplo de Frederick Douglass (ou de W. E. B. Du Bois, Langston Hughes, Richard Wright, Ralph Ellison, Harold Cruise e outros intelectuais negros) mostra que tais temores não estavam equivocados. Douglass relembra em sua autobiografia que começou a estudar a arte da retórica após ter lido a respeito de um escravo que discutiu a defesa da liberdade de maneira tão eloquente que conseguiu convencer seu senhor. Segundo ele, Douglass mergulhou no mundo dos consagrados mestres da oratória inglesa do século XVIII – Pitt, Sheridan, Burke e Fox. "A leitura desses discursos", escreveu, "me ajudou muito com meu vocabulário limitado e me permitiu expressar vários pensamentos interessantes que mal surgiam na minha alma e já morriam porque não conseguiam ser articulados". Nos nossos dias, esses mesmos discursos seriam renegados como objetos de estudo inapropriados para os negros, porque fazem parte de um cânone odioso de opressão (apesar de que, na verdade, eles desapareceram do cânone há muito tempo) ou de uma perpetuação da qual se serve somente para impor ainda mais o imperialismo cultural dos machos brancos. Mas Douglass não parou para se perguntar – pobre e piedoso que era – se o espírito de um negro se deformaria com a exposição à cultura do opressor ou se a defesa da liberdade seria mais bem argumentada no idioma do seu próprio povo (ou feito não por meio de raciocínios, mas por meio da força), e mesmo que a eloquência da Era Agostiniana deixasse de existir pelos padrões do século XX, essa última lhe deu uma voz própria com a qual se tornou possível participar do debate público sobre a escravidão dominante da sua época. Seus estudos não diminuíram o seu compromisso com a liberdade ou a sua identificação com o seu próprio povo; porém, permitiram-lhe falar ao benefício deles, principalmente para articular e ordenar "pensamentos interessantes" que, de outra forma, permaneceriam confusos, incoerentes, sufocados e abortados. O poder do discurso – conquistado por meio de algo similar a uma educação clássica – lhe deu acesso tanto ao mundo interior dos seus próprios pensamentos como ao mundo público onde o destino do seu povo seria decidido para o melhor e para o pior.

A maioria dos atalhos do nosso sistema educacional pode estar conectada, de uma maneira ou de outra, à inabilidade crescente de acreditar seja na realidade do mundo interior ou na do mundo público, seja em um núcleo estável da identidade pessoal ou em uma política que surge acima do nível de lugares comuns e da propaganda.

A simplificação do currículo das humanidades, na nossa época, não trouxe o crescimento de matrículas em seus departamentos. Os estudantes entendem claramente que os cursos de humanas raramente oferecem algo além de "postura ideológica, cultura pop e jogos de palavras herméticos", segundo a expressão de Kimball. Sem dúvida, ele não leva em conta a pressão nos estudantes para que aprendam assuntos que os levariam diretamente a ter mais empregos, mas sem dúvida nenhuma é também verdade, segundo minha experiência, que esses mesmos estudantes – os melhores – rejeitam a privação de cultura popular e de teoria literária, afirmando que os "textos" se referem apenas a si mesmos e a outros textos e, portanto, não têm o poder de alterar o modo como nós vivemos. Penso que eles também estão fartos do modo proeminente de crítica cultural, como diz Kimball, "na qual nada é devidamente compreendido até ser exposto como algo corrupto, ambíguo ou hipócrita".

Segundo Kimball, as teorias linguísticas tão influentes nas humanidades, em seu fascínio pela ambiguidade ou pela imprecisão na linguagem, superestimaram o "meio termo que há entre o ceticismo niilista e a crença ingênua". Os partidários dessas teorias defendem um falso padrão de objetividade desinteressada, uma visão "supracartesiana" da linguagem como um "meio perfeitamente transparente que transcreve nossos pensamentos sobre o mundo sem nenhuma perda ou falta de clareza no seu sentido", para depois concluírem que, uma vez que a linguagem não pode ter tal padrão, também não pode afirmar nada sobre nenhuma verdade. Essa é uma crítica evidente de um cinismo que se recusa a distinguir entre ideias e propaganda, entre discussão e guerra ideológica. Mas Kimball mistura as coisas sem discriminação. Ele não arrefece com a acusação a respeito dos niilistas que insistem com seus argumentos invariavelmente políticos, no sentido mais rude da palavra, ou com os vencedores que detêm o poder para impor seus pontos de vista para outras pessoas. Kimball a amplia para qualquer um que duvide da ânsia por fundamentos epistemológicos. "O fundacionalismo", observa com desaprovação, "surgiu como o bode expiatório para vários humanistas acadêmicos contemporâneos". Contudo, é mais do que um bode expiatório; é um caso sério que não pode ser resolvido ao citar os excessos e os absurdos daqueles que se protegem nos chavões do antifundacionalismo sem entender qual é o assunto do debate.

O ataque contra o fundacionalismo não é somente mais uma moda acadêmica, apesar de ter se tornado uma nova tendência em algumas áreas de humanas. Ele aparece do mesmo tipo de consideração que perturba Kimball: o temor de que a "procura pela certeza", como John Dewey a chamou, entre em colapso por causa do ceticismo, tão logo se revele que a certeza intelectual não passa de uma ilusão. A esperança de fortalecer nosso conhecimento do mundo por meio de proposições desassossegadas pela dúvida – a esperança que inspirou a revolução cartesiana na filosofia, a revolução científica no século XVII e a maior parte do Iluminismo – foi destruída, e a tentativa de medir as consequências deste colapso é o tema da filosofia do século XX. Vários filósofos tentaram resgatar a antiga epistemologia ao limitar o alcance do discurso filosófico para perguntas formais e técnicas sobre as quais, supostamente, seria possível comentar com precisão matemática. Outros insistiram que nada permanece além do ceticismo completo. Uma terceira escola, que inclui as diversas variações do pragmatismo do século xx, assegura que a impossibilidade da certeza não exclui a possibilidade do discurso razoável – de afirmações que dão um consenso provisório, mesmo que faltem a elas as fundações inabaláveis que seriam, portanto, sujeitas a revisões.

Inevitavelmente, os debates filosóficos sobre o fundacionalismo influenciaram as humanidades – por exemplo, ao promoverem uma perspectiva mais positiva da ideologia em relação ao modo como ela era vista no passado. Assim, Clifford Geertz diz que o descrédito da ideologia ocorrido no pós-guerra, feito por cientistas sociais como Raymond Aron, Edward Shils, Daniel Bell e Talcott Parsons, teve, como consequência, a proscrição não só de afirmações políticas autoverificáveis, mas também todas as afirmações que não eram sujeitas à confirmação científica (isso aconteceu antes de Thomas Kuhn incitar a dúvida na própria ideia de verificação científica). Em outras palavras, a crítica contra a ideologia provocou o banimento de todo um vasto arcabouço de alusões, de símbolos, de metáforas e de estratégias de comunicação com grande peso emocional, tanto da discussão política como no estudo sério de como funciona a sociedade. O ataque contra a ideologia feito no século xx ecoou o ataque feito pelo Iluminismo contra a religião, ao comprometer a análise do pensamento político (ao reduzi-lo a mentiras, distorções e racionalizações) do mesmo modo que a análise do pensamento religioso foi comprometida ao ser reduzida a uma espécie de superstição.[2]

Se Geertz estiver correto, o cinismo que não faz distinção entre poder e persuasão já estava implícito na crítica neopositivista contra a ideologia, a retórica que era inegavelmente reminiscente da retórica do ateísmo militante. Aqueles que vislumbraram o fim da ideologia no futuro esperavam que a discussão política ficasse restrita às questões técnicas sobre as quais somente os especialistas concordariam entre si. Quando o fim da ideologia não se materializou, foi fácil concluir, com Foucault e Derrida, que o conhecimento de qualquer tipo é apenas uma função do poder ou, como Stanley Fish apontou, que "o poder cria o justo" se isto significa que "na ausência de uma perspectiva independente de interpretação sempre haverá alguma perspectiva interpretativa que dominará ao vencer completamente os seus competidores". Por outro lado, Geertz argumenta que uma determinada ideologia prevalecerá no combate com as outras ideologias não porque seus defensores têm o poder de silenciar a oposição, mas sim porque ela dá um "melhor" mapa da realidade, um guia mais confiável para a ação. A sua reabilitação da ideologia – e, por extensão, a crítica que faz ao fundacionalismo, mesmo em algumas das suas variações – possui a função de reabrir a oportunidade de submeter os assuntos políticos e morais a uma discussão séria, ao refutar aqueles que negam a possibilidade de defender, de forma inteligente, qualquer posição política ou moral.

Em resposta às críticas feitas pela direita a respeito das ciências humanas, os autores de *Speaking for the Humanities* [Falando pelas humanidades] sintetizam a posição cética quando escrevem o seguinte: "Aprendemos a perguntar se as afirmações universalistas não promovem, de fato, as preocupações de um grupo particular como norma geral e deixam de lado as preocupações de outros grupos". Mas "afirmações universalistas" não podem ser deixadas de lado tão facilmente. Como Gramsci nos ensinou há anos, nenhuma ideologia poderia ter "hegemonia" se fosse útil apenas para legitimar os interesses de uma classe particular e "deixar de lado" os dos outros. É a capacidade delas de falarem sobre os desejos humanos permanentes e sobre os desejos que fazem essas ideologias serem fascinantes, apesar das suas visões de mundo serem cegas em relação às suas próprias limitações. No anseio

O pseudorradicalismo acadêmico

de que as ideologias expressariam aspirações universais, os seus críticos precisam discutir de acordo com os mesmos fundamentos, não apenas para refutá-los como racionalizações autorreferentes. A necessidade de argumentar com base neste mesmo campo – e não na concórdia universal a respeito de certezas epistemológicas – é o que cria a possibilidade de uma cultura em comum.

Kimball enfatiza corretamente o desejo por esse tipo de cultura, mas sua distinção rígida entre "julgamento objetivo" e "imparcial" e a "pressão *parti pris*" – entre a "descrição desapaixonada" e "propaganda partidária", "verdade" e "persuasão", "razão" e "retórica" – deixa pouco espaço para o trabalho importante do debate intelectual. A descrição jamais é "desapaixonada", exceto se ela comenta assuntos sem importância ou triviais; e o julgamento nunca é completamente "imparcial". O ataque indiscriminado de Kimball ao "credo antifundacionalismo" implica que uma cultura comum deve ordenar um consenso universal e que a orientação nas humanidades deve ser centrada em um cânone de clássicos indiscutíveis. Porém, os cânones estão sempre sendo questionados, sempre em processo de revisão. Pensem como o cânone da literatura americana era há cem anos: muito Longfellow e Whittier, pouco Whitman, Melville ou Thoreau. O atual problema com as humanidades não é que as pessoas queiram rever o cânone, mas sim que muitas sequer se dão ao luxo de argumentar pela inclusão ou exclusão de determinadas obras. Elas não se envolvem em discussões, mas em negações implícitas, geralmente baseadas no fato de que os julgamentos estéticos seriam irremediavelmente arbitrários e subjetivos. O efeito prático desse tipo de crítica é o início de currículos paralelos – um para as mulheres, outro para os negros, um para os latinos, outro para os machos brancos – ou então emendar o antigo currículo (como ocorre em Stanford) inspirado no princípio da equidade temporal. Em qualquer dos casos, a discussão está amarrada a um comitê, mas este também a domina se assumirmos a postura de que a "política" deve ser retirada da educação. Não foi a "política" que "corrompeu a educação superior" (como Kimball sugere), mas a suposição de que a política se tornou sinônimo de guerra. Se a política é nada mais, nada menos que uma "postura ideológica", como Kimball escreve, fica óbvio que ela não tem nada a ver com "razão", "julgamento imparcial" ou "verdade". Novamente, é neste ponto que a esquerda acadêmica revela estar de acordo com a direita. Ambas têm a mesma visão degradante da política como a lei do mais forte, uma disputa de gritos que abafa a voz da razão.

A direita e a esquerda compartilham outra suposição muito importante: a de que o radicalismo acadêmico é genuinamente "subversivo". Kimball interpreta as exigências radicais da esquerda acadêmica de forma literal. Ele não é contra os "radicais nas universidades" porque estão mais interessados em seus cargos do que no radicalismo. Sua objeção se deve porque, segundo sua perspectiva, eles usam a estabilidade da posição acadêmica para atacar os fundamentos da ordem social. "Quando os filhos dos anos 1960 tiveram seus cargos de professor e de reitor, jamais abandonaram o sonho da transformação cultural radical; eles se prepararam para implementá-la. Agora [...], em vez de tentarem destruir fisicamente nossas instituições educacionais, estão subvertendo-as por dentro." Sem dúvida que eles gostariam que isso fosse algo verdadeiro, mas suas atividades não ameaçam seriamente o controle corporativo das universidades, pois é o controle corporativo, e não o radicalismo acadêmico, que "corrompeu a nossa educação superior". Foi o controle corporativo que desviou os recursos sociais das humanidades para pesquisas militares e tecnológicas, fomentou uma obsessão com a quantidade do ensino que destruiu as ciências sociais, substituiu a língua inglesa pelo jargão burocrático e criou um aparato administrativo que foi imposto de cima para baixo, cuja visão educacional começa e termina com a última linha da planilha de custos – a do lucro. Um dos efeitos do controle burocrático e corporativo é retirar os pensadores críticos das ciências sociais para as humanidades, onde eles podem ser indulgentes com a preferência pela "teoria" sem ter a disciplina rigorosa da observação social empírica. A "teoria" não é uma substituição da crítica social, uma das formas de atividade intelectual capaz de seriamente ameaçar o *status quo* e sem nenhum selo acadêmico. A crítica social que abordava o verdadeiro assunto na atual educação superior – a assimilação da universidade em uma ordem corporativa e a emergência de uma classe de conhecimento cujas atividades "subversivas" não ameaçam seriamente nenhuma espécie de interesse – seria uma adição saudável ao discurso contemporâneo. Contudo, por motivos óbvios, esse mesmo tipo de discurso está fadado a não ser encorajado nem pela esquerda acadêmica, muito menos pelos seus críticos da direita.

PARTE III

A NOITE ESCURA DA ALMA

11

A abolição da vergonha

Aqueles que escrevem sobre vergonha gostam de começar lamentando a vergonhosa negligência do assunto por seus predecessores. Se são psiquiatras, insistem que a vergonha não só foi desprezada, mas ativamente suprimida. Afirmam que a hora de levantar a cortina da censura e "tirar a vergonha do armário", nas palavras de Michael P. Nichols, finalmente chegou. A concepção que possuem de si mesmos exige uma imagem de ousadas explorações, da conquista de um território proibido. Mesmo quando rejeita todo o resto na obra de Freud – e a tendência atual da vergonha coincide com uma reação crescente contra Freud –, a atual geração de psicoterapeutas acha sua iconoclastia algo irresistível, com sua postura de desafio perante os cânones estabelecidos da modéstia e da reticência, sua insistência de falar o que não pode ser jamais falado.

Freud tinha um bom motivo para ver a si mesmo como um intruso solitário que arriscava bravamente a vida profissional na busca por um conhecimento que todos preferiam esconder. Por outro lado, os novos arqueólogos da vergonha entraram em um campo já minado pelos antropólogos, pela geração do pós-guerra dos psicanalistas (muitos deles refugiados da Alemanha nazista e acostumados com as repercussões sociais da vergonha) e, como se não bastasse, pelas presenças de Dale Carnegie e Norman Vincent Peale, descobridores da importância da autoestima muito antes dos psiquiatras e dos psicólogos comportamentais concordarem entre si que a vergonha era definida como a ausência da autoestima e começarem a prescrever a cura adequada. A vergonha, o mais recente local de intensa escavação feita pelos teóricos e clínicos que procuram um tesouro escondido, já não é um assunto negligenciado ou proibido. Donald L. Nathanson admite que ela é agora mais do que uma mera "tendência".

De qualquer maneira, a acusação de ocultamento da vergonha parece ser implausível em um primeiro momento. Há ainda alguma coisa que nossa cultura tenta esconder? Algo ainda a ser explorado apenas por ser chocante? Nada pode nos chocar mais, ao menos nas revelações íntimas a respeito da nossa vida pessoal. A mídia não hesita em divulgar as perversões mais escabrosas, os desejos mais degradantes. Os moralistas nos aconselham que palavras como "escabroso", "perverso" e "degradante" pertencem a um vocabulário desacreditado, excessivamente "taxativo", que lida com hierarquia e discriminação. A única coisa proibida na nossa cultura da exposição é a inclinação de proibir – de limitar o que deve ser revelado ao público.

Em vez de nos perguntarmos como se ergue a conspiração do silêncio que supostamente existe em torno da vergonha, devemos nos questionar por que ela ganha tanta atenção em uma sociedade desavergonhada. Talvez a melhor resposta seja dada por Léon Wurmser em *The Mask of Shame* [A máscara da vergonha], o melhor dos estudos psicanalíticos sobre o tema e, muito possivelmente, o último a existir, dado o provável colapso de todo o empreendimento psicanalítico. Quando surgiu, em 1981, a reação contra a psicanálise estava em pleno andamento: um conjunto de críticos denunciou as ideias de Freud como não científicas, elitistas, patriarcais e inúteis em termos terapêuticos. Dentro da psicanálise, Heinz Kohut e seus seguidores mudaram a ênfase do conflito intrapsíquico para o "ser como um todo" e suas relações com outras pessoas. A necessidade de contrapor essas tendências levou Wurmser a se aprofundar em uma análise dos conflitos internos que o levam à vergonha, em vez de outros sentimentos abordados pelos seus predecessores.

A abolição da vergonha

Estudos anteriores foram essenciais para distinguir a vergonha da culpa. Em termos técnicos, a culpa teve precedência por causa do aspecto punitivo do superego, e aconteceu o mesmo com a vergonha por causa do seu aspecto amável e carinhoso (o ideal do ego). A culpa surgia ao desafiar o pai, e a vergonha do fracasso de viver de acordo com esse modelo. Apesar de o próprio Wurmser fazer parte desta tradição, ele pediu cuidado para não se colocar tanta ênfase no ideal do ego. "Uma mera queda dos padrões do ego ou até mesmo dos postulados que fazem parte do ideal do ego não são suficientes para evocarem a vergonha." Muito menos que a culpa, a vergonha deveria ser vista como uma forma de autopunição, uma condenação feroz da identidade que é enraizada, no caso da vergonha, em um "sentido absoluto de não ser amado". Se faltava este elemento de autotortura, era apropriado falar somente em uma "perda da autoestima". A recusa de Wurmser em confundir isto com a vergonha tornou inteligível muito do que, de outra forma, permaneceria obscuro.

A psicanálise, como Wurmser a entendia, era, acima de tudo, a interpretação do conflito psíquico interior e as defesas interiores que existiam contra ele. A insistência dele no "centro do conflito", quando confrontado por um "impulso incessante" que o fazia escapar da luta, era o que fazia do método psicanalítico algo crescentemente superficial, mas também dava a vantagem inesperada de restaurar algo das associações morais e religiosas que antes se reuniam em torno do conceito de vergonha. Wurmser se perguntava, de fato, como a mesma palavra poderia se referir tanto ao impulso de bisbilhotar e ao impulso de ocultar. Ciente da sentença de Freud de que os opostos compartilham uma afinidade inegável, ele descobriu que os seus pacientes eram simultaneamente obcecados com o fato de verem algo e de serem vistos por alguém.

Um desses pacientes, uma mulher que sofria de ansiedade, depressão e uma desconfiança dilacerante, lhe disse: "Quero descobrir a verdade oculta e proibida sobre aquele que cria e aquele que não cria" – uma afirmação digna de Fausto ou de Prometeu. Mas ela também sofria pelo medo de que os seus próprios segredos fossem revelados. Investigar os segredos das outras pessoas (em especial, os dos pais) tornou-se um modo de preservar os seus. O temor de ser profanada e desonrada a faz desejar a profanação e a desonra dos outros – um exemplo evidente da conexão que há entre a desgraça envergonhada e o ato desenvergonhado de ser exposto publicamente. Outra paciente desejava esconder seu rosto diante do mundo – uma marca característica da vergonha –, mas, ao mesmo tempo, tinha uma compulsão de se exibir constantemente. Era como se dissesse "Quero mostrar ao mundo como eu consigo me esconder de maneira admirável". Aqui, a fúria pela exposição foi redirecionada à sua identidade, na forma de um exibicionismo que "não conhecia nenhuma vergonha", como estamos acostumados a dizer.

Por um lado, esses pacientes queriam ver tudo o que fosse possível, como se tivessem a esperança de se fundirem com o mundo por meio do olhar. Por outro lado, queriam dominá-lo ao se transformarem em objetos de fascinação universal. Ao temerem a exposição pública, começaram a usar os rostos imóveis e sem expressão que Wurmser passou a reconhecer como a máscara da vergonha: "a expressão imutável, inescrutável, enigmática de uma esfinge". Ainda assim, esse semblante serviu, em suas fantasias, não apenas para esconder seus próprios segredos, mas também para fascinar e dominar os outros, punir igualmente os seus próximos, na tentativa de penetrar em seus disfarces. A máscara autoprotetora da vergonha também era o rosto agressivo e mágico da Medusa, que transforma aqueles que a fitam em estátuas de pedra.

Debaixo do desejo contraditório de esconder e de espionar, de ver e de ser visto, Wurmser detectou um conjunto mais profundo de pares de opostos: a "polaridade" entre o "anseio pela união sem limites" e um "desprezo assassino". Ambos surgiram de um medo subliminar de ser abandonado. Segundo uma respeitada tradição de especulação psicanalítica, as tentativas de restaurar um sentido primal de onipotência

A abolição da vergonha

podem existir de duas formas. Na primeira, o sujeito procura se fundir de maneira simbiótica com o mundo; na segunda, ele quer se tornar completamente autossuficiente. O estudo de Wurmser sobre a vergonha fez parte (com certo constrangimento, já que ele desconfiava dos seus tons kleinianos)* desta mesma tradição. A experiência mais intensa de vergonha, ele observou, nasceu do "conflito da união *versus* a separação". Os "conflitos arcaicos" que eram "fundamentais para várias psicopatologias" surgidas, em um nível extremamente profundo, na "negação de tudo o que não é absoluto" – isto é, tudo que "não se trata da união ou da fusão completas, ou até mesmo o seu oposto, a isolação e a destruição totais". Novamente, aqui vemos os efeitos nocivos da busca pela certeza.

O que os pacientes de Wurmser experimentaram como algo vergonhoso foi nada mais, nada menos que a contingência e a finitude da vida humana. Eles não conseguiram se reconciliar com a intratabilidade dos limites. Os registros dos seus sofrimentos nos fazem ver por que de a vergonha estar tão próxima ao nosso corpo, que resiste aos inúmeros esforços de controlá-lo e, portanto, nos faz lembrar, de maneira vívida e dolorosa, das nossas limitações inescapáveis e, acima de tudo, da inevitabilidade da morte. É essa ligação do homem com a natureza, como Erich Heller escreveu certa vez, que o faz ficar envergonhado. "Qualquer coisa que há na natureza a respeito dele [...], qualquer coisa que o mostre como alguém escravizado por leis e necessidades que estão além da sua vontade", torna-se uma fonte de humilhação insuportável, a qual pode ser articulada de maneiras aparentemente incompatíveis: tanto no esforço de se esconder do mundo como no esforço de decifrar os seus segredos. O que essas reações opostas compartilham é um tipo de afronta diante de qualquer coisa que seja misteriosa e, portanto,

---

* A expressão é uma referência a Melanie Klein (1882-1960), psicanalista de origem austríaca naturalizada inglesa; foi de importância fundamental para os estudos inovadores a respeito da psicologia infantil. (N. T.)

resistente ao controle humano. "A vergonha", escreveu Nietzsche, "existe em todo lugar onde há um 'mistério'".

Quando os psicanalistas rejeitam a tentação de diminuir a vergonha como um vestígio de um pudor já datado, eles nos dizem muito a respeito das suas próprias implicações morais e existenciais. O estudo de Wurmser deve muito o seu poder e a sua clareza não apenas ao relato sensível dos casos clínicos, mas também à sua insistência na dimensão filosófica da psicanálise. Ele concebe seu próprio trabalho como se fosse um "diálogo com as melhores mentes que ainda nos falam diretamente além do abismo da morte e do tempo". Isso o perturba de tal maneira que "os vastos campos simbólicos das humanidades não formam uma mesma matriz, na qual o trabalho psicanalítico é organicamente incorporado". Os estudos mais recentes sobre a vergonha e a autoestima – dos quais alguns poucos são aqui levados em conta, pois são apenas uma pequena seleção oriunda de uma enorme amostra – devem muito pouco à melhor tradição psicanalítica.

O declínio na qualidade dessas análises é algo evidente. O valor do livro *Shame and Pride* [Vergonha e orgulho], de Donald Nathanson, o mais ambicioso desses estudos, é inversamente proporcional às suas pretensões. Nathanson quer mostrar que a vergonha realiza algumas funções que contribuem para o equilíbrio psíquico, mas sua abordagem parece fornecer nada mais que banalidades. "A vergonha acontece toda vez que o desejo supera a sua realização"; "A consequência da vergonha é incitada toda vez que um interesse ou um prazer é impedido"; "A vida é plena de obstáculos e de emoções positivas"; "Parece que todo mundo precisa de alguém inferior para se comparar".

Nathanson agradece a Wurmser pelo "apoio e assistência" incansáveis, mas a sua abordagem é o exemplo preciso de um behaviorismo contra o qual Wurmser faz um alerta. Ela trata as "emoções da vergonha" como se fossem um "único mecanismo biológico". Almeja o "retorno completo da psicologia à ciência biológica" e pretende banir "o misticismo". Baseia-se em um modelo mecânico da psique como se fosse um computador, um sistema que processa informações. Em uma luta nítida em busca de precisão científica, Nathanson escreve boa parte do seu livro em um jargão repleto de barbarismos, em que "surpreender" torna-se um substantivo e *dissmell*[*] refere-se ao ato de reagir fisicamente a odores desagradáveis. Ele ignora as experiências do passado, e provavelmente também ignora seus próprios pacientes, já que não relata nenhum caso clínico específico. Seu método de terapia parece se resumir ao uso de drogas. "Paramos com os medicamentos, e assim os sintomas desapareceram"; "Todos estes sintomas sumiram quando ele começou a tomar a droga fluoxetina"; "Ela ficou espantada ao ver a sensação de vergonha desaparecer depois de voltar a tomar os remédios."

No lugar da interpretação de um conflito intrapsíquico, Nathanson oferece uma teoria mecanicista, oriunda do trabalho de Silvan Tomkins, no qual as emoções atuam como se fossem um "amplificador", informando o organismo dos seus desejos desordenados, e que precisa de uma administração inteligente. A vergonha é um componente essencial no nosso "padrão básico de conexões", pois protege o organismo "da sua cupidez crescente pelas emoções positivas". Ao nos forçar a "conhecermos e lembrarmos dos nossos fracassos", age igual a um "professor". O que ela ensina exatamente é algo pouco claro: a modificar nossas expectativas? A procurar metas mais realistas? Sempre que sua prosa alcança um pouco de clareza, Nathanson insere uma explicação que desafia explicações: "Ela [a vergonha] é um sistema biológico pelo qual o organismo controla as suas emoções exteriores para que não demonstre interesse ou satisfação quando não seja seguro fazê-lo, de modo que

---

[*] Em português, não há termo para o neologismo em inglês *dissmell*. O mais próximo seria "dissolver" – que, ainda assim, não dá a compreensão exata a respeito da reação a odores desagradáveis, como ressalta o texto de Lasch. (N. T.)

não permaneça em ressonância emocional com um organismo incapaz de encontrar padrões armazenados na memória". Em outras palavras, a vergonha nos impede de nos levar a sério demais; e esta parece ser a sua essência.

Quando Wurmser suplica pela "transcendência heroica da vergonha" por meio do amor e do trabalho, Nathanson recomenda uma espécie de inoculação contra ela – uma dose saudável de vergonha em quantidades administráveis, tais como encontramos na comédia terapêutica de Buddy Hackett, que a previne de se tornar fatal. O que ele acredita ser atraente, penso eu, é o efeito decadente do humor escatológico feito por Hackett. A lembrança de que ninguém escapa ao "chamado da natureza", como nossas avós diziam de maneira mais delicada, serve tanto para diminuir a importância que damos a nós mesmos quanto para ridicularizar a falsa modéstia – efeito que se intensifica, assim parece pensar Nathanson, quando articulado por uma linguagem vulgar e desinibida.

A "comédia de aceitação" de Hackett nos reconcilia com nossas limitações, segundo Nathanson. Penso apenas que ela nos encoraja a diminuir nossos padrões. Há uma diferença crucial entre aceitar as nossas limitações e o impulso de reduzir tudo o que era antes exaltado a um baixo denominador comum. "Aceitação" se torna a entrega cínica e desavergonhada quando não consegue mais diferenciar o que é a nobreza do que é a afetação, o refinamento no gosto e o esnobismo social, a modéstia e o pudor. O cinismo confunde os delírios de grandeza, que clamam por correções morais e terapêuticas, com a grandeza em si.

É claro que o cinismo é a última coisa que Nathanson pretende promover. Ele deseja somente substituir a vergonha por aquilo que chama de orgulho – um sentimento de conquista baseado na aceitação das nossas limitações. Mas a sua vacina é pior do que a doença. Ao recomendar o rebaixamento dos ideais como uma receita para a saúde mental, ele propõe, de fato, curar a vergonha com a falta de vergonha. Isto é uma defesa bem conhecida (e, portanto, dificilmente uma cura), uma estratégia identificada por Wurmser como o "retorno duradouro" do "cínico sem vergonha", a transvalorização dos valores por meio da "grandiosidade e o desprezo narcisista que não entram em conflito com a fragilidade e as feridas fatais". Como Wurmser assinala, este tipo de defesa – o cinismo sem vergonha – é o tom dominante da nossa cultura:

> Em todo lugar há uma exposição sem limites das emoções e dos corpos de todo mundo, um desfile de segredos, uma invasão atrevida da curiosidade. Isto se tornou [...] tão difícil de articular em sentimentos ternos, sentimentos de respeito, de maravilhamento, de idealização, de reverência, que quase parece ser de "bom tom" ser alguém irreverente. Não é por acaso que, tanto no alemão como no grego, as palavras que significam vergonha são as mesmas para reverência. [...] A cultura da falta de vergonha é também uma cultura da irreverência, dos ideais que são rebaixados e desvalorizados.

A confiança na vida leva consigo o risco da decepção e, portanto, ficamos contaminados pela irreverência.[1]

Mesmo os estudantes mais obtusos em torno do tema da vergonha entendem, por princípio, que a falta dela é uma estratégia, jamais uma solução. No livro *No Place To Hide* [Não há lugar para se esconder], Michael Nichols alerta que "a falta de vergonha é uma reação formada contra a vergonha, uma tentativa de negar e superar um profundo medo de vulnerabilidades". Mas Nichols e seus seguidores gostam de reconhecer a afinidade que há entre a falta de vergonha e a vergonha apenas em sua forma mais explícita. Eles entendem que existe vergonha no "desafio", mas não dentro da sua própria ideologia da "aceitação". O rebaixamento das "expectativas extravagantes" – o remédio favorito de Nichols para um sentimento opressivo de fracasso – se junta à versão mais amena da estratégia de Nathanson a respeito da desconfiança existencial. Assim, ele faz ressalvas contra a religião, que nos dá "mensagens extremamente simplificadas sobre o certo e o errado" e se fundamenta em padrões impossíveis de serem alcançados – "uma visão do que é correto que sempre permanecerá inalcançável". As velhas religiões taxam o sexo e o divórcio como pecados, desencorajando a "compreensão e a aceitação". Felizmente, "os rabinos e os pastores esclarecidos dos nossos tempos estão pregando uma aceitação humanista da identidade e do corpo". De fato, eles são "mais afinados com as preocupações humanistas do que a maioria dos psiquiatras" – o que pode ser entendido como algo sarcástico, apesar da intenção elogiosa de Nichols.

"A história de Adão e Eva", na versão de Nichols, "reflete a percepção geral de que as crianças não conhecem a vergonha; elas devem ser ensinadas a esse respeito". A partir desse ponto de vista panglossiano, podemos eliminar a vergonha do mundo, além de outros males, simplesmente tratando as crianças com "empatia", criando cenários onde elas podem se "sentir bem a respeito de si mesmas", e "validarem seu direito de pensar e sentir o que quiserem".

Há algum valor no conselho de "deixá-las serem elas mesmas", se isto ajudar a diminuir a excessiva administração das crianças pelos adultos. Contudo, causamos um terrível desserviço às crianças dando a elas aprovações indevidas. O tipo de incentivo que precisam surge somente com uma habilidade crescente de se adequar a padrões impessoais de competência. As crianças precisam se arriscar com o fracasso e a decepção, a superarem os obstáculos, a encararem os horrores que as rodeiam. O respeito a si mesmo não pode ser algo dado, deve ser merecido. A atual prática terapêutica e pedagógica, toda a "empatia" e toda a "compreensão", esperam fabricar esse tipo de respeito sem nenhum risco. Nem mesmo os curandeiros anciãos poderiam realizar um milagre do tipo.

Os primeiros freudianos alertaram contra as aplicações equivocadas e "profiláticas" da psicanálise, como Anna Freud as chamava. Eles sabiam que uma leitura superficial de Freud encorajava a noção de que os métodos esclarecidos da criação de filhos poderiam resolver o sofrimento e a neurose. Eles responderam esse otimismo tolo reafirmando que crescer nunca é fácil, que as crianças jamais alcançariam a maturidade se não resolvessem os problemas por conta própria. Mas as profissões que lidam com o cuidado dos outros não prestaram atenção a esse realismo. Para justificar a expansão da autoridade terapêutica sobre a família, a escola e as grandes áreas das políticas públicas fizeram exigências extravagantes a respeito das suas especialidades. Assumiram-se como doutores não apenas para os pacientes doentes, mas para uma sociedade enferma.

Em 1937, Karen Horney, uma das primeiras revisionistas freudianas, já insistia que "a neurose e a cultura" eram assuntos "não apenas para os psiquiatras, mas para os trabalhadores sociais e os professores", para "os antropólogos e os sociólogos" e para todos aqueles profissionais, na verdade, que "perceberam o significado dos fatores psíquicos" na vida social. A terapia não era mais somente um tópico para psiquiatras, e muito menos devia ser limitada aos indivíduos. Em um ensaio notório publicado no mesmo ano, o sociólogo Lawrence Frank defendeu a postura de que a sociedade era, ela mesma, o verdadeiro paciente.

Essa permaneceu sendo a visão predominante, até mesmo nos nossos dias. Foi amplamente compartilhada até por "grupos éticos e religiosos", assinalados (junto com advogados) por Frank como bastiões da antiga ética da responsabilidade individual. Como diz Nichols, a igreja contemporânea é tão "esclarecida" quanto as profissões que lidam com o cuidado do outro. "Pastores [...] falam sobre uma autoestima saudável [...], algo que não se ouviria há vinte anos." Sua descrição do discurso paroquial é suficientemente precisa, mas a sua memória é muito curta. O clero começou a ver a luz há muito mais tempo. O evangelho social, uma influência importante no Protestantismo Americano desde a virada do século, preparou-o para a ideia de que a sociedade é o paciente. Henry J. Cadbury, um crítico do evangelho social, observou que, em 1937, esse último se tornou a "dieta essencial dos liberais de esquerda americanos", os quais "afirmam em uníssono que a sociedade, e não os indivíduos, é o alvo da redenção". Trinta anos depois, o teólogo de Harvard, Harvey Cox, argumentou no livro *A cidade secular* que "a vitória da saúde no lugar da neurose a nível individual não pode ser separada da restauração da completude espiritual na sociedade como um todo". Freud "concentrou-se no indivíduo doente em sua terapia", reclamou Cox, mas esse indivíduo não poderia ser tratado como alguém apartado da "sociedade doente".

A baixa autoestima é apenas a forma mais recente de uma patologia social que reclama pela existência de especialistas na cura das almas. Não deveria nos surpreender quando os novos patologistas da vergonha anunciam que "uma teoria mais articulada" dela, nas palavras de Michael Lewis, tem uma "eficácia tanto no nível social quanto no individual". Lewis abraça prontamente o clichê de que os negros e as mulheres estão "envergonhados pela cultura na qual vivem" e precisam de "compreensão em vez de humilhação". Ele pensa que elevar o respeito por si mesmo seria suficiente para "eliminar vários problemas sociais". "A solução que proponho", escreve, "é um programa cognitivo-emocional destinado a reduzir a vergonha na nossa sociedade".

Tal como Lewis, Gloria Steinem se aprofunda nas implicações sociais da baixa autoestima, em especial entre as mulheres. As feministas criticaram seu novo livro, *A revolução interior*, como um recuo do engajamento político, mas ele pode ser lido como uma argumentação de que política e terapia são indistinguíveis. Isso é algo completamente consistente com o ramo dominante do liberalismo, um liberalismo de esquerda obcecado com os direitos das mulheres e das minorias, dos gays e de quem pratica aborto; com o crescimento supostamente epidêmico do abuso infantil e do assédio sexual; com a necessidade de leis contra o discurso de ódio; e com as reformas curriculares destinadas

A abolição da vergonha

a terminar com a hegemonia cultural dos "machos brancos europeus". "Justiça social", como os liberais a definiram, agora diz respeito às políticas terapêuticas que pretendem desfazer os efeitos degradantes das atitudes "patriarcais", "autoritárias" e prevenir qualquer um que "culpe a vítima". A descoberta terapêutica da vergonha encontra a sua expressão política nos programas de amparo administrados por profissionais que falam em nome dos oprimidos, mas estão, sobretudo, preocupados em expandir sua jurisdição profissional. A "revolução feita de dentro" proposta por Steinem não assinala uma fuga da política, apenas uma continuação por outros meios.

Seu ataque terapêutico contra a vergonha demanda uma ação política para sua manifestação plena. Como um exemplo salutar, ela recomenda uma "grande força-tarefa para promover a autoestima por todo o estado da Califórnia". Ela assegura que, apesar dos jornalistas e dos políticos terem ridicularizado esse nobre experimento, ele também mostrou que quase todo problema social pode ser rastreado a uma fraqueza da nossa autoestima. A força-tarefa descobriu que o desprezo por si mesmo era uma "causa primeira" no "crime e na violência, no abuso alcóolico, no abuso de drogas, na gravidez durante a adolescência, no abuso infantil e entre esposos, na dependência crônica ao Estado de bem-estar social, e no fracasso de vencer na escola" – os "mesmos problemas", acrescenta Steinem, que "os americanos mais temem".

Ela não se preocupa em explicar como a força-tarefa da Califórnia chegou a essa conclusão – isto é, ao ignorar as objeções dos especialistas cujos depoimentos foram feitos para serem a base do relatório. Artigos preparados pelo grupo falavam repetidamente na "escassez de boa pesquisa" que ligasse a baixa autoestima à patologia social, mas o presidente do departamento, John Vasconcellos, desprezou essas ressalvas fiando-se de que vieram "de [pessoas] que vivem apenas dentro das suas mentes, em um universo intelectual". A importância da autoestima, ele disse, foi confirmada pelo nosso "conhecimento intuitivo".

Steinem não diz nada sobre a polêmica em torno do relatório comandado por Vasconcellos. Para ela, é suficiente que o exemplo ambíguo da Califórnia foi imitado por outros estados e 58 condados da Califórnia, cada um deles agora detentor da sua própria força-tarefa que pesquisa esse novo tipo de estima. Ela também prefere se apoiar no "conhecimento intuitivo". Aliás, o seu livro está repleto dele. Ali, ela explica que as crianças deveriam se "sentir amadas e valorizadas desde o início". Contudo, a maioria de nós foi ignorada ou abusada quando jovem, e já que "continuamos a nos tratar do mesmo modo como éramos tratados quando crianças", continuamos, consequentemente, a nos abusar enquanto adultos. Mas uma "identidade única e verdadeira existe em cada um de nós", a descoberta que enfim nos libertará. "O momento em que encontrarmos o verdadeiro motivo para aquele sentimento que irracionalmente nos aprisionava de uma maneira tão poderosa [...], só então o feitiço será quebrado".

É difícil ver como qualquer um pode levar tudo isso a sério, mas é algo que também impele um consenso automático em várias partes da nossa sensibilidade e cria várias explicações para a expansão do Estado de bem-estar social nas nossas vidas. O fato de que "ativistas" liberais – como Steinem se refere a eles com admiração – agora se encontram reduzidos a tais palavras de ordem indicam que essa espécie de liberalismo sofre de cansaço terminal. É realmente necessário apontar, neste momento tão tardio, que as políticas públicas baseadas em um modelo terapêutico do Estado falharam miseravelmente todas as vezes em que foram aplicadas? Longe de promoverem o respeito por si mesmos, criaram uma nação de dependentes. Foram alçados ao culto de vítima no qual os privilégios são baseados na amostra de feridas acumuladas, todas provocadas por uma sociedade impiedosa. A profissionalização da compaixão não nos tornou uma nação mais gentil ou mais bondosa. Pelo contrário: ela institucionalizou a desigualdade, sob o disfarce de que todos são "especiais" a seu próprio modo. Uma vez que esse disfarce

A abolição da vergonha

é algo transparente, a tentativa de fazer as pessoas sentirem que são boas apenas a tornam cada vez mais cínicas. O "cuidado com o próximo" não substitui a sinceridade.

Se a psicoterapia falhou como política, e isso aconteceu mais recentemente com a política em torno da autoestima, ela também falhou em substituir a religião. O fundador da psicanálise acreditava que os homens e as mulheres superariam o anseio pela religião como uma forma de autossuficiência. O que estava errado, como nos foi revelado. Ainda assim, o seu tipo de terapia encorajava a introspecção e tinha como alvo a compreensão moral e, portanto, não era completamente irracional supor que a psiquiatria poderia ser a substituta da cura que antes era realizada por padres e confessores – feita de maneira bem atrapalhada no passado, segundo Freud.

Entretanto, faz algum tempo que a profissão psiquiátrica se direciona rumo a terapias que focam mais mudança de comportamento que compreensões. O que quer que tenha acumulado com a administração dos sintomas, geralmente com o auxílio de drogas, foi alcançado em detrimento da introspecção. Essa tendência é algo lamentável, mas é fácil ver por que as terapias psicanalíticas, em sua forma clássica, não têm mais tantos praticantes na área como um todo. Elas custam caro demais, demoram tempo demais, e exigem uma excessiva sofisticação intelectual do paciente. Até mesmo o mais entusiasta dos admiradores do método psicanalítico fica desconcertado ao ler que um dos pacientes de Wurmser terminou a análise "abruptamente" na "sessão de número 1.172". Um outro paciente seu continuou na análise por onze anos. E uma acabou "cometendo suicídio ao se jogar de uma ponte". Quando o tratamento psicanalítico ameaça se tornar interminável e geralmente acabar em fiasco, às vezes, após anos de exploração interior intensiva, tanto os doutores como os pacientes se voltam compreensivelmente a métodos que prometem um alívio rápido, mesmo que isso custe uma compreensão mais profunda de si mesmo.

No melhor dos casos, a teoria psicanalítica expõe a dimensão moral e existencial do conflito psíquico, mas, mesmo assim, ela não pode competir com a religião. O livro de Wurmser sobre a vergonha, uma obra feita na grande tradição da especulação psicanalítica, nos lembra que a interpretação feita sob a influência dos estudos de Freud pode exigir uma sabedoria moral atemporal e um aprofundamento do nosso entendimento. Ao lermos Wurmser, percebemos a razão pela qual a vergonha e a curiosidade sempre estiveram conectadas nas mentes das pessoas, e porque a primeira costuma evocar sentimentos de espanto e reverência, além de se referir, acima de tudo, ao elemento irredutível de mistério que há nos assuntos humanos.

Porém, essa mesma profundidade do entendimento moral, tão atraente no aspecto da teoria, pode revelar uma inutilidade aos propósitos da psicanálise, em especial como um guia no modo de conduzir a vida. Quanto mais ela se intromete no território ocupado pela religião, mais incita comparações nada aduladoras com sua rival. Será que a psicanálise pode realmente fazer algo pelas pessoas que sofrem de uma convicção interior na sua "falta de amor absoluta"? Talvez a religião seja a resposta para tanto, então. Só ainda não está claro, sob nenhum aspecto, se ela pode resultar em algo muito pior.

12

Philip Rieff e a religião da cultura

A violência, o crime e a desordem geral são as características da vida americana que mais chocam os visitantes estrangeiros. Nesse caso, as primeiras impressões são as que ficam. Um olhar mais detido revela apenas sinais menos dramáticos do colapso iminente da ordem social. Afirma-se que os trabalhadores americanos são pouco eficientes em relação aos seus parceiros na Europa ou no Japão. Os gerentes americanos não são tão melhores quanto seus subordinados. A obsessão deles com os lucros a curto prazo faz com que se tornem indiferentes ao que pode acontecer a longo prazo. Um desejo pela gratificação imediata permeia a sociedade americana de cima a baixo. Há uma preocupação universal com o "eu" – com a "autorrealização" e, mais recentemente, com o respeito por si mesmo, palavras de ordem em uma sociedade incapaz de gerar um sentimento de obrigação cívica. Tanto para observadores nativos como estrangeiros, o repúdio ao interesse por si mesmo, subordinado à vontade geral, torna-se desconfortavelmente próximo de capturar a essência do americanismo agora que nos encaminhamos para o fim do século xx.

O diagnóstico pode ser exagerado, mas há nele verdade suficiente para fazer a pergunta perturbadora e inescapável sobre se uma sociedade democrática pode florescer, ou mesmo sobreviver, na ausência de limites internos que antes moldavam a ética do trabalho e desencorajavam a autoindulgência. A polícia e as prisões são claramente inadequadas para

A Revolta das Elites e a Traição da Democracia

lidarem com a anomia da lei que rapidamente alcança dimensões insustentáveis. O aumento implacável do crime assusta o sistema penal que, por um lado, está corrompido pelos pedidos cínicos de acordos extrajudiciais, pela persistência de um duplo padrão racial, e, por outro lado, pelas tentativas equivocadas de punir um condenado por meio de um regime terapêutico. Graças a uma clemência deslocada, os criminosos realmente perigosos têm liberação prematura da penitenciária e continuam a depredar a sociedade sem ter nenhum medo de voltarem à cadeia.

De várias maneiras, o sintoma mais perturbador de todos esses fatos é o recrutamento das crianças pela cultura do crime. Sem nada a esperar do futuro, elas não ouvem os apelos da prudência, quando não os da consciência. Sabem o que querem, e querem isso agora. A demora pela gratificação, o planejamento do futuro e o acúmulo de créditos educacionais não significam nada para essas crianças prematuramente endurecidas pela vida nas ruas. Uma vez que esperam morrer jovens, tampouco ficam ciosas das sanções penais. O modo de vida delas é explicitamente arriscado, mas dali em diante o risco passa a ter sua recompensa, uma espécie de alternativa para a completa desesperança a que estão condenadas.

Se o colapso dos limites internos fosse restrito às classes criminais, seria possível, graças a uma combinação de incentivos e de uma aplicação rigorosa das leis, restaurar um sentimento de dever. Mas a cultura da abolição da vergonha não está restrita à classe baixa. No desejo pela gratificação imediata, em conjunto com a identificação pela recompensa de aquisição material, essa classe apenas imita a elite. Portanto, temos que nos perguntar de quem é a responsabilidade por essa completa fuga dos padrões da conduta pessoal – a civilidade, a habilidade técnica, o controle de si mesmo – que antes eram considerados indispensáveis para a democracia.

Uma investigação exaustiva revelaria muitas influências, mas a decadência gradual da religião ficaria próxima do topo da lista. Na América, certamente, há sempre alguém que fala da decadência religiosa com alguma hesitação. São muitos os que assumem uma crença em um Deus pessoal e pertencem a uma denominação religiosa, participando dos rituais com grande regularidade, quando comparado com outras nações industriais. Esse dado pode sugerir que os Estados Unidos, de alguma forma, conseguiram escapar das influências seculares que, em outros lugares, transformaram a paisagem cultural. No entanto, essa aparência é enganosa. A vida pública está completamente secularizada. A separação entre a Igreja e o Estado, atualmente interpretada como a proibição de qualquer espécie de reconhecimento religioso como um todo, é algo que está muito mais enraizado na América do que em qualquer outro país. A religião ficou relegada às margens do debate público. Entre as elites, é tida como algo inferior – um detalhe que é útil para casamentos e funerais, mas dispensável de outro modo. Um estado mental iconoclasta e cético é uma das características mais evidentes das classes que lidam com o conhecimento. Esse compromisso com a cultura da crítica é entendido como um descarte das exigências religiosas. A atitude das elites a respeito da religião vai da indiferença à hostilidade ativa. Baseia-se em uma caricatura do fundamentalismo religioso como se fosse um movimento reacionário que tende a reverter todas as medidas progressistas conquistadas nas últimas três décadas.

Não é suficiente notar que o entusiasmo religioso diminuiu; é também necessário se perguntar pelo que foi substituído. O vácuo criado por causa da secularização foi preenchido por uma cultura permissiva que troca o conceito de pecado pelo conceito de doença. Mas a visão de mundo terapêutica não é contra a religião em uma clara oposição. Pelo menos no início, as coisas eram mais complicadas. O movimento psicanalítico, fonte de toda a cultura terapêutica, se ergueu em uma relação muito ambígua a respeito da religião, sempre de maneira complementar ou competitiva. A psicanálise se apresentava como a cura das almas, a origem do entendimento moral. Seu método era a introspecção, ligada a uma longa tradição de especulação na qual o autoconhecimento era visto como o começo necessário para alcançar a sabedoria. Apesar de muitos dos seus seguidores tentarem fazer da psicanálise uma disciplina puramente técnica, com seu jargão próprio e seus procedimentos esotéricos, a matéria do seu assunto a levou irresistivelmente às questões existenciais que sempre definiram o discurso religioso. De todos os sucessores de Freud que se preocuparam de forma mais consistente com os assuntos éticos, Melanie Klein foi quem escreveu ensaios cujos títulos inquestionavelmente anunciavam suas preocupações existenciais: "Amor, culpa e reparação", "Inveja e gratidão", "O desenvolvimento precoce da consciência na criança". Os escritos de Freud eram repletos de alusões à arte, à religião e à filosofia moral, e traíam seu senso de desobrigação em relação ao moralismo, muito mais do que os seus precursores médicos. Ele falou da psicanálise como se fosse uma ciência, mas usava esse termo de maneira tão ampla que, várias vezes, parecia implicar que o psicanalista estava mais próximo a um filósofo ou a um pastor do que a um técnico vestido com jaleco branco. Defendia uma análise laica e resistia à medicalização da prática psicanalítica. Era contra à "óbvia tendência americana de tornar a psicanálise uma mera serviçal da psiquiatria". Não apenas pensava que o treino médico era algo dispensável aos analistas como ia além e desencorajava isso completamente. Segundo seu ponto de vista, os analistas deveriam ser treinados nos rudimentos da anatomia e da fisiologia, como também nos da mitologia, nos da psicologia da religião e nos dos clássicos da literatura. Insistia que a experiência pessoal do sofrimento, junto com a capacidade de introspecção, representava o fundamento indispensável da compreensão psicanalítica.

Assim, foi por esse motivo que Philip Rieff, um dos intérpretes mais astutos de Freud, intitulou um dos seus livros de *Freud: The Mind of the Moralist* [*Freud: Pensamento e humanismo*]. Norman O. Brown levou a psicanálise a uma direção mais ousada, rumo à religião, com o seu *Life Against Death* [Vida contra a morte]. Se seguir a sua "conclusão lógica e for transformada em uma teoria da história", Brown observa que a psicanálise "sintetiza em si aspirações religiosas atemporais".

Mesmo assim, a psicanálise se apresentou ao mesmo tempo como opositora e sucessora da religião. Não havia nada de ambíguo no desprezo que Freud tinha pela religião como se ela fosse uma ilusão, nem em sua insistência de que ela não tinha futuro. Ele pensava que a crença religiosa era uma relíquia da infância da humanidade, quando os homens e as mulheres projetavam de forma ingênua suas esperanças e seus medos nos céus. Agora que a ciência deu aos seres humanos meios com os quais podem controlar seus próprios destinos, a religião desapareceria, assim como a magia primitiva sumiria quando a religião se impôs.

A psicanálise e a religião estavam em conflito mais do que a rejeição explícita de Freud poderia implicar. Apesar das objeções de que a prática psicanalítica a reduziria a uma "vassala da psiquiatria", suas próprias descobertas contribuíram muito para o surgimento de uma visão terapêutica do mundo. A doença e a saúde substituíram a culpa, o pecado e a expiação como as preocupações dominantes que guiam aqueles que lutam para encontrar algum sentido na vida oculta da mente. Os psiquiatras descobriram que o método deles exigia uma suspensão do julgamento moral. Pelo menos, entenderam que era necessário estabelecer uma atmosfera permissiva na qual os pacientes poderiam falar livremente sem o receio de serem condenados. É claro que o que era apropriado no consultório não era necessariamente o que seria apropriado na vida cotidiana, mas, mesmo assim, o hábito da paciência, uma vez estabelecido como o primeiro princípio da terapia psiquiátrica, logo se tornou um tipo de reflexo automático, que passou a regular todas as formas de comunicação interpessoal. Um hábito mental de "não julgar", facilmente confundido com a virtude liberal da tolerância, passou a ser visto como a condição *sine qua non* da sociabilidade.

Não demorou muito para as pessoas perceberem que um ponto de vista terapêutico podia ter o seu uso em aspectos sociais e políticos. Ele serviu para aliviar o fardo do fracasso moral já associado com a pobreza e com o desemprego, para mudar a culpa que vem do indivíduo para a "sociedade", e assim justificar políticas públicas destinadas a amenizar aqueles que sofreram sem assumirem suas responsabilidades. Durante a Grande Depressão, os profissionais que lidavam com saúde, educação e bem-estar social ficaram horrorizados quando descobriram que muitos americanos, até mesmo as vítimas do desemprego em larga escala, ainda se apoiavam na ética da autoajuda e se recusavam a reconhecer direitos individuais de amparo jurídico. Os defensores do Estado de bem-estar social tiveram de convencer o público de que a pobreza não deveria ser atribuída a uma falta de empreendedorismo pessoal; de que o sistema, e nunca o indivíduo, era o culpado; de que depender de políticas públicas não era nenhuma desgraça; e de que a autoajuda, na era da organização, era uma cilada e uma ilusão. "O indivíduo", escreveu o sociólogo Lawrence Frank em seu memorável ensaio "Society as the Patient" [A sociedade como paciente], "em vez de buscar sua própria salvação pessoal e sua segurança, passou a reconhecer a sua completa dependência em função do grupo". A afirmação de Frank sobre as alternativas possíveis – a responsabilidade individual ou "a vida em grupo" – foi algo profundamente equivocado, pois a vida coletiva, em si, pressupõe a confiança que só pode perdurar quando os indivíduos prestam contas por suas ações. Mas, para os humanitários, chocados com os sofrimentos das massas e com passividade com a qual os americanos pareciam aceitá-los, o primeiro passo em direção à cura era "absolver o indivíduo da sua culpa", como ressalta Frank. Os debates que surgiram no contexto da Depressão e do New Deal pareciam confirmar a sabedoria da terapia como algo que se opunha aos vislumbres éticos sobre os problemas sociais. A "concepção de uma sociedade doente que precisa de tratamento", segundo Frank, era algo muito mais esclarecedor do que concepções que acentuavam "a vontade humana, a autonomia humana e a responsabilidade individual". Por outro lado, uma moralidade punidora que atribua os males sociais à "maldade e à culpa individuais" não tinha nada a contribuir para uma compreensão da sociedade moderna.

Os remédios habituais – "mais leis, mais regulação e punições mais severas" – falharam várias vezes. Era tempo de uma nova solução, ao mesmo tempo mais científica e mais humana.

O chamado de Frank para um novo humanismo teve uma recepção calorosa. Na segunda metade do século xx, os conceitos e os jargões terapêuticos penetraram de forma tão profunda na cultura americana – mais recentemente, disfarçada de uma ampla campanha para elevar a estima da população – que se tornou quase impossível se lembrar de como o mundo parecia àqueles que não foram iniciados nos mistérios da saúde mental. A profissão psicanalítica pode ter perdido o seu prestígio, mas uma sensibilidade terapêutica ainda é difundida de maneira bem mais ampla do que era em 1966, quando Philip Rieff publicou o seu segundo livro, apropriadamente batizado de *O triunfo da terapêutica*. Hoje, esse tipo de abordagem venceu tão completamente que Rieff parece ter pouca esperança de desafiá-la. A expectativa de reviver modelos alternativos de discurso é tão parca que ele agora se pergunta se há sentido em divulgar qualquer coisa contrária a isso. "Por que publicar?", perguntou a si mesmo há algum tempo. "Com tantos autores, quem merece ser lido?" Vinte anos se passaram desde que Rieff trouxe à luz o seu último livro, *Fellow Teachers* [Caros professores]; evidentemente, o que ele queria dizer, ao pedir aos escritores que guardassem suas melhores ideias em vez de as adicionarem na "babel da crítica" que ameaça nos ensurdecer, foi o que de fato fez. O nosso mais eloquente e mais eficaz crítico do estilo terapêutico nos pede para considerar a real possibilidade de que a forma mais eficaz de crítica, em uma cultura na qual uma atividade desse tipo foi assimilada por propósitos terapêuticos, deva ser feita em silêncio.

The Feeling Intellect [O intelecto emocionado] é uma coletânea de ensaios escritos durante o curso de sua carreira e editada não pelo próprio Rieff, mas por Jonathan Imber, seu antigo aluno, hoje professor de teoria da sociologia em Wellesley. O volume mostra como ele insistentemente retornava a certos temas centrais: o deslocamento da religião provocado pela terapia; o conflito entre atitudes morais e a experiência, as atitudes terapêuticas e estéticas; a "hipertrofia da crítica, em que o desvio de caráter de intelectuais que psicologizam tudo é mais evidente". Além de trabalhar com a obra de Freud e com o conceito do surgimento do "homem psicológico", essa coleção contém ensaios sobre uma vasta gama de assuntos: Disraeli, Orwell, Oscar Wilde, Charles Horton Cooley (o sociólogo americano favorito de Rieff), o sociólogo negro Kelly Miller e o caso Oppenheimer, entre outros. Mesmo assim, as preocupações centrais de Rieff não variam muito. O ponto central do texto sobre Oppenheimer, de 1958, é que tanto o cientista como seus detratores aceitaram a moldura terapêutica como referência: em vez de debaterem os méritos políticos dos escritos de Oppenheimer, discutiram se sua associação com os comunistas exporia falhas psicológicas que o desqualificariam do serviço público. O ensaio sobre Disraeli, de 1952, argumenta que ele (tal como Freud) se recusou a revelar publicamente sua herança judaica e assim escapou do "risco derradeiro" (como Rieff diz em outro momento, fazendo a ligação com Freud) de "se separar da prática devota do seu credo". Algo da mesma ordem aparece no capítulo sobre Orwell, de 1954, outro intelectual que perdeu sua religião, mas conseguiu manter uma "ação essencialmente cristã de irmandade e de compaixão". O modernismo continua a viver da capitalização das crenças que rejeita e, na visão de Rieff, o mais admirável dos intelectuais modernistas sempre teve noção dessa dependência – mesmo quando, igual a Freud, ambos apelavam aos leitores que a superassem.

O colapso da religião, a sua substituição pela sensibilidade implacavelmente crítica, tendo como exemplo os psicanalistas, e a degeneração da "atitude analítica", em um ataque massivo contra qualquer tipo de ideal, deixaram a nossa cultura em um estado lamentável. Rieff não espera por uma melhora imediata, tampouco propõe um programa de renovação cultural, mas também não fala em desgraça ou desespero.

Por pior que as coisas estejam, ele ainda acredita ser possível – ou era isso o que pensava quando *Fellow Teachers* surgiu em 1973 – fazer uma contribuição modesta para a causa da verdade e da justiça. Por exemplo, seria possível encontrar um emprego honrado como professor, desde que os que ensinam não fiquem tentados a se tornarem "profetas de poltrona". Apesar da confusão interna em que se encontram as universidades, são "instituições sagradas" e os professores podem servir de exemplos aos outros, se atenderem ao chamado de forma reverenciosa. O ofício do professor devotado não é desafiar nem muito menos defender uma "cultura moribunda", mas resistir à "identificação deletéria" que ameaça qualquer forma de cultura. O conselho de Rieff aos professores, cujo argumento consiste basicamente em mandamentos negativos, reflete sua crença de que eles traem as suas vocações quando se tornam gurus ou animadores de auditório. Devem evitar "o tráfico de ideias", o "mercado de cargos acadêmicos", tomar parte nas fileiras dos "homens públicos", e devem "renunciar a profecias".

É adequado que Rieff se dirija aos seus "colegas de ensino" basicamente só com conselhos sobre "o que não deve ser feito". Ele sabe que o coração de qualquer cultura está nas suas "proibições". A cultura é um conjunto de exigências morais – "interdições profundamente enraizadas, gravadas em exemplos confiáveis e superiores". Por isso que faz sentido descrever os Estados Unidos dos nossos tempos como uma "sociedade sem cultura". Trata-se de uma sociedade na qual nada é sagrado e, portanto, nada é proibido. Um antropólogo pode refutar que uma sociedade sem cultura é uma contradição em termos, mas Rieff se opõe ao modo como as ciências sociais reduziram o conceito de cultura a um "modo de vida". Segundo ele, a cultura é um modo de vida amparado por uma vontade de condenar e de punir aqueles que desafiam os seus mandamentos. Um "modo de vida" não é o suficiente. O modo como as pessoas vivem deve estar imerso em uma "ordem sagrada" – isto é, em uma concepção do universo e, em última instância, uma concepção religiosa que nos diz "o que não deve ser feito".

Aqueles que tomam a tolerância como a virtude suprema e confundem amor com permissividade vão achar essas interdições repugnantes, mas se estiverem abertos aos argumentos de Rieff, suspendendo seus preconceitos contra procedimentos injustos e "sentenciosos" – enfim, contra o próprio conceito de punição –, perceberão a justiça que existe na sua provocação deliberada ao afirmar que "repressão é verdade". Cada cultura deve restringir o escopo das escolhas de alguma forma, por mais arbitrárias que essas limitações pareçam ser. Para ser exato, ela deve perceber que os seus controles não têm um grande alcance nas vidas particulares das pessoas. Mas se permitir a cada impulso uma expressão pública – se ela declarar com ousadia de que "é proibido proibir", segundo a palavra de ordem revolucionária de 1968 –, então não apenas permitirá a anarquia, mas também abolirá as "distâncias sagradas" das quais depende a categoria de verdade. Quando toda expressão é igualmente permissível, nada é verdadeiro. "Com a criação de ideais [...] opostos, de verdades militantes, um emblema é imposto na incrível capacidade do homem de exprimir tudo o que quer".

A definição ultrapassada e "máxima" de cultura feita por Rieff, junto com a oposição a uma definição mínima defendida por antropólogos e outros cientistas sociais, resultam em uma condenação arrebatadora do modo americano de viver, mas também abrem a possibilidade de um raio de esperança. Se Rieff estiver correto em sua polêmica de que a cultura se baseia em um desejo pela proibição, uma cultura "negligente" como a nossa não pode sobreviver por muito tempo. Mais cedo ou mais tarde nossas elites retrógadas terão de redescobrir o princípio da limitação. O projeto moderno está fadado a terminar. A "ideia de que os homens não precisam se submeter a nenhum poder [...] além daquele que já possuem" não está sendo, de forma alguma, abandonada; porém, está perdendo a capacidade de inspirar inebriantes visões do progresso.

Graças às evidências contrárias, está cada vez mais difícil crer que os homens modernos "estão se tornando deuses". Além disso, o movimento terapêutico ainda "não penetrou o suficiente" na estrutura das classes. Em *Fellow Teachers*, Rieff se refere à persistência das morais antiquadas entre os "menos educados" como uma "outra razão para ter esperança". A resistência popular à "religião da crítica" nos permite "aguardar por uma renascença da culpa".

O otimismo a respeito das nossas perspectivas futuras seria algo fútil – muito mais fútil em 1993 do que foi em 1963. A modernidade pode estar se aproximando do seu término, como Rieff sugeriu em 1981, mas a sensibilidade pós-moderna que quer substituí-la não é nenhum avanço. Mesmo assim, o apelo que Rieff faz pela paciência e pela esperança continua a ter o propósito de ser um corretivo eficaz contra o desânimo apocalíptico. "Podemos apenas ter fé e esperar; e ver".

A posição de Rieff permaneceu notavelmente consistente com o passar dos anos. O que mudou foi o tom e o estilo da sua obra. Nos anos 1950 e 1960, ele escrevia como um intelectual público, dirigindo-se a uma audiência de leitores comuns que, presumivelmente, compartilhavam de um mesmo vocabulário e de um mesmo quadro de referências. Vários ensaios seus apareciam em revistas de divulgação, como *Commentary*, *Encounter* e *Partisan Review*. Seus livros eram publicados por editoras proeminentes no mercado editorial: *Freud: Pensamento e humanismo* foi lançado pela Viking (e depois em uma edição em brochura pela Anchor) e *O triunfo da terapêutica*, pela Harper. Mesmo quando ele escrevia para revistas especializadas, a prosa de Rieff era o exemplo da atitude crítica que recomendava (apesar de seu cuidado em ressaltar os efeitos desintegradores nas crenças tradicionais) como a única forma disponível aos intelectuais que viviam em um mundo "extenuado por forças sagradas". Seus primeiros textos eram compostos por um ideal de erudição "comprometida", de "subjetividade apaixonada". Ele elogiou o livro *Agape and Eros* [Ágape e Eros], de Anders Nygren, em 1954, como "um caso exemplar de história comprometida, parcial, mas, mesmo assim, meticulosa ao expor o outro lado envolvido". Brigou com Hannah Arendt e seu *Origens do totalitarismo*, mas saudou a "intenção profética" dela: "É melhor um erro criativo do que uma verdade sem verossimilhança". Reclamou da "doença alemã" nos estudos acadêmicos, era contra as notas de rodapé, e descobriu virtudes na erudição sem limites. Em uma resenha feita no ano de 1952 sobre o livro *A History of the Cure of Souls* [Uma história da cura das almas], de John T. McNeill, escreveu que "McNeill possui a grande virtude moral do historiador: ele não é neutro".

Entre a publicação de *O triunfo da terapêutica* e a de *Fellow Teachers*, há uma mudança significativa de tom no estilo de Rieff. Em sua obra tardia, ele alerta contra "a encenação do papel profético" e exige "objetividade". Ele não escreve mais como se fosse um intelectual público ou se dirige ao "leitor comum", como em 1951. Insiste que é "o nosso dever, como professores, não sermos homens públicos". O público parou de existir aos olhos de Rieff; há apenas um mercado literário, dominado pelo tráfico dos entretenimentos culturais (o qual agora inclui tanto a "crítica" como a "profecia"). Até mesmo a comunicação entre os colegas de profissão está plena de dificuldades. *Fellow Teachers* tem o formato de uma carta aberta a Robert Boyers e a Robert Orill, editores da revista *Salmagundi*, que convidaram Rieff para uma entrevista pública no Skidmore College. "Será possível", pergunta Rieff, "que o convite feito para ir a Skidmore [...] tenha sido baseado em um alegre desentendimento? Você acredita que sou um defensor da terapêutica?" É difícil perceber como alguém pode ter imaginado tal coisa, mas a passagem mostra as apreensões exageradas de Rieff sobre a possibilidade de uma comunicação aberta e cristalina entre os intelectuais. A resposta dele é uma afirmação surpreendente de neutralidade. "Não sou nem contra, nem a favor [a cultura da terapêutica]. Sou um professor acadêmico de teoria da sociologia". A afirmação não foi muito convincente; foi, contudo, sintomático de uma mudança no clima cultural que Rieff tenha se sentido obrigado a fazê-la. Também significativa foi a rejeição a uma entrevista pública baseada na premissa de que não teria serventia transmitir o tipo de "conhecimento privilegiado" que os professores comunicam aos seus alunos. Em vez de se engajarem em uma troca pública, os intelectuais que eram tão ciosos das suas vocações foram obrigados a se retirar para seus "enclaves acadêmicos" e encorajar o "entendimento paulatino" que acontece na sala de aula. O local era apenas um palco para se praticar teatro.

Esses argumentos relembram vagamente as afirmações desalentadoras de Walter Lippmann sobre a opinião pública durante o seu debate com John Dewey – e também antecipam a postura de Allan Bloom em *The Closing of the American Mind* [O declínio da mente americana], um livro que tornou a universidade como um lugar onde os intelectuais poderiam conversar entre si e com seus melhores alunos, em uma linguagem deliberadamente hermética para afastar outros, a respeito de questões filosóficas permanentes que nunca tiveram importância à sociedade em geral. Para muitos intelectuais de integridade, a revolução cultural da segunda metade dos anos 1960 abalou a ideia da erudição publicamente engajada. O conceito de público tornou-se indistinguível do fenômeno da publicidade. Sob estas circunstâncias, a decisão de Rieff de escrever pouco, de publicar por meio de editoras universitárias e em publicações especializadas, e devotar suas energias a "fortalecer esses enclaves" é algo compreensível, mas não defensável. Contudo, o resultado foi o oposto do esperado, pelo menos no caso de Rieff: mais precisamente, um exagero dos elementos teatrais e propositadamente dramáticos do seu estilo. Sua escrita se transformou não em algo mais acadêmico, mas em algo oracular, cada vez mais "profético" ao passo que atacava profecias. No começo da sua obra, Rieff falava com força e convicção, mas sempre em um tom de voz direto, sincero e sem afetações. Agora ele prefere falar, durante boa parte do tempo, em aforismos crípticos, em paradoxos e duplos sentidos. Ele mesmo se refere a esse estilo peculiar como "recluso". Escreve um excesso de notas de rodapé – não pedantes, é verdade, mas sim longas digressões repletas de exposição teórica que mais afastam o leitor. Sua escrita se tornou, segundo seu desígnio, menos acessível e, ao mesmo tempo, mais ambiciosa e apocalíptica, apesar de Rieff constantemente pregar o contrário.

Agora que a arena pública parece ter sido corrompida irreversivelmente pela venda agressiva de ideias, a decisão de pensar em si mesmo como um professor em vez de um intelectual público é algo que muitos outros autores, além de Rieff, fizeram de forma relutante. No caso dele, semelhante ao que aconteceu com seus companheiros, parece estar associado a dar uma nova ênfase à universidade como uma "instituição sagrada" na qual "o conhecimento privilegiado" é mantido e transmitido "de maneira reservada". Essa perspectiva da vida intelectual me atinge como algo inconsistente em relação à observação de Rieff de que o pior modo de defender a cultura é justamente endeusá-la. É também inconsistente com a sua discussão de que os intelectuais modernos não devem aspirar a serem sucessores do clero religioso. Isso subordina a religião à cultura, algo que Rieff condenou em seu trabalho anterior, particularmente no esplêndido capítulo sobre o assunto em *Freud: Pensamento e humanismo*.

O ataque contra a religião feito por Freud, conforme Rieff assinalou em seu livro, baseava-se em uma "incompreensão da religião *per se* como um fenômeno social". Igual a Kant, Freud viu a religião como o "ar solene do sagrado" (segundo suas palavras) que dava um dever moral ao prestígio dos mandamentos morais e, assim, perpetuava as "leis da cultura". Mas religião não é cultura e, como Rieff observou, os melhores intérpretes do cristianismo sempre fizeram a distinção "entre a fé e as atitudes e as instituições que são transmitidas desde sempre". Dessa forma, Kierkegaard "diagnosticou a doença do século XIX" como a "confusão entre religião e cultura", o Cristo e a cristandade. Por outro lado, Freud "acreditava que a religião era algo conformista", como se a sua única função fosse garantir a ordem social. Para ele, o "cristianismo sempre significou a Igreja, uma instituição social repressiva" – jamais a tradição profética, que expôs a corrupção dessa mesma Igreja e acusou os cristãos de identificarem os propósitos de Deus com os seus. Freud perdeu de vista a diferença entre a "denúncia profética" e a "submissão cívica", segundo Rieff.

Em *O futuro de uma ilusão*, Freud se perguntou se a sociedade poderia existir sem a religião na forma de um diálogo imaginário. O seu interlocutor enfatiza o valor "prático" da religião na moralidade obrigatória. Ele concorda que a religião é uma "farsa", mas defende sua necessidade "para a proteção da cultura". O próprio Freud acreditava que os homens e as mulheres poderiam viver sem religião, mas o ponto a ser ressaltado é a maneira pela qual a questão foi posta. De acordo com Rieff, tratava-se da pergunta errada. A questão não era se a religião seria necessária, e sim se era verdadeira. Contudo, desde a publicação de *Fellow Teachers*, Rieff passou a soar cada vez mais como o interlocutor de Freud, defendendo a religião – mais precisamente, a religião da cultura – como a fonte necessária da ordem social.

Não há prejuízo da dignidade da vida acadêmica em lembrar que a universidade não é uma instituição sagrada – e que Deus, e não a cultura, é o único objeto apropriado de reverência e admiração incondicionais. A cultura pode depender da religião (apesar da visão contrária de Freud), mas essa última não terá mais sentido se for vista apenas como um elemento cultural. A não ser que se fundamente em um desinteressado amor pelo ser em geral, a fé religiosa serve apenas para disfarçar os propósitos humanos com um ar solene de sagrado. É por isso que é sempre preferível um ateu honesto a um cristão cultivado. Os mestres e os modelos de Rieff, Freud e Max Weber, eram admiráveis em sua determinação de viverem sem essa forma particular de consolação – a ilusão de que os propósitos humanos coincidem com os de Deus. Entretanto, essa mesma ilusão sempre foi o principal alvo da profecia religiosa. De fato, é justamente a discórdia em comum a essas pretensões culturais das pessoas piedosas que revela as afinidades entre a tradição profética e a tradição exemplar dos intelectuais seculares como Freud e Weber. Rieff também pertence a essa tradição, exceto quando ele esquece de si mesmo e identifica um sentimento do sagrado muito próximo a instituições e a "interdições" que elas reforçam.

Deus bem sabe que precisamos de instituições e de interdições, mas elas não são sagradas por si mesmas. Não há nada além de confusão, como Lutero e Calvino disseram há muito tempo – e como Rieff nos lembrou em diversas ocasiões passadas –, ao igualarmos a fé à submissão às leis morais que a humanidade cria para seu próprio governo.

13

A alma do homem sob o secularismo

O título que dei a este capítulo vem de um livrinho de autoria de Oscar Wilde, *A alma do homem sob o socialismo*, publicado há pouco menos de cem anos, em fevereiro de 1891. A intenção de Wilde, como sempre, era surpreender e chocar seus leitores, e o seu título servia como uma afronta tipicamente wildeniana contra a opinião respeitável. Ligava um conceito surgido da religião, a alma, a uma ideologia agressivamente secular inspirada pela famosa condenação feita por Karl Marx sobre a religião como o ópio do povo.

Talvez esta tenha sido a única afirmação marxista que Wilde pôde defender sem reservas. Ele não era um socialista ortodoxo. "Atualmente, todos nós somos mais ou menos socialistas", disse em uma entrevista em 1894, mas a sua versão do credo socialista celebrava o artista, não o trabalhador de mãos calejadas, além disso concebia o socialismo como a melhor esperança para um novo tipo de individualismo – um "novo helenismo", como se referia nas páginas finais do seu manifesto não comunista. Os marxistas ortodoxos ridicularizaram o seu ramo estético do socialismo, porém Wilde riu por último. A sua religião da arte sobreviveu ao colapso da utopia marxista. De todas as religiões seculares surgidas no século XIX, foi ela que se tornou a mais duradoura – e, do seu modo, também a mais sedutora e a mais perigosa.

Socialismo, tal como Wilde o entendia, era simplesmente outro nome – e, em 1891, em especial nos círculos sociais onde ele transitava habitualmente, um nome deliberadamente provocativo – para o fim da servidão criada pelas máquinas. Wilde não tinha paciência nenhuma com os que proclamavam a dignidade do trabalho. "Não há nada necessariamente digno no trabalho manual, quase sempre absolutamente degradante." No futuro, ele seria feito pelo maquinário sofisticado. O progresso da ciência e da tecnologia eliminaria gradualmente a pobreza, o sofrimento e a injustiça. A coletivização da produção liberaria os pobres dos seus desejos, mas também libertaria os ricos do fardo de administrarem e defenderem as suas propriedades. Se o trabalho manual era degradante, a propriedade era uma "chatice", segundo a opinião de Wilde. "Os deveres exigidos por ela a tornam insuportável. Devemos nos livrar dela, até porque é do interesse dos ricos." Tanto quanto o trabalho manual, a administração da propriedade distraía a população do que realmente importava na vida: o cultivo e a alegria de se ter uma "personalidade". Se o Estado tomasse o controle dos meios de produção, os indivíduos poderiam se devotar à produção do "que é belo". A "verdadeira personalidade do homem" surgiria por si só. "Ela crescerá naturalmente e de maneira simples, igual a uma flor, ou como uma árvore. [...] Não vai discutir nem debater. Não vai se meter nos assuntos dos outros nem pedir que sejam eles mesmos. Vai amá-los porque serão diferentes. [...] A personalidade do homem será realmente maravilhosa. Será tão maravilhosa quanto a personalidade de uma criança."

Na concepção de Wilde, o socialismo não viria por meio da ação das massas. Elas ficaram muito perplexas pela servidão para serem capazes de se emancipar. Eram "extraordinariamente estúpidas" na deferência que tinham pela autoridade. De fato, não eram "realmente conscientes" do seu sofrimento. "Elas devem ser orientadas por outras pessoas" – por "agitadores", uma "classe absolutamente necessária" sem a qual "não haveria nenhum avanço rumo à civilização". Os agitadores formavam o equivalente político dos artistas: perturbavam a paz, eram os inimigos da conformidade e os rebeldes contra os costumes. Compartilhavam com eles um ódio pela autoridade, um desprezo pela tradição e uma recusa de cortejar os favores do público. Os agitadores e os artistas eram a encarnação suprema do individualismo, desejando apenas agradar a si mesmos. Não se importavam "em nada com o público". E muito menos prestavam atenção à "hipocrisia doente de fazer o que outras pessoas querem só porque elas assim queriam; ou qualquer hipocrisia ultrajante a respeito de autossacrifício". Os artistas eram responsáveis apenas por si mesmos, e seu egoísmo, como era visto na perspectiva da moralidade convencional, era a precondição para qualquer conquista genuína da imaginação. Segundo Wilde, todos os grandes líderes na história tinham o temperamento artístico. O próprio Jesus Cristo era um artista que possuía uma mensagem artística a ser enviada ao mundo. "Ele disse ao homem: 'Você tem uma personalidade maravilhosa. Desenvolva-a. Seja você mesmo'."

Em seu *De Profundis*, a longa carta escrita ao Lorde Alfred Douglas seis anos depois enquanto estava na prisão de Reading Gaol, Wilde ampliou sua interpretação de "Cristo como o precursor do movimento romântico na vida", o "maior de todos os individualistas". Tendo "criado a si mesmo" a partir da sua "própria imaginação", Jesus de Nazaré pregou o poder da imaginação como o "fundamento de toda vida espiritual e material", segundo Wilde. Ele defendia a compaixão imaginativa, não o altruísmo, mas os seus próprios poderes de identificação compassiva o tornaram o "porta-voz" de um "mundo inteiro dos inarticulados, do mundo sem voz da dor". Pertencia "aos poetas" e "a sua principal guerra era contra os filisteus" – a "guerra contra qual toda criança da luz deve lutar". Mesmo nas profundezas da sua própria degradação e do seu próprio desespero públicos, Wilde não via motivo para alterar o que ele escreveu em *A alma do homem sob o socialismo*: "o de que aquele que seguiria uma vida como o Cristo deveria ser inteiramente e absolutamente ele mesmo". Como escreveu em um texto anterior: "A mensagem de Cristo ao homem era simplesmente 'Seja você mesmo'. Esta era a mensagem dele".

Esse tipo de recado, tenha ou não vindo de Cristo, tenha sido transmitido em um idioma mundano ou no idioma pseudoespiritual do *De Profundis*, agradava aos intelectuais em busca de um substituto para as fés religiosas então amplamente consideradas ofensivas ao mundo moderno. No lugar do autoengano e do autocontrole, foi oferecida uma visão sedutora da personalidade sem os constrangimentos pelas obrigações cívicas, religiosas e familiares. Isso confirmava para artistas e intelectuais o sentimento de superioridade em relação ao rebanho geral. Sancionava a revolta deles contra a convenção, contra a solenidade burguesa, contra a estupidez e o feio. Ao igualar a justiça social com a liberdade artística, a religião da arte tornava o socialismo algo palatável aos intelectuais que, de outra maneira, tinham repugnância ao materialismo. Na agitação do movimento socialista, a sua atração pelos intelectuais não pode ser adequadamente explicada sem considerar o modo como se sobrepôs à crítica boêmia contra a burguesia. Os socialistas e os estetas tinham um inimigo em comum, o filisteu burguês, e o ataque implacável contra a cultura burguesa era muito mais duradouro em seus efeitos que os ataques contra o capitalismo, pelo menos no Ocidente e agora provavelmente também no Oriente.

Nos anos 1960, os estudantes revolucionários adotavam palavras de ordem muito mais próximas ao espírito de Wilde que de Marx: "Todo o poder à imaginação", "É proibido proibir". O apelo contínuo dessas ideias, trinta anos depois, é óbvio a qualquer um que observe o cenário acadêmico e a mídia. O chamado clima pós-moderno é definido, de um lado, por uma desilusão com as grandes teorias históricas ou "metanarrativas", incluindo o marxismo, e, por outro lado, com uma ideia de liberdade pessoal que vem, em sua grande parte, da revolta estética contra a cultura da classe média. A sensibilidade pós-moderna rejeita também a maioria do modernismo, mas está enraizada no ideal moderno da emancipação dos indivíduos das convenções sociais, ao construírem identidades para si mesmos conforme suas próprias escolhas, vivendo suas próprias vidas (como Oscar Wilde teria dito) como se a vida fosse em si mesma uma obra de arte.

A tradição da subjetividade romântica tinha outra vantagem em relação ao marxismo e outras ideologias firmemente fundamentadas no solo secular do Iluminismo. Como filhote do Contrailuminismo na Alemanha e na Inglaterra, a tradição romântica era mais ciente dos limites da racionalidade esclarecida. Sem negar as conquistas do Iluminismo, reconhecia o perigo de que o "desencantamento do mundo", segundo a frase de Friedrich von Schiller, levaria a um empobrecimento emocional e espiritual. Max Weber tomou esta expressão como chave para entender um processo histórico de racionalização, o tema central de toda a sua obra. A razão aperfeiçoava o controle humano sobre a natureza, mas retirava da humanidade a ilusão de que seu uso tinha qualquer significado além de si mesma. Karl Mannheim, aluno e sucessor de Max Weber, referia-se a essa experiência como o "problema do êxtase". Em seu ensaio "A democratização da cultura", publicado em 1932, ele lembrava aos seus leitores de que "um homem que não acredita em nada além da sua situação imediata não é plenamente humano". O desencantamento do mundo o tornou "plano, tedioso e infeliz". Privou homens e mulheres da experiência do êxtase – literalmente um estado de espírito, similar a um transe, que os levaria além de si mesmos, em especial um estado de sensação plena, igual a de um êxtase. "Não existe Além; o mundo atual não é um símbolo para o eterno; a realidade imediata não aponta para nada além do que existe aqui."

Mannheim acreditava que a redução da "distância vertical", cuja associação ele fazia com a democracia, criava ao menos a possibilidade de autênticas "relações humanas e puramente existenciais", sem a mediação da religião ou de ideologias derivadas de alguma religiosidade, como o amor romântico. O próprio Weber era menos incisivo. O famoso argumento em seu *A ética protestante e o espírito do capitalismo* – o de que há "especialistas sem espírito, sensualistas sem coração" – oferecia uma perspectiva assustadora para o futuro humano. Como Freud, com quem tinha muito em comum, Weber percebia a consolação da religião em seus substitutos e insistia no dever intelectual de "suportar o fado do tempo como um homem". O tom de Freud, de modo similar, era sereno, mas firme: devemos abandonar nossos sentimentos infantis. Ao classificar a religião como uma "neurose da infância", Freud insistia que "os homens não podem continuar a ser crianças por muito tempo". Acrescentava que "de qualquer modo, já é alguma coisa reconhecer que estamos abandonados aos nossos próprios recursos", e há certo heroísmo na determinação de Freud e Weber de encarar fatos inabaláveis que não poderiam ser alterados, na perspectiva deles, e de viver sem ilusões.

Dificilmente aqueles que procuram acreditar em algo podem encontrar algum conforto nesse compromisso sem concessões à "integridade intelectual", como Weber chamava. Eles estavam mais atraídos ao esteticismo de Oscar Wilde ou à versão espiritualizada da psicanálise feita por Carl Jung. Segundo esse último, a versão de Freud não poderia "dar ao homem moderno o que ele procura". Satisfazia somente "pessoas que acreditavam que não tinham necessidades ou aspirações espirituais". Ao contrário do que pensavam os freudianos, Jung afirmava que essas necessidades espirituais eram muito urgentes para serem ignoradas. Ao tratá-las como se fossem análogas à fome ou ao desejo sexual, Jung insistia que elas sempre encontrariam expressão em uma "fuga" ou outra. Psicanalistas descobriram em conjunto, no decorrer das suas práticas, que eles não poderiam escapar de "problemas nos quais, em sentido estrito, pertenciam ao teólogo".

A beleza do sistema de Jung, para os que se sentiam ameaçados pela "falta de sentido", como ele gostava de chamá-la, é que ela oferecia "sentido" sem dar as costas à modernidade. Na verdade, Jung assegurava aos seus seguidores que eles poderiam continuar sendo modernos sem sacrificar o consolo emocional dado anteriormente pela religião ortodoxa. A descrição dele da condição moderna começava com a referência

A alma do homem sob o secularismo

comum à infância perdida da raça humana. O mundo medieval, no qual "todos os homens eram crianças de Deus" e sabiam exatamente o que deveriam fazer e como deveriam se comportar, agora estava "tão distante quanto nossa infância". Sua inocência jamais poderia ser recapturada; o mundo só poderia ir adiante em um estado de "abertura à uma consciência mais elevada". O homem moderno pleno – "o que não significa o homem comum" – tinha de viver sem "certezas metafísicas"; ele "estava abandonado em si mesmo". Mas a autodependência dava oportunidades sem precedentes para a autodescoberta. A liberdade era angustiante, mas também estimulante. O retrato do homem moderno feito por Jung era mais exuberante do que aquele diagnosticado por Freud. Segundo este, o desencantamento do mundo privou as pessoas daquela segurança de dependência típica das crianças, mas ao menos lhes deu a ciência, a qual, segundo a sua modesta conclusão, as ensinou "muito desde a época do Dilúvio" e gradualmente "faria crescer ainda mais os seus poderes". Na formulação mais entusiástica de Jung sobre essa familiar história de esclarecimento, o homem moderno "está no topo ou até mesmo na beira do mundo, o abismo do futuro diante dele, acima está o firmamento, e abaixo a humanidade como um todo, cuja história desaparece em uma névoa primordial". A visão do alto era vertiginosa, porém dominante.

A premissa não investigada de que a história poderia ser comparada com o crescimento do indivíduo da infância à maturidade – o ponto de referência que Jung compartilhava com Freud e Weber e, na verdade, com a maioria dos que especulavam sobre esses assuntos – tornou possível condenar qualquer forma de conservadorismo cultural, qualquer respeito pela tradição, como se fosse a expressão de uma tendência natural para resistir ao progresso emocional e intelectual e, em vez disso, se apoiar na segurança de ser uma criança. "Apenas o homem que superou os estágios de consciência que pertenciam ao passado [...] pode alcançar uma consciência plena do presente."

Era ao indivíduo privilegiado, o que aceitava o fardo da maturidade, a quem Jung se dirigia na coletânea de ensaios publicada em 1933 com o título inevitável *Modern Man In Search of a Soul* [O homem moderno à procura de uma alma]. Ao superar a tradição, o homem moderno pleno ganhava uma perspectiva mais ampla, mas inevitavelmente se apartava de seus companheiros mais conservadores. Uma "consciência mais completa do presente o remove [...] da imersão em uma consciência comum", da massa "dos homens que vivem completamente dentro das fronteiras da tradição". Era por isso que a solução do "problema espiritual moderno", como Jung o chamava, não poderia estar no retorno a "formas obsoletas de religião" nem em uma visão completamente laica de mundo. Nem o analista freudiano, nem o rabino ou o pastor davam ao homem moderno "o que ele buscava". (Como filho de um pastor protestante e filho espiritual de Freud, Jung presumivelmente sabia do que estava falando. Seu ponto de partida era a experiência direta das tradições rivais que competiam por sua afiliação, entre elas o humanismo laico e a religião ortodoxa.) Freud ignorava a fome insaciável da humanidade por algum tipo de "sentido" transcendente, enquanto, por outro lado, a religião convencional ignorava o anseio criativo do indivíduo de "romper com a tradição para experimentar por conta própria e determinar que valores e significados as coisas têm, livre de pressuposições tradicionais". Se o analista freudiano recuava das questões sobre sentido e valor, o pastor tinha um juízo rápido demais sobre elas. O homem moderno, tendo "escutado o suficiente sobre a culpa e o pecado", corretamente suspeitava de "ideias fixas sobre o que é certo" e de conselheiros espirituais que "fingiam saber o que é certo e o que é errado". De todo modo, o julgamento moral retirava "alguma coisa da riqueza da experiência". A antiga suposição de seguir os passos do Senhor tinha de ser traduzida em um idioma moderno. Soando bastante similar a Oscar Wilde, Jung assumiu a postura de que a imitação de Cristo não significa que "devemos copiar a vida dele", mas que "devemos viver nossas próprias vidas tão verdadeiramente quanto ele viveu a sua, com todas as suas implicações".

A psicanálise servia ao mesmo propósito no esquema de Jung, assim como a imaginação artística servia no de Wilde. Ao ser reformulada para superar a infeliz preocupação de Freud com o sexo, tornou-se o meio pelo qual a imaginação religiosa seria libertada de seus vínculos aos credos moribundos. Dando acesso não apenas à vida mental inconsciente dos indivíduos, mas também ao "inconsciente coletivo" da raça humana, a psicanálise junguiana descobriu uma estrutura permanente de mitologia religiosa, o material bruto com o qual o mundo moderno poderia construir novas formas de vida religiosa apropriadas às suas necessidades. Jung convidava seus pacientes e seus leitores a abordarem todo um vasto escopo de mitologias e de técnicas espirituais – todas elas igualmente disponíveis para verificação, graças à expansão da consciência histórica ocorrida no mundo moderno – e a experimentarem uma variedade de combinação até encontrarem a mais apropriada para as suas exigências individuais.

Contudo, estou menos interessado no remédio dado por Jung para a doença espiritual da modernidade do que na sua formulação do problema, em especial as premissas comuns que compartilhava com os que rejeitavam a sua solução particular. A mais importante dessas premissas era a de que o desdobramento inevitável da consciência tornava impossível, pelo menos para as classes educadas, o retorno à segurança da aurora do passado. Essas classes educadas, incapazes de fugir do fardo da sofisticação, podem ter inveja das fés ingênuas do passado; podem até mesmo ter inveja das classes que continuaram a professar, sem pensar, as fés tradicionais do século xx que ainda não tinham sido expostas às rajadas de vento do pensamento crítico moderno. Entretanto, elas não poderiam trocar de lugar com as massas não esclarecidas, nem retornar ao passado. Uma vez que o hábito crítico da mente foi completamente assimilado, ninguém que tenha compreendido suas consequências poderia encontrar refúgio ou descanso nos sistemas pré-modernos de pensamento e crença. Foi essa experiência de desilusão, mais do que qualquer outra coisa, que provocou a distinção entre artistas e intelectuais de criaturas convencionais incapazes de reflexão, que desconfiavam dos pensadores precisamente porque não suportariam as más notícias.

Podemos perdoar as eras não esclarecidas do passado por acreditarem em coisas que nenhuma pessoa educada do século xx acreditaria, ou por interpretar literalmente mitologias que deveriam ser compreendidas em um sentido metafórico ou figurativo. Pode-se até perdoar o proletariado moderno, excluído da educação em virtude do seu labor sem fim, mas o filisteu burguês vivia em uma era esclarecida, com acesso fácil a uma cultura também esclarecida, mas, mesmo assim, escolheu deliberadamente recusar a luz para manter intactas as ilusões essenciais para sua paz de espírito. Nesse aspecto, o pensador solitário olhou diretamente para a luz sem piscar.

Desiludida, mas sem medo: essa é a imagem que a modernidade faz de si mesma, tão orgulhosa da sua emancipação intelectual que não faz nenhum esforço para esconder o preço espiritual a ser pago. Repetidamente, comentários sobre a condição espiritual da modernidade – a respeito da alma do homem na era moderna, a respeito do "temperamento moderno", como Joseph Wood Krutch se referia a ela –, sempre retornam à sua analogia biológica favorita como um recurso para catalogar e definir o problema. Krutch também se vale disso: no livro *The Modern Temper* [O temperamento moderno], publicado em 1929 e previsivelmente condenado pelos filisteus que ele ansiava ofender por ser um relato extremamente pessimista da condição contemporânea, ele começa (de maneira igualmente previsível) com o contraste entre a inocência infantil e a experiência da maturidade. Inicia logo com Freud: "É um de seus conceitos singulares que a criança que se encontra no útero materno é a mais feliz das criaturas". Krutch não rejeita esse "conceito singular" como a sua linguagem pode indicar; em vez disso, procede na argumentação, como o próprio Freud fez, de que "tanto as raças como os indivíduos têm a sua infância, a sua adolescência e a sua maturidade". Conforme a raça humana amadurece, "o universo se torna cada vez mais o que a experiência revelou, e cada vez menos o que a imaginação criou". O ser humano aprende, de forma relutante, que ele depende apenas de si mesmo, não de poderes sobrenaturais criados conforme a sua própria imagem. "Igual à criança que cresce para ser um adulto, ele vai de um mundo adequado à sua pessoa a um mundo no qual ele deve se adequar." Em um estrato social, o processo ainda era incompleto, uma vez que o mundo moderno não havia superado o seu passado. O seu "dilema" pode ser comparado ao do "adolescente que ainda não aprendeu a se orientar sem referências da mitologia na qual viveu a sua infância".

Há um enorme volume de análises sobre a encruzilhada espiritual moderna, todas assumindo que a experiência da dúvida, do relativismo moral e todo o resto é algo distintamente intrínseco à modernidade. Citei apenas alguns exemplos mais representativos, mas uma amostra mais compreensiva e sistemática desse tipo de literatura confirmaria somente a importância fundamental da imagem que conecta a história da cultura ao ciclo vital dos indivíduos. Se seguirmos Krutch, podemos chamar de um conceito singular esse hábito mental de jogar fora a nossa desilusão em relação à inocência dos nossos ancestrais, exceto que isso se origina de um impulso que não é nada singular e nos traz sérias consequências, entre elas o impedimento de uma compreensão de assuntos importantes e vitais. Esse conceito trai uma predisposição de ver a história ou como uma tragédia de ilusões perdidas, ou como o progresso da razão crítica. Digo "ou/ou", mas é claro que essas duas versões do mito histórico modernista estão intimamente relacionadas; na verdade, são simbioticamente dependentes. É o progresso da razão crítica que presumivelmente leva às ilusões perdidas. A desilusão representa o preço do progresso. A nostalgia e a ideia de progresso, como escrevi em *The True and Only Heaven* [O verdadeiro e único paraíso], caminham de mãos dadas. O pressuposto de que a nossa própria civilização alcançou um nível de complexidade sem precedentes cria um anseio nostálgico por uma simplicidade que não existe mais. Deste ponto de vista, a relação do passado com o presente é definida, acima de tudo, pelo contraste entre a simplicidade e a sofisticação.

A fronteira que divide o passado e o presente – uma fronteira impassável, segundo a imaginação da modernidade – é a experiência da desilusão, a qual torna a inocência dos primeiros dias impossível de ser recapturada. Podemos afirmar que a desilusão é a forma característica do orgulho moderno, e ele não é menos evidente no mito nostálgico do passado do que na versão triunfante e mais agressiva do progresso cultural que despreza o passado sem nenhum arrependimento. A nostalgia é superficialmente amorosa na sua recriação do passado, mas o evoca apenas para enterrá-lo vivo. Compartilha essa atitude com a crença no progresso, em relação ao qual apenas superficialmente se opõe, em uma ansiedade de proclamar a morte do passado e negar o prumo da história no presente. Tanto os que choram pela morte do passado e os que clamam por ela dão como certo que a nossa era superou a sua infância. Ambos encontram dificuldades para acreditar que a história ainda assombra as nossas adolescências, maturidades ou senilidades esclarecidas e desiludidas (seja lá em qual estágio do ciclo de vida que supostamente chegamos). Ambos são governados, nas atitudes deles a respeito do passado, pela descrença constante por fantasmas.

Talvez a perda mais importante deste hábito mental seja uma compreensão adequada da religião. No comentário sobre o dilema espiritual moderno, ela é constantemente tratada como a fonte de segurança intelectual e emocional, não como o desafio para a complacência e o orgulho. Seus ensinamentos éticos são equivocadamente interpretados como um conjunto de mandamentos simples que não dão espaço para a ambiguidade ou para a dúvida. Lembremos da descrição de Jung dos cristãos medievais como "crianças de Deus que sabiam exatamente o que deveriam fazer e como eles deveriam se conduzir". Krutch diz a mesma coisa. Ele pensa que a teologia medieval criou a conduta da vida como se fosse uma "ciência exata" ao oferecer um "plano de vida deliciosamente simples". Os cristãos medievais "aceitavam as leis de Deus do mesmo modo que um cientista contemporâneo aceita as leis da natureza" e essa obediência inquestionável a uma ciência autorizada da moral, segundo Krutch, era a única alternativa contra o "niilismo moral". "Tão logo alguém começa a duvidar da validade das leis divinas, consideradas como os princípios fundamentais de uma ciência que acontece de ser chamada de teologia, ou tão logo alguém passe a se perguntar a respeito do propósito da vida", cai na armadilha escorregadia do relativismo, da anarquia moral e do desespero cultural.

O que deve ser questionado aqui é o pressuposto de que a religião sempre deu um conjunto de respostas abrangentes e sem nenhuma ambiguidade às questões éticas, respostas completamente resistentes ao ceticismo, ou então que tenha impedido a especulação sobre o sentido e o propósito da vida, ou de que os religiosos no passado não sabiam o que era o desespero existencial. A famosa coletânea de canções escrita por estudantes medievais que se preparavam para o sacerdócio, *Carmina Burana*, seria um exemplo suficiente para dissipar essa noção; essas composições perturbadoras dão voz a uma antiga suspeita de que o universo é regido pela Sorte, não pela Providência, onde a vida não tem propósito superior algum e a melhor parte da sabedoria moral é aproveitá-la enquanto pode.

Ou então consideremos as variedades da experiência religiosa analisadas por William James no seu livro de mesmo título, um dos poucos livros sobre a crise espiritual da modernidade (se é que o seu assunto é esse) que sobreviveu ao teste do tempo, em parte – e isto é estranho dizer – por causa da sua completa indiferença aos tópicos da cronologia histórica. Aos leitores formados pela tradição moderna consciente de si mesma sobre a qual tenho me referido, essa indiferença à cronologia parece ser uma fraqueza do livro de James, mas é precisamente o ponto: o de que a variedade mais profunda da fé religiosa (o "tipo renascido", como ele o chama) sempre surgiu, em qualquer época, de um cenário de desespero. A fé religiosa confirma a bondade do ser no confronto do sofrimento e do mal. O desespero e a alienação mais cruéis – que têm suas origens não nas percepções exclusivamente modernas, mas na amargura que sempre sentimos em relação a um Deus que permite a existência do mal e do sofrimento – em geral se tornam o prelúdio para a conversão. Uma consciência aguda do "mal radical" perpassa a intoxicação espiritual que finalmente surge com a "rendição" e com o "autorrendimento". A experiência do renascido, segundo James, é mais dolorosa, mas também mais profunda emocionalmente do que a da "mente sadia" porque é inspirada pelo "metal da melancolia". Sem ter consciência do mal, o tipo de experiência religiosa que nasce somente uma vez não consegue enfrentar as adversidades. Só oferece amparo enquanto não se depara com "humilhações venenosas". "Uma diminuição da excitação e do instinto animais, uma ligeira perda deste tipo de rispidez, trará o famoso verme que existe no centro de todas as nossas delícias em sua plenitude, e nos transformará em metafísicos melancólicos". Quando isso acontece, precisamos de uma fé mais austera, a que reconhece que "a vida e a sua negação foram moldadas inexplicavelmente juntas" e que "assim, toda a felicidade natural parece ser infectada por uma contradição". Como se isso não bastasse, a sombra da morte pende sobre nossos prazeres e nossos triunfos, pondo-os sob suspeita. "Por trás deste mundo há o grande espectro da morte universal, a escuridão que se apodera de tudo e de todos nós."

Novamente, é necessário enfatizar que James contrasta dois tipos de temperamento, e não duas idades de um ser humano. O mundo moderno não tem nenhum monopólio sobre o temor da morte ou sobre a alienação diante de Deus. A alienação é a condição normal da existência humana. A rebelião contra Deus é a reação natural quando se descobre que o mundo não foi criado para a nossa conveniência pessoal. Quanto mais descobrimos que o sofrimento ocorre tanto com o justo como o injusto é difícil se conformar com a crença em um criador benigno e onipotente, como sabemos desde o Livro de Jó. Mas é à crença confortável de que os propósitos do Todo Poderoso coincidem com os nossos propósitos puramente humanos que a fé religiosa exige que nós renunciemos.

Krutch argumenta que a religião dá ao ser humano a ilusão agradável de que ele é o centro do universo, o objeto da bondade amorosa de Deus e do seu extremo cuidado. Mas é justamente esse tipo de ilusão que a forma mais radical de fé religiosa ataca sem misericórdia. Por isso Jonathan Edwards distingue uma "gentil boa vontade" – a raiz do sentimento religioso, tal como ele a compreende – do tipo de gratidão que depende de ser amado e apreciado – em outras palavras, o tipo de gratidão que as pessoas podem sentir em relação a um criador que presumivelmente conhece as nossas intenções por completo. "A verdadeira virtude", escreveu Edwards, "consiste, em primeiro lugar, não no amor em quaisquer seres em particular [...] nem na gratidão porque eles nos amam, mas na propensão e na união do nosso íntimo a um Ser em geral". O ser humano não deve pedir por favores divinos, e uma "gentil boa vontade" deve ser concebida de acordo, não como um agradecimento apropriado da resposta às nossas preces, por assim dizer, mas como o reconhecimento do poder que Deus dá à nossa vida para ordenar as coisas conforme o seu desejo, sem "prestar contas do que pretende", como Edwards acrescenta.

A perspectiva de Edwards sobre Deus não tem qualquer semelhança com aquela figura paterna bondosa invocada por seres humanos infantis, segundo Freud, por causa do desejo inconsciente de dependência. O Deus de Edwards é "absolutamente perfeito, infinitamente sábio, e a fonte de toda a sabedoria" e, portanto, é "adequado [...] que ele deva ser o fim em si mesmo e que não faça nada além daquilo que a sua sabedoria ordena como meta, sem pedir por permissão ou conselho a ninguém". Freud, tal como Krutch, entende que a religião responde a uma necessidade de dependência, enquanto Edwards fala diretamente àqueles que orgulhosamente negam tal anseio – ou seja, os que acham irritante serem lembrados da sua dependência de um poder além de seus controles ou, ao menos, além do controle da humanidade em geral. Essas pessoas têm dificuldade para reconhecer a justiça e a bondade desse poder superior quando o mundo está tão obviamente pleno de maldade. Têm dificuldades de reconciliar as expectativas delas de sucesso e de felicidade mundanas, em geral desfeitas por eventos desagradáveis, com a ideia de um criador justo, amoroso e todo poderoso. Incapazes de conceber um Deus que não se importa com a felicidade humana como se fosse a primeira e a última força da criação, não podem aceitar o paradoxo central da fé religiosa: o de que o segredo da felicidade é renunciar ao direito de ser feliz.

Logo, o que torna o temperamento moderno realmente moderno não é a perda do nosso sentimento infantil de dependência, mas que a rebelião normal *contra* a dependência é algo muito mais presente do que costumava ser. Essa rebelião não é algo novo, como Flannery O'Connor nos lembra quando escreve que "há longos períodos nas vidas de todos nós [...] quando a verdade revelada pela fé é repugnante, emocionalmente perturbadora e claramente repulsiva. Veja a noite escura da alma nos santos individuais". Se o mundo inteiro parece agora sofrer desta noite escura da alma, é porque a rebelião normal contra a dependência parece ter sido autorizada pelo nosso controle científico sobre a natureza, o mesmo progresso da ciência que teria destruído a superstição religiosa.

Essas máquinas maravilhosas que a ciência nos permitiu construir não eliminaram a servidão, como Oscar Wilde e outros falsos profetas previram de forma tão confiante, mas tornaram possível nos imaginar como os senhores do nosso destino. Em uma época que se vê desiludida, essa é a única ilusão – a ilusão do controle – que persiste. Mas agora que começamos a entender os limites do nosso controle sobre o mundo natural, percebemos que se trata de uma ilusão – para citar Freud novamente –, cujo futuro está cercado de dúvida, uma ilusão muito mais problemática, sem dúvida, do que o futuro da religião.

POSFÁCIO

Christopher Lasch: o estadista da vida interior
Martim Vasques da Cunha

If your memory serves you well
We were going to meet again and wait.

Bob Dylan & The Band,
"This Wheel's On Fire", The Basement Tapes

And he whose soul hath risen
Up to the height of feeling intellect
Shall want no humbler tenderness.

William Wordsworth, The Prelude (xiv, 226)

Remember, George: no man is a failure who has friends.

Clarence, o anjo, para George Bailey, no filme *A felicidade não se compra* [*It's a Wonderful Life*, 1948, de Frank Capra]

I.

O crítico social americano Christopher Lasch (1932-94) descobriu, à beira da morte, um princípio da filosofia política contemporânea – e ninguém ousou questioná-lo adequadamente até hoje sobre este ponto. Trata-se da "revolta das elites" e de como ela corrompe a sociedade civil por inteira, obrigando-nos a fazer a seguinte pergunta: *A democracia realmente merece sobreviver?*

A resposta será afirmativa, desde que, claro, consiga-se impedir que tal elite (cujas outras denominações são *establishment*, "casta", "burocratas do pensamento", "síndrome do terno vazio", *status quo*, "estamento burocrático" etc.) permaneça no seu comportamento de se manter descolada sobre o que realmente acontece no meio da população de um país que se pretenda sadio. *A revolta das elites e a traição da democracia* (1996), o livro-testamento de Lasch sobre esses impasses surgidos no fim do século XX, oferece tanto o diagnóstico para esta situação como a profilaxia para aceitarmos adequadamente este inusitado cenário político.

Lasch aproveitou a famosa expressão do filósofo espanhol José Ortega y Gasset (1883-1955) – "a rebelião das massas" – e a inverteu conforme as exigências da sua própria obra. Ortega afirmava que, antes, o verdadeiro perigo para a democracia ocidental era o surgimento do "homem-massa", especialmente em função da assustadora quantidade de pessoas nascidas no início do século XX – e de como os governos fariam o possível e o impossível para mantê-las em seus casulos de sobrevivência material. Tal atitude dominaria o espírito das nações graças à atuação obsessiva do homem-massa se sentir como um "senhorzinho satisfeito", o típico rapaz mimado que acredita, com todas as suas forças, que tudo o que veio por meio de sangue, suor e lágrimas é fruto apenas de um esforço da técnica, oriundo de uma abstrata "geração espontânea".

Ortega lançou *A rebelião das massas* em 1930. Ali, ele analisa não só as consequências do aumento demográfico exponencial de uma população que se transforma em *massa*, mas comprovaria depois, nos escritos seguintes, que, no decorrer do século XX, a situação não se alterou; ao contrário, o aumento exponencial fez mais exigências. Entre elas, a principal, sem dúvida, é que a massa passa a deter o pleno poderio social. Ela *quer*, ela *pode* – e os governantes não realizarão nada mais, nada menos senão obedecê-la. Temos aqui o exemplo clássico de que, como diria

René Girard, "a escravidão é o futuro da autoridade". A massa cobre tudo, permeia tudo, dá a impressão sufocante de que tudo está "cheio".

Onde se pode encontrar, no meio desse aglomerado, um sujeito que se diferencia dos demais? Muito difícil, pois como diria Ortega: "Não há protagonistas; só há coro". É claro que a massa não é apenas uma multidão no sentido visual do termo, ela pode ser muito bem representada por uma única pessoa. De acordo com Ortega, o *homem-massa* é alguém que não aceita, sob nenhuma forma, que a condição humana é um constante *naufrágio*, no qual a primeira vítima será ele mesmo. Esse sujeito aceita sem reclamações que a vida, afinal de contas, *cresceu* – com sua estabilidade econômica, números polpudos, prosperidade merecida –, mas se recusa a saber como isso aconteceu. Não percebe que vive à risca o aforismo do satirista vienense Karl Kraus: "A situação em que vivemos é o verdadeiro fim do mundo: a situação estável". E, com isso, caminha contente em sua pequena existência, sem saber que existem outras pessoas que podem se diferenciar da aglomeração. Quando isso ocorre, logo a massa trata de agir, por meios irracionais e vulgares, colocando esse indivíduo no ostracismo social, e impõe a sua visão sobre as coisas, similar a de um *totalitarismo* alucinante, na qual "a característica do momento é que a alma vulgar, sabendo que é vulgar, tem a coragem de afirmar o direito da vulgaridade e o impõe em toda parte".

Não há uma solução geral para esse problema. Somente uma decisão que, como sempre, se dá somente por meio da *iniciativa individual*. Ortega a chama de *vida nobre*, em oposição à *vida vulgar*, característica principal do homem-massa. Não estamos falando aqui da nobreza de títulos ou de sangue; falamos aqui da nobreza *natural*, que vem do indivíduo porque este escolheu ser alguém diferente, alguém que não vive das necessidades da massa. É alguém que resolveu *conquistar* e não ser *conquistado*; treinou exaustivamente para isso acontecer; *age* antes das circunstâncias o surpreenderem; não fica em uma posição *reativa* e aceita a tensão da existência como um dado permanente do real, fazendo isso como um constante treinamento, em uma espécie de *ascese*. Segundo o espanhol, a "nobreza é sinônimo de vida dedicada, sempre a superar a si mesma, a transcender do que já é para o que se propõe como dever e exigência". Ela é o fundamento daquele sujeito que jamais desprezará as virtudes da vida interior.

Contudo, no fim do século XX, segundo Lasch, o perigo real para a democracia não era mais o homem-massa, mas sim a elite que foi escolhida por ele. Ela teria se encastelado tanto fisicamente como psicologicamente em torres de marfim particulares, no desejo de se proteger a todo custo daquilo que o povo, reduzido à situação de "órfãos da democracia", pode provocar quando, finalmente, a verdadeira revolta surgir do subsolo indignado.

Lasch é especialmente arguto – e, mais, profético – ao descrever o modo como esse novo tipo de elite funciona e pensa. Afirma que ela inclui não apenas os tecnocratas que abundam nas empresas com as denominações de "gerentes" (algo que já tinha sido antecipado por James Burnham em seu *The Managerial Revolution* [A revolução dos gerentes], de 1947), "mas também todos os profissionais que produzem e manipulam informações – a alma do mercado global". No caso, esses profissionais são os jornalistas e os intelectuais com pretensões de serem "muito mais cosmopolitas [...] do que [as elites] antecessoras", especialmente no ambiente dos Estados Unidos, marcado pela união entre comunidades que, na falta de nome melhor, podem ser classificadas como "populistas". Entretanto, há um abismo entre as novas elites e o que essas comunidades pensam sobre o que deveria ser a América. As primeiras se "rebelam" contra as segundas porque acreditam piamente que os americanos médios representam "uma nação tecnologicamente atrasada, politicamente reacionária, repressiva na sua ética sexual, medíocre nos seus gostos, presunçosa e complacente, insípida e deselegante". É uma *nova aristocracia do intelecto* que se sente "à vontade em trânsito, a caminho de uma conferência importante, da festa de inauguração de uma nova franquia, de um festival internacional de cinema", cuja visão de mundo é essencialmente a de um turista – uma perspectiva desestimulante para que se possa incentivar uma apaixonada dedicação à democracia local.

Na essência, a "revolta das elites" se caracteriza justamente por não se importar nem um pouco com o debate sadio e acalorado que deveria surgir no confronto com essas correntes consideradas mais "populistas" e que seria a forma de registro para medir a sanidade de qualquer democracia. No fundo, o que temos é a "arrogância epistêmica" dessas "pessoas superiores, como elas se consideram", no conforto das suas certezas, de que o cidadão comum não tem nenhuma capacidade de "entender questões complexas e fazer julgamentos críticos". Trata-se de uma paródia de "comunidade", pois o que acontece realmente é que o "órfão da democracia" passa a ser guiado por esses mandarins, especialmente no que concerne à sua vida particular, fazendo inversões nitidamente absurdas para o nosso cotidiano, como, por exemplo, a perda de respeito pelo trabalho manual honesto em troca de um trabalho "criativo" que não passa de uma "série de operações mentais abstratas dentro de um escritório, de preferência com a ajuda de computadores, e não a produção de alimentos, abrigos e outras necessidades", algo exigido por qualquer realidade concreta.

O perigo de permitir que essa "tirania dos especialistas" comece a determinar o que deve ser feito para manter as comunidades ativas é o triste fato de que elas serão fatalmente eliminadas do lado físico da vida, vivendo em um mundo de abstrações e imagens, um mundo simulado, constituído de modelos computadorizados da realidade, distinto da realidade palpável, imediata e fisicamente habitada por homens e mulheres comuns, refletidos na experiência de se viver em um ambiente artificial. Para eles, o controle se tornou a sua única obsessão.

O resultado imediato disso não é visível no curto prazo, mas fica evidente no longo, ao qual as novas elites se associam ao Estado para justamente domesticarem, sem nenhuma hesitação, a incerteza inerente à condição humana. Na pretensão de manterem controle sobre tudo o que não lhes diz respeito, ocorre a divertida reviravolta, pelo menos aos olhos desses "progressistas", de que o que eles pensavam ser as "massas", antes o pesadelo de Ortega, passam a ter instintos políticos declaradamente mais conservadores do que os seus autodesignados porta-vozes e pseudolibertadores. São a classe trabalhadora e a classe média baixa, afinal de contas, que apoiam as restrições ao aborto, apegam-se ao modelo familiar de pai e mãe como fonte de estabilidade em um mundo turbulento, resistem às experiências com "estilos de vida alternativos" e guardam profundas reservas sobre ações afirmativas e outras aventuras da engenharia social em larga escala. Elas se tornam então as mantenedoras da memória da humanidade, à espera de que um ser humano reconheça o outro, sem o filtro de qualquer tipo de abstração conceitual.

A "revolta das elites" é também uma fuga da própria realidade que, no fim, se transforma em uma oposição a todos os que as novas elites deveriam proteger – o "Coração da América", que passa a ser visto como uma ameaça a ser rapidamente controlada ou até mesmo eliminada. Com isso, os humanitaristas se esquecem das "virtudes liberais que alegam possuir" e "tornam-se petulantes, prepotentes, intolerantes", criando políticas públicas, sempre amortizadas pela igualdade social que as justifique moralmente, supostamente feitas por uma nova classe a favor dos oprimidos e tiranizados – com a integração racial nas escolas públicas, por exemplo – e que exigem sacrifícios das minorias étnicas que compartilham com os pobres os centros urbanos decadentes, o que não costuma acontecer com os liberais que moram nos subúrbios e que projetam e apoiam essas políticas.

E o que esses "luminares" fazem para se protegerem das próprias escolhas que impuseram aos outros? Lasch vai direto ao ponto: seja nos Estados Unidos ou em outras partes do globo terrestre, eles se afastaram da vida comum. Não à toa, o crítico americano também já mostrava, nos idos de 1995, que, na Europa, os plebiscitos sobre a União Europeia revelariam o profundo abismo que existe entre as classes políticas e os membros mais humildes da sociedade, que temem que a Comunidade Econômica Europeia seja dominada por burocratas e técnicos privados de qualquer sentimento de identidade ou de compromisso nacional. Segundo essas pessoas, uma Europa governada a partir de Bruxelas deveria ser cada vez menos receptível ao controle popular – e a principal consequência seria a ressurreição do tribalismo que, por sua vez, também reforçaria um cosmopolitismo reativo entre as elites.

Foi exatamente o que aconteceu na surpreendente vitória do referendo do Brexit (na verdade, uma surpresa apenas para aqueles que estavam dentro de suas respectivas "revoltas"), ocorrida em junho de 2016, quando a Grã-Bretanha decidiu que não queria fazer mais parte da União Europeia. Este verdadeiro "reacionarismo" provou ser uma outra variação da limitação cognitiva das elites que não sabem mais o que fazer com eventos impossíveis de serem classificados em suas etiquetas ideológicas. No caso do Brexit, é gritante a evidência não só do isolamento político, mas sobretudo do isolamento *existencial* dos chamados "burocratas de Bruxelas" e da própria casta política inglesa. Como narra o jornalista Tim Shipman em seu livro *All Out War - The Full Story of How Brexit Sank Britain's Political Class* [Todos em guerra – a história completa de como o Brexit destruiu a classe política britânica], de 2016, o referendo só aconteceu justamente porque o primeiro-ministro britânico David Cameron – que, apesar de ser do Partido Conservador (Tory), não lembra em nada o euroceticismo de Margaret Thatcher – quis agradar os seus colegas da União Europeia e decidiu jogar a decisão no colo do povo apenas para escapar da difícil "questão partidária" sobre a qual tinha de se equilibrar em seu mandato, ao não saber lidar com a oposição do Partido Trabalhista inglês (*Labour Party*). O resultado foi o contrário do que Cameron esperava – e ele renunciou para assim amargar uma precoce aposentadoria política, pelo menos aos olhos do público.

A maioria da classe política e financeira inglesa seguiu o mesmo caminho de negação da realidade – e ficou assustada quando percebeu que o povo não pensava da mesma maneira que ela. No fundo, a elite não queria perceber que os assuntos mais importantes do referendo nunca foram as vantagens econômicas e tecnológicas que a União Europeia poderia providenciar ao inglês comum, e sim outro, muito mais sério – o problema da *imigração forçada* (para usarmos o termo de Hans-Hermann Hoppe no livro *Democracia, o Deus que falhou*) dos refugiados orientais para uma Europa que, alegando "pluralismo" e "tolerância", estava pronta para recebê-los de braços abertos, esquecendo-se de que a Inglaterra sempre teve um profundo sentimento comunitário de nação que tampouco Hitler conseguiu dizimar na Segunda Guerra Mundial.

Seja para o cidadão comum britânico ou americano, aquele que, no fim do mês, tem contas para pagar e é obrigado a lidar com esses novos habitantes em sua vizinhança, sentindo-se completamente enredado por decisões sobre as quais não foi consultado em hipótese nenhuma, não havia outra escolha senão se recolher naquilo que lhe sobrou – uma comunidade que, se não o entendesse plenamente, pelo menos lhe daria um espaço de reserva para preservar um pouco da sua individualidade. Tal comunidade seria nada mais, nada menos que a unidade nuclear de qualquer empreendimento social – a *família*.

Ora, buscar por esse tipo de refúgio político e social que fundamenta a pequena comunidade é uma ação que vai radicalmente contra a tradição iluminista do século XVIII, pois essa última sempre foi historicamente a favor de um controle rigoroso e um intervencionismo estatal excessivo para, claro, preservar o que seria, na sua visão, o tal do "bem comum", sempre sacrificando a vida privada de cada cidadão. Para quem defende esse paradigma, o populismo passa a ser, de fato, uma ameaça a ser combatida com todas as forças. Como bem explica Lasch, inspirado nas meditações do poeta e ensaísta Wendell Berry no livro *The Unsettling of America* [A desapropriação da América], de 1977, e nas reflexões do polemista Orestes Brownson (1803-1876), "as tradições populista e comunitária são distintas, mas historicamente interligadas", sendo que o populismo está enraizado na defesa da pequena propriedade, amplamente considerada no século XVIII e início do XIX como a base necessária para a virtude civil. Mas, uma vez que ambas as tradições têm em comum certas reservas quanto ao Iluminismo racionalista, nem sempre é fácil distinguir uma da outra porque elas não entraram na celebração dominante do progresso como o triunfo da civilização ocidental.

A crença do Iluminismo de que o movimento e o sentido da História são rumo a um progresso inevitável é o principal pilar da deformação espiritual desta "religião civil do Estado Moderno" no qual estamos imersos, conforme as conclusões do cientista político brasileiro Nelson Lehmann da Silva em livro de mesmo título. Contudo, se formos além, o que Lasch propôs é algo muito mais concreto de acontecer, especialmente para o homem comum. Segundo ele, o ressurgimento da tradição populista-comunitária não vinha apenas da decadência do Iluminismo e do fracasso prático da obsessão pela igualdade social como uma forma de garantir o progresso tecnológico da humanidade, mas surgia também do saudável paradoxo da existência de "uma sociedade virtuosa baseada em indivíduos corrompidos" que, por mais que fossem capazes de desvirtuar a comunidade onde viviam, sabiam que precisavam dela para não se autodestruírem – e, por isso, preservavam-na no que podiam, simbolizando suas necessidades naquilo que os liberais do século XIX viam como algo fundamental: a obrigação de sustentar mulher e filhos. Na visão deles, isso disciplinaria o individualismo possessivo e transformaria os jogadores, os espectadores, o almofadinha ou o vigarista em potencial em provedores escrupulosos, no "interesse próprio" que depois seria corrompido pela invasão do mercado corporativo (este também um filhote das benesses excessivas oriundas da igualdade social e que não tinha nada a ver com o verdadeiro capitalismo), desgastando assim a família e corrompendo-a na sua falta de conexão com a comunidade.

A descrição feita por Lasch sobre a desagregação da unidade nuclear da família ainda é válida para todas as épocas que ficaram dilaceradas ao escolher entre o mercado e o Estado. Desse modo, ele aponta para algo muito importante e que só a manutenção da família pode preservar acima de qualquer tipo de elite: uma democracia não merece sobreviver, sob qualquer aspecto, *se o cidadão não tiver a mínima consciência de uma disciplina e de uma virtude interiores.*

Porém, é nítido que a idolatria da igualdade social não está interessada em cultivar essas mesmas virtudes; para ela, se o sujeito não consegue suprir suas necessidades básicas, o Estado de bem-estar social deve fazer isso sem problemas, e então poderemos nos preocupar com essas questões consideradas "mais abstratas" pelas elites progressistas. É daí que surge um dos verdadeiros problemas que os "órfãos da democracia" são obrigados a lidar em suas vidas particulares, refletidos também em suas vidas públicas, corroendo em especial a pretensão de criar comunidades que os protejam: O que fazer quando o cidadão perde o respeito de si próprio? O que fazer quando a máquina governamental tenta substituir a responsabilidade do indivíduo e quer tratá-lo como se fosse uma criança, a contragosto, por meio de um paternalismo totalitário?

Segundo Lasch, o populismo vem como uma resposta a tudo isso, inclusive ao que se acreditava que poderia ser a comunidade como um lugar onde os conflitos fossem resolvidos, algo que se provou impossível com o excesso de intervencionismo do Estado em cada detalhe da vida pessoal, acentuada pela revolta das elites. Dessa forma, é um exagero tratá-lo como algo essencialmente nocivo ou até mesmo com toques semelhantes ao "fascismo", como insiste o *establishment* progressista. Muito pelo contrário, diz Lasch:

> O populismo, tal como eu o entendo, é claramente preocupado com o princípio do respeito. É por este motivo, entre outros, que ele é preferível ao comunitarismo, que se compromete rapidamente

Cristopher Lasch: o estadista da vida interior

com o Estado de bem-estar social e a apoiar a sua ideologia da compaixão. O populismo sempre rejeitou tanto as políticas de deferência como as da piedade. Ele defende os costumes simples e o discurso simples e direto. Não se impressiona por títulos e outros símbolos de elevada posição social, nem com alegações de superioridade moral feitas sob o nome dos oprimidos. Rejeita a "opção preferencial pelos pobres", se isto significa tratá-los como vítimas indefesas das circunstâncias, absolvendo-os da responsabilidade ou desculpando-os de seus delitos na base de que a pobreza traz a presunção de inocência. *O populismo é a voz autêntica da democracia.* Afirma que os indivíduos detêm respeito por si mesmos até que provem que não possuem esse direito, mas também insiste que eles devem assumir a responsabilidade pelo que fazem. Reluta ao fazer alianças ou ter juízos fundamentados na ideia de que "a sociedade é culpada". O populismo é "discriminatório", para chamar um adjetivo comum no uso pejorativo de um termo que mostra a nossa capacidade de discriminar juízos enfraquecidos pelo clima moral da "preocupação" humanitária. [grifos nossos]

Não à toa que esse tipo de populismo só poderia ser chamado de "direita", porque, obviamente, era visto como uma oposição à "esquerda" progressista e benevolente. Na verdade, o populismo defendido por Christopher Lasch é composto de pessoas que divergem em muitas coisas, mas também estão unidas por um grande interesse em comum: o desejo de que não só o Estado, mas, principalmente, a "tirania dos especialistas" não interfira mais em suas vidas, especialmente na unidade nuclear da família, seja pela via do mercado, seja pela via das benesses governamentais, ou então no que parece ser a síntese dos dois – a centralização no processo de transmitir o conhecimento.

2.

Eis aqui o significado da segunda parte do título do livro de Lasch – e do qual poucos críticos notaram quando foi lançado na época da sua publicação.[1] A "traição da democracia" era o fato de que a doença deste regime político – criticado por Platão e Alexis de Tocqueville, celebrado parcialmente por Jean-Jacques Rousseau e John Rawls, e agora alçado a uma nova divindade que, como afirmaria depois o austríaco Hans Hermann Hoppe, morreria na praia sem nos dar qualquer espécie de esperança – originava-se não do voto, como muitos supunham, mas sim no modo como os cidadãos processavam e transmitiam o conhecimento humano que permeia a sociedade civil.

O voto seria somente a cristalização deste processo. Apesar de ter sérias críticas aos apologistas do mercado, Lasch dava prosseguimento, talvez sem o saber, à famosa análise feita por Friedrich Hayek no clássico artigo "The Use of Knowledge in a Society" ("O uso do conhecimento em uma sociedade", publicado em 1949), na qual o economista austríaco (inspirado, sem dar o devido crédito, nos estudos epistemológicos de Michael Polanyi) afirma que, em uma nação dinâmica, não existe conhecimento perfeito, acabado, redondo, sistemático. Ele sempre vem em partes, em pedaços sem qualquer conexão, fragmentado, incapaz de ser reduzido em modelos teóricos. Se ele é apresentado de forma centralizada, em geral é um conhecimento equivocado, incompleto e que, se posto em prática, colocará a sociedade onde será aplicado em risco.

Tendo esse problema do conhecimento em mente – ou seja, como o fundamento de qualquer sociedade política que pretenda ser minimamente saudável –, pode-se então chegar a uma verdadeira definição do que significa democracia. Não é apenas o governo do povo [*demos*], ou, como alguns acreditam, o governo que *dá poder de mando* [*kratia*] ao povo. É algo além: trata-se do governo no qual o povo tem acesso a um conhecimento jamais centralizado em uma teoria abstrata – e que será discutido sem qualquer interferência superior.

A "traição da democracia" ocorre no exato momento quando a "tirania dos especialistas" (ou "analistas simbólicos", como Lasch os classifica) resolve ter o controle obsessivo do conhecimento e da informação por meio daquilo que chamariam de "opinião pública" – mais especificamente, os meios de comunicação em massa, as pesquisas científicas de caráter governamental e as políticas públicas influenciadas pela discussão artificial fomentada pelos dois primeiros fatores citados anteriormente, além das administrações pedagógicas das escolas fundamentais e das universidades. Se o povo não consegue governar adequadamente por meio dos seus representantes políticos – e, portanto, exigir a responsabilidade deles por seus atos – é porque ele simplesmente não está sendo informado do que realmente ocorre na sociedade, seja por ocultação, omissão ou até mesmo supressão de fatos que todos deveriam ter o direito de vê-los sendo divulgados publicamente. Os motivos para isso acontecer são inúmeros: da vontade de poder alucinada (a *pleonexia*) à pura manutenção do *status quo* (refratário a qualquer tipo de mudança radical), passando pela "arrogância epistêmica" de não ver que uma determinada cosmovisão – aqui, a tara indiscriminada pelo progresso – não capta mais o "sentimento trágico da vida", até chegar ao que provavelmente é a raiz de todo esse comportamento: o *ódio* e, portanto, a *revolta* diante da estranha beleza do real.

Para Lasch, o populismo seria uma forma prática de combater essa "revolta das elites" porque ele restauraria a conexão direta que sempre deveria existir entre a sociedade e os seus políticos. Estes precisam ser vigiados pelo que fazem e decidem, custe o que custar, sem concessões. Ter um cargo público não significa mais ser detentor de um cargo permanente. Lidar com o poder implica também lidar com o fato de que esse último depende de um outro reino que está além dos nossos meios exclusivamente humanos – no caso, os perigosos territórios da vida do espírito e da religião.

É este ponto que a maioria da crítica especializada a respeito do livro de Lasch esqueceu de abordar em 1996 (e nos anos seguintes), presumivelmente com receio de lidar com o assunto. O populismo de Lasch é um comportamento de prudência diante do enigma que sempre foi a condição humana – e, por isso, de extrema dependência a algo que nunca esteve sob o controle dos intelectuais iluminados da nossa época. Para estes, ser um populista é deixar que a comunidade devore as liberdades individuais a tal ponto que o homem moderno não consiga afirmar mais a sua singularidade no mundo. Contudo, é justamente o contrário: para Lasch, uma comunidade de tons populistas respeita as qualidades do indivíduo acima de tudo, em especial quando fica nítido que este sujeito trabalha com todas as suas forças para a realização do bem comum em função de uma virtude superior – e que ela se encontra no recanto mais íntimo do seu coração.

Neste sentido, o argumento de *A revolta das elites* a favor do populismo é muito similar ao que o diretor de cinema Frank Capra apresentou na obra-prima *A Felicidade Não Se Compra* (*"It's a Wonderful Life"*, de 1948), em que o personagem principal, George Bailey (interpretado por James Stewart) renuncia aos seus desejos particulares em função da harmonia da pequena cidade de Bedford Falls, onde vive com sua família e amigos. Aqui, parece que Bailey se anula em termos pessoais, destruindo a sua individualidade, mas o que Capra mostra na célebre cena final – na qual o anjo Clarence (Henry Travers) resgata Bailey da sua tentativa de suicídio em cima de uma ponte e lhe mostra o que aconteceria com as vidas dos seus colegas e parentes se ele jamais existisse – vai de encontro ao que Lasch afirma sobre o populismo preservar a ética do respeito mútuo, quando o homem moderno recupera a sua dignidade porque reconhece que é uma criatura única, inserida em um todo muito além das suas partes.

Sob esse aspecto, a experiência religiosa é fundamental para compreender adequadamente não só o impacto que a "revolta das elites" tem no nosso cotidiano, como também no modo como ela deve ser solucionada por meio de cada decisão individual. O desprezo que as elites têm pela religião é contraposta ao entendimento intuitivo, sem nenhum intelectualismo, que o cidadão comum possui dela. Se as primeiras a veem somente pelo seu aspecto esteticista – ou *terapêutico*, como escreve Lasch ao citar seu mestre Philip Rieff, de quem falaremos em breve –, o homem comum a vê como a força moral que o impede de cometer sua autodestruição, a dos seus próximos e da comunidade onde ele habita. É George Bailey sendo salvo pelo anjo Clarence – mas sem precisar da intervenção divina porque ele já sente esta presença invisível em cada detalhe da sua vida, conforme Lasch articula neste parágrafo extremamente preciso:

> No lugar de desencorajar a investigação moral, o impulso religioso pode facilmente estimulá-la ao dar atenção à disparidade que existe entre um juramento verbal e sua prática, ao insistir que o cumprimento superficial de rituais estabelecidos não é o suficiente para garantir a salvação, além de incentivar os fiéis a cada passo dessa procura ao se perguntarem sobre seus próprios motivos. Longe de amenizar essas dúvidas e angústias, em geral a religião tem o efeito de intensificá-las. Ela julga aqueles que defendem a fé de maneira mais dura do que julga os infiéis. Assegura-os um modelo de conduta tão exigente que muitos deles resolvem desistir. Não tem paciência alguma com aqueles que criam desculpas para si mesmos – uma arte na qual os americanos parecem se superar. Se ela é, em última análise, misericordiosa com a fraqueza e a loucura humanas, não é porque as ignora ou as atribui exclusivamente aos descrentes. Para os que levam a religião a sério, a crença é um fardo, não um direito assegurado de se ter algum *status* moral privilegiado. De fato, o moralista pode ser alguém muito mais frequente entre os céticos do que entre os fiéis. A disciplina espiritual contra o moralismo hipócrita é a própria essência da religião.

As elites se revoltam contra a realidade porque não sabem respeitá-la no seu fundamento transcendente, aquele que dá a única liberdade pessoal – a liberdade interior nascida da vida do espírito e que não se deixa render à escravidão das ideologias políticas totalitárias ou ao relativismo moral que, no fundo, é mais uma amostra do temor e tremor dos que não conseguem suportar a incerteza da nossa existência. Elas praticam, ao seu modo racionalista, a verdadeira hipocrisia religiosa. Como contraposição concreta e saudável, a comunidade populista, de acordo com a perspectiva de Lasch, precisa da experiência religiosa para se proteger da "noite escura da alma" que engole o mundo há séculos – e da qual a "moléstia democrática" é apenas um dos seus sintomas. Ao se referir a uma carta que a escritora americana católica Flannery O'Connor enviou à colega Sally Fitzgerald, Lasch finalmente chega ao centro do problema que o obceca:

> O que torna o temperamento moderno realmente moderno não é a perda do nosso sentimento infantil de dependência, mas que a rebelião normal *contra* a dependência é algo muito mais presente do que costumava ser. Essa rebelião não é algo novo, como Flannery O'Connor nos lembra quando escreve que "há longos períodos nas vidas de todos nós [...] quando a verdade revelada pela fé é repugnante, perturbadora emocionalmente e claramente repulsiva. Veja a noite escura da alma nos santos individuais". Se o mundo inteiro parece agora sofrer desta noite escura da alma, é porque a rebelião normal contra a dependência parece ter sido autorizada pelo nosso controle científico sobre a natureza, o mesmo progresso da ciência que teria destruído a superstição religiosa.

O populismo nos faz ver que a nossa dignidade como seres humanos precisa da restauração de certa vergonha metafísica que foi abolida nos tempos modernos – a mesma vergonha que Nietzsche dizia que seria uma prova de que há um mistério em todo lugar, combatida por uma afronta racionalista diante de qualquer coisa que seja enigmática e resistente ao controle humano.

Logo, a noite escura da alma dos santos citada por O'Connor é o antídoto imperfeito e trágico, porém necessário, para ultrapassar e vencer a revolta das elites. Sem ela, o intelectual ficará preso em sua torre de marfim favorita, igual à parábola da raposa que Hannah Arendt criou para meditar sobre o delírio de poder no qual vivia seu antigo mestre, Martin Heidegger, acusado de colaborar, tanto na Academia como na sua impecável obra filosófica, com nada mais, nada menos que o regime nazista: "Era uma vez uma raposa tão carente de astúcia que não só era constantemente apanhada em armadilhas como sequer era capaz de identificar a diferença entre uma armadilha e uma não armadilha. Construiu uma armadilha para ser sua toca. 'Recebo tantas visitas na minha armadilha que me tornei a melhor de todas as raposas'. E há certa verdade nisto: ninguém conhece melhor a natureza das armadilhas do que alguém que fica a vida inteira em uma delas".

O exemplo de Heidegger – e de qualquer outro grande intelectual possuído pela sua *pleonexia* – é perfeito para entendermos um ponto que Lasch deixa implícito em seu livro, mas que, sem ele, não conseguiríamos entender o restante da sua tese. Em um mundo tomado pela revolta das elites, como o homem de espírito deve proceder? Será que ele deve sucumbir às duas tentações que o atormentam desde sempre: o "racionalismo na política" já denunciado pelo inglês Michael Oakeshott ou o anti-intelectualismo que fez a fama de um Georges Sorel, de um Marinetti e, no caso específico do Brasil, de boa parte dos integralistas liderados por Plínio Salgado na década de 1930? Nesse ponto, a distinção procurada deve ser a que foi feita por George Bernanos, em outro tratado também derradeiro, *A França Contra os Robôs* (1945), ao afirmar que "a experiência me demonstrou há muito tempo que o imbecil nunca é simples, e muito raramente é ignorante. O intelectual deveria, portanto,

A Revolta das Elites e a Traição da Democracia

por definição, parecer-nos suspeito? Certamente. Chamo intelectual ao homem que dá a si mesmo esse título, em razão dos acontecimentos e diplomas que possui. Não falo, evidentemente, do erudito, do artista ou do escritor cuja vocação é criar – para os quais a inteligência não é uma profissão, mas uma vocação. O intelectual é com tanta frequência um imbecil que deveríamos tomá-lo sempre como tal, até que nos tenha provado o contrário".

3.

A resposta dada a esta dúvida articulada por Bernanos está implícita no capítulo 12 de *A revolta das elites*, uma intensa meditação sobre a obra de Philip Rieff (1922-2006). Sem este pensador americano, conhecido nos *bas-fonds* acadêmicos por ter sido o primeiro marido de Susan Sontag (1933-2004), em um breve casamento de oito anos (com direito a um filho, o célebre jornalista David Rieff), provavelmente Lasch jamais teria o vislumbre desse princípio de filosofia política que lhe daria a glória definitiva duas décadas depois – e, como sempre, a crítica também falhou ao não observar esse detalhe.

Porém, muito antes de ser o esposo de Sontag, Philip Rieff foi um dos maiores *scholars* (senão *o maior*) dos estudos a respeito de Sigmund Freud na língua inglesa. Sua carreira como escritor inicia-se com a publicação, em 1959, de *Freud: Pensamento e humanismo*. Nesse livro, após analisar minuciosamente a obra completa do médico vienense, Rieff descobriu três tipos de comportamento humano que, de forma sincrônica e sucessiva, determinaram direta ou indiretamente três períodos da História Ocidental.

O primeiro foi o ideal do homem *político*, formado e desenvolvido por nós na antiguidade clássica, em especial com as obras de Platão e Aristóteles, dois dos pensadores mais aguçados e persuasivos em termos psicológicos. Aprendemos com eles que a natureza humana é dividida em hierarquias de alta e baixa energia naquilo que chamamos de "a estrutura da realidade" – considerado aqui um dado objetivo e indiscutível. Para o filósofo que escreveu *A República*, a saúde e a estabilidade de uma pessoa é análoga – ou melhor, dependente mesmo – da saúde e da estabilidade da ordem política, nas quais há uma subordinação das paixões ao intelecto e, portanto, uma subordinação das classes não educadas às educadas.

O segundo tipo surgiu dessa dicotomia platônica e foi adaptada para outros propósitos. Trata-se do homem *religioso*, formado pela revelação cristã e que, com pitadas essenciais de filosofia grega, privilegiou a fé como uma nova forma de descoberta do real, na qual a existência passa a ser vista como uma peregrinação que é, na verdade, uma contínua reeducação moral e intelectual. O palco onde tudo isso deveria acontecer não era mais a *polis* ateniense, como era na época de Platão, mas sim a comunidade que se tornou a Igreja, mantida pelos laços carismáticos do amor centrado ora na revelação dada a Moisés no Monte Sinai, ora posteriormente na pessoa de Jesus Cristo.

Com a vitória progressiva do Cristianismo em todas as instituições políticas, parecia surgir um outro tipo ideal de caráter – o homem *econômico*, cuja predominância para cultivar sua tão adorada racionalidade o levou a um isolamento dentro do seu próprio jardim utópico. Foi o início de uma revolução moral que teria como resultado o rebaixamento dos ideais superiores, meditados pela antiguidade e pela revelação cristã, e na qual, em uma inusitada reviravolta, o que antes era considerado como um ideal decadente foi promovido a uma posição mais do que elevada.

Contudo, o que Rieff descobre, no decorrer da sua crítica da obra de Freud, é que o homem econômico foi apenas um tipo de transição para uma mudança ainda mais profunda na natureza humana. O pai da psicanálise foi também o criador de uma nova espécie de comportamento que, no decorrer do século xx, permaneceria como a regra constante na nossa sociedade moderna e pós-moderna. Estamos falando, é claro, do homem *terapêutico*, o homem *psicológico* que, por mais racional, sofisticado e religioso que seja, ele é, antes de tudo, um ser profundamente *anti-intelectual*. Ele duvida que a fé e a razão possam ajudá-lo a curar a fratura que há dentro do seu próprio ser. Por isso mesmo, torna-se profundamente cético a respeito da hierarquia de valores que seus antecessores ainda acreditavam sem hesitação, não conseguindo escapar do seu passado e daquilo que já lhe foi revelado. Freud chamaria isso de "repressão" e colocaria a experiência religiosa como uma espécie de produto negativo dessa tradição que deveria ser descartada – ou então superada. A psicanálise se tornaria, portanto, uma espécie de nova religião moderna, na qual todos seriam neuróticos ou doentes em potencial, em uma democracia disfuncional que influenciaria não só a classe baixa da sociedade – acossada pelas inúmeras mudanças provocadas pelo progresso tecnológico –, mas principalmente a elite que a comanda por meio das suas ideias.

A articulação desses tipos ideais de caráter humano ocorre por meio de um princípio que Rieff só explicitará nos livros seguintes – em particular, *O triunfo da terapêutica*, 1966 e o peculiar *Fellow Teachers* [Caros professores], 1975. É a tensão que há entre *poder* e *autoridade*, sendo que existe uma diferença abissal entre ambos, apesar da confusão habitual das pessoas a respeito desses dois polos. Para Rieff, autoridade nunca foi igual ao poder. A primeira existe por quem respeita, antes de tudo, a hierarquia objetiva de valores na estrutura do real; e o segundo ocorre justamente para quem não há quaisquer limites para suas ações. A autoridade equilibra a arrogância do poder – aquilo que os gregos chamavam de *hubris*, a revolta luciferina diante do mundo tal como existe diante dos nossos olhos.

Em um mundo despedaçado por causa da falta de prestígio tanto da experiência religiosa como da ausência da autoridade vertical para limitar a força avassaladora das ideologias políticas que ficam somente no plano horizontal, Rieff percebe, de maneira dolorida, que o homem terapêutico não será descartado assim tão facilmente. No seu caso, sendo um professor e um *scholar* que depende não só da sua profissão, como principalmente do ambiente da universidade para exercer o seu poder de autoridade, ele nota que a única maneira de alcançar alguma espécie de fortaleza interior é recuar diante do torvelinho da sociedade – e ensinar uma nova maneira de educação, muito provavelmente por meio do silêncio.

Foi o que ele fez nos anos posteriores à publicação de *Fellow Teachers*, quando, durante duas décadas, permaneceu em absoluto isolamento, falando apenas com seus alunos, não publicando mais nada. Porém, não deixou de escrever, em segredo, o resto da sua obra no qual levaria às últimas consequências uma teoria da cultura em que o homem terapêutico – e suas ramificações sociais, políticas e espirituais – seria o inimigo a ser combatido a qualquer custo. No volume em que acerta as contas com Max Weber, *Charisma – The Gift of Grace and How It Has Been Taken Away From Us* ("Carisma – O Dom da Graça e Como Ele Foi Tirado de Nós", 2007), e na trilogia *Sacred Order/Social Order* ("Ordem Sagrada/Ordem Social"), cujo primeiro volume, *My Life Among Deathworks* ("Minha Vida Entre os Trabalhos da Morte") foi publicado um ano antes da sua morte, em 2005, Rieff afirma que sua biografia não passa de uma luta contra esses *deathworks*, objetos estéticos que defendem os valores de uma anticultura a qual, ao recusar a autoridade, prefere a falta de limites do poder absoluto, substitui a força do carisma pelo fascínio do terapêutico e assim destrói a si mesma.

Agora, ele estende os três tipos ideais de comportamento descobertos na década de 1950 para três tipos de culturas que se desdobram, respectivamente, em três tipos de mundos nos quais vivemos simultaneamente, em uma verdadeira guerra cultural que supera qualquer dicotomia de esquerda e direita. Para o homem *político*, temos o *primeiro mundo*, fundamentado nos fatos brutos do paganismo; para o *religioso*, há o *segundo* mundo, inspirado pela fé que orientava a revelação judaico-cristã; e para o *terapêutico*, vivemos agora o *terceiro* mundo, falsificado pelas ficções das políticas de identidade, pelo relativismo moral e pela revolta contra qualquer tipo de religiosidade que nos remeta à autoridade em contraposição ao poder totalitário das ideologias. Nos volumes seguintes da trilogia, *The Crisis of Officer Class* ("A Crise da Classe Intelectual", 2007) e *The Jew Of Culture* ("O Judeu da Cultura", 2008), lançados postumamente, Rieff insere as elites acadêmicas, intelectuais e políticas – as mesmas elites corruptas e corrompidas antevistas por Christopher Lasch no seu leito de morte – como as principais responsáveis e, por mais estranho que isso pareça, como as principais vítimas da devastação que cerca esse terceiro mundo cultural.

No capítulo de *A revolta das elites e a traição da democracia*, que lida com a obra de Rieff, Lasch não comenta sobre essa última fase porque, obviamente, ele tinha falecido há mais de dez anos quando ela foi finalmente publicada na íntegra. Portanto, soa estranho a crítica que o discípulo faz ao mestre, em especial a respeito da "religião da cultura" que seria, no fim, mais uma forma de escapar das graves atribuições impostas a quem vive a experiência religiosa na sua extrema incerteza. Segundo Lasch, o silêncio de Rieff nos corredores da Academia foi uma fuga terrível da sua responsabilidade política como intelectual. Era uma observação procedente, mas, ao mesmo tempo, mostra a profunda diferença entre os dois – diferença que, entretanto, jamais implicou na falta de uma comunicação substancial e subterrânea nas obras dos dois escritores, uma vez que tinham algo em comum: a busca intransigente pelo *intelecto emocionado* ("the feeling intellect").

Tanto para Philip Rieff como para Christopher Lasch, o *intelecto emocionado* – expressão extraída de um verso do longo poema autobiográfico *The Prelude* ("O Prelúdio", 1799-1850), escrito pelo inglês William Wordsworth (1770-1850) – é a forma mental adequada para que se saiba quem é um verdadeiro intelectual e quem é um verdadeiro imbecil, se remetermos ao que dizia Georges Bernanos. Além de ter sido o título de uma impecável coletânea de ensaios de Rieff, editada por seu antigo aluno Jonathan Imber em 1990, esse tipo de intelecto sabe unir as tensões aparentemente paradoxais da fé e da razão que alimentavam a cultura do segundo mundo e, mais do que isso, sabe separar, sem cair em nenhum reducionismo conceitual, a autoridade do poder, preservando acima de tudo a dinâmica imprevisível da natureza humana. Sua emoção deriva do fato paradoxal de que observa a tudo e a todos de maneira desapaixonada, sem filtros ou paixões ideológicas. Logo, não cai nas armadilhas preparadas pela sociedade democrática que se deixou trair por seus homens terapêuticos. A cura da alma, se existe alguma, surge por causa da abertura ao transcendente, e não porque vai contra esse tipo de atitude.

O *intelecto emocionado* é o antídoto que o intelectual possui para não se deixar enredar pela "revolta das elites", em um mundo onde o terceiro mundo da cultura da morte impõe suas seduções diabólicas a um ofício sempre predisposto a elas. Todavia, Lasch acreditou que Rieff cometeu um equívoco ao preferir o silêncio em vez de confrontar a praça pública. Oriundo de uma família de intelectuais progressistas, mesmo com uma tendência crítica demonstrada no decorrer da sua obra a respeito do fascínio que o liberalismo transmitia à classe do pensamento sofisticado, ainda assim ele via a política como a atividade fundamental para uma comunidade mudar os rumos de uma nação. Daí a sua descoberta e, posteriormente, a sua defesa intransigente de um populismo que, se não era especificamente progressista, também não seria exagerado de chamá-lo de "conservador", para quem, parafraseando Hannah Arendt, a *vita activa* lhe era superior à *vita contemplativa*.

Ora, Rieff era justamente o oposto. O silêncio foi sua forma de resistência a um mundo que ele não conseguia mais compreender – e foi obrigado a proteger o seu *intelecto emocionado* para entender principalmente o que acontecia consigo mesmo e o que acontecia ao seu redor. Já Lasch escolheu algo mais urgente e imediato, na sua perspectiva – a escrita de um livro sobre eventos que, mal sabia ele, se transformariam em realidade duas décadas após o seu falecimento. A ironia é que, até lá, Rieff continuou a produzir, chegando à mesma conclusão do discípulo.

Assim, as reflexões de Rieff e Lasch finalmente convergiriam, de maneira inesperada, anos depois quando, em 2005, a filha desse último, Elizabeth Lasch-Quinn, foi visitar o primeiro na casa dele. Intelectual tão reconhecida quanto o pai, ela foi prestar as últimas homenagens a um Rieff que já sabia que morreria, por causa de graves problemas respiratórios. Após conversarem sobre vários assuntos, o autor de *Fellow Teachers* ouviu o seguinte dela: "Cada linha dos seus escritos ressoa para mim de maneiras inexplicáveis", uma vez que toda a obra de Christopher Lasch foi profundamente influenciada pelas meditações de Rieff. Elizabeth continuou: "Sinto como se você fosse meu avô intelectual". "E eu sou", respondeu o ancião de 84 anos, sem titubear.

Aqui, o *intelecto emocionado* se encarnou de tal forma que é difícil não perceber que a verdadeira intensidade desse encontro também se dá conosco porque o personagem principal está ausente. Elizabeth carregava o legado do seu pai a um Philip Rieff que, combalido, se assumia explicitamente como um sobrevivente desses "trabalhos da morte". O problema é que Christopher Lasch já tinha sucumbido a um câncer metastático doze anos antes dessa conversa intergeracional acontecer – o que não impediu que o confronto direto, feito contra o terceiro mundo que destituiu qualquer tipo de autoridade transcendente, se transformasse em uma obra que defenderia e daria meios para protegermos, acima de tudo, as nossas vidas.

4.

Lasch jamais chegaria à descoberta deste princípio da filosofia política contemporânea que é a "revolta das elites" senão por um árduo processo de ascese pessoal e interior. Sua vida e sua obra são mais do que a prova do *intelecto emocionado* – é a constatação de uma conversão de um intelectual que, no início da carreira, ainda estava possuído pelas visões distorcidas do real e depois passou a vê-lo em sua implacável ambiguidade.

Mas, para isso, teve que sofrer duas experiências: a da iminente destruição existencial da sua própria família e a da morte. Nascido em 1 de julho de 1932 (portanto, dez anos mais jovem que Philip Rieff) na cidade de Omaha, Nebraska – o centro do "Coração da América" –, "Kit" Lasch era um jovem prodígio que sempre teve pendores literários. Seus pais, Robert e Zora, eram dois intelectuais progressistas fanáticos, apesar de que, se o pai era um ateu rigoroso, a mãe jamais abandonou seus pendores religiosos voltados para o protestantismo. Talvez por causa dessa união insólita, Lasch se permitiu ficar encantado pelas ideias socialistas, em especial a metodologia marxista, quando decidiu seguir a vida intelectual ao se formar em Harvard (onde foi colega de quarto de ninguém menos que John Updike) e depois Columbia (onde foi apadrinhado pelo prestigiado cientista político Richard Hofstadter). Nesta época de formação, sua principal meta era atacar o capitalismo sob quaisquer formas, mesmo que deixasse muito claro aos seus leitores que os principais responsáveis pela decadência do sistema político americano não eram apenas os empresários ou os banqueiros, como se poderia pensar, mas era a própria classe trabalhadora, guiada por intelectuais oportunistas que, de uma forma ou outra, se deixavam enamorar pelo poder do governo federal.

Esta linha de pensamento é o que caracterizou seus primeiros livros, como *The American Liberals and the Russian Revolution* ("Os Esquerdistas Americanos e a Revolução Russa", 1962), *The New Radicalism in America 1889-1963* ("O Novo Radicalismo na América", 1965), *The Agony of American Left* ("A Agonia da Esquerda Americana", 1969) e *The World of Nations* ("O Mundo das Nações", 1973). Depois, mesmo se assumindo como um "engajado de esquerda", Lasch foi descobrindo a sua própria insatisfação com a casta intelectual que o formou nos seus anos de juventude – e isto se deu principalmente quando, ao casar com sua esposa Nell e ter dois filhos adolescentes, Robert e a já citada Elizabeth, ele percebeu que a família como unidade nuclear da sociedade estava sendo dizimada dentro da própria casa, ao ver que a sua prole estava se rendendo sem pudor a tudo aquilo que ele denunciou em seus livros. Atormentado por isso, a revelação só se intensificou ao notar igualmente que a sua tão amada esquerda não fez nada para evitar tal situação. Pelo contrário: segundo sua pesquisa acadêmica, Lasch descobriu que, graças à mesma Escola de Frankfurt e à psicanálise estudadas minuciosamente por ele, a elite progressista só tinha ampliado ainda mais a destruição familiar.

Isso causou uma reviravolta em sua obra, ocorrida de forma nítida com a seguinte trilogia: *Haven in a Heartless World – The Family Besieged* ("Refúgio em um Mundo Sem Coração – A Família Sitiada", 1977), o *best-seller* internacional *The Culture of Narcissim – American Life in an Age of Diminishing Expectations* ("A Cultura do Narcisismo – Vida Americana em uma Era de Expectativas Diminutas", 1979) e *The Minimal Self: Psychic Survival in Troubled Times* ("O Ego Mínimo: Sobrevivência Psíquica em Tempos de Tormenta", 1984). Nos dois primeiros tomos, Lasch ainda aplicava os vícios sociológicos ao analisar a "cultura do narcisismo" e o "fim da família", conforme analisava a falência da sociedade industrial que obrigava o indivíduo a se fechar dentro de si mesmo – em uma desagregação que começava do exterior e só depois atingia a vida interior do sujeito. Contudo, ao buscar uma terceira posição política que fosse uma alternativa aos impasses do liberalismo, do capitalismo e, sobretudo, do socialismo que tanto o atraiu, Lasch descobriu nada mais, nada menos que o "populismo" – uma espécie de política com toques de novidade, mas com apelo à uma tradição republicana, surgida na época das Guerras Civis Inglesas do século XVII, baseada no cultivo da virtude interior, relacionado à manutenção da propriedade privada acima de qualquer governo centralizado.

Ora, isto era uma abominação para quem fazia parte da elite progressista norte-americana, determinada em acreditar que o futuro seria possível somente por instituições governamentais que cuidassem da vida particular de cada cidadão, independentemente de ser do lado republicano ou do lado democrata. Apesar do sucesso estrondoso desses três livros, dando a oportunidade a Lasch de participar de uma conversa constrangedora com o então presidente Jimmy Carter (que tomaria para si a expressão "cultura do narcisismo" sem nenhuma cerimônia em um discurso à rede nacional) e até mesmo ser matéria de capa da revista *People* (uma ironia deliciosa, pois era a bíblia de tudo aquilo que Lasch denunciou em seu sucesso de vendas), ele ficou cada vez mais isolado entre seus pares acadêmicos e cada vez mais solitário, conforme tinha uma compreensão adequada da verdadeira natureza da política dos Estados Unidos.

Esse exílio interior o levou a concluir que a metodologia marxista era completamente fracassada – e, em *The Minimal Self*, propõe explicitamente que a solução dos dilemas existenciais a qual os seres humanos sofriam, em uma sociedade sem nenhum norte moral ou econômico, só poderia ocorrer se houvesse uma abertura sincera à estrutura comportamental já desvelada pelas religiões judaicas e cristãs. Assim como Philip Rieff, Lasch tentava exorcizar, dentro de si, todos os sintomas de ser um homem *terapêutico*, ao tentar unir a tradição política do populismo com a descoberta renovada de uma vida religiosa sem quaisquer dogmas.

Esse processo chegaria ao ápice do seu desenvolvimento com o épico *The True and Only Heaven – Progress and is critics* ("O Verdadeiro e Único Paraíso – O Progresso e Seus Críticos", 1991), possivelmente a obra-prima de Christopher Lasch. Neste volumoso tomo de 592 páginas, ele faz um ambicioso panorama de como o populismo não é só a verdadeira alternativa à idolatria do progresso que permeia a maioria da História Ocidental (especialmente nos Estados Unidos e na Europa), como também seria uma nova forma de praticar a política nas próximas décadas. Por meio de uma série de pequenos ensaios que conecta as vidas de Thomas Carlyle, Edmund Burke, Martin Luther King (em um momento especialmente tocante e trágico), John Kennedy e o próprio Lasch (que confessa todo o seu processo de desistência da ideologia marxista em um trecho deliciosamente autobiográfico), *The True and Only Heaven* prepararia as bases teóricas e históricas para o princípio de filosofia política que seria posteriormente articulado em *A revolta das elites*.[2]

Contudo, surgiu o inesperado. Em 1992, Lasch foi diagnosticado com um câncer, rapidamente operado, mas que depois se revelou como uma metástase incurável. Nessa época, ele já escrevia o que seria seu último livro. Trata-se mais do que um mero testamento: são as últimas palavras de um homem que sabia que estaria, em breve, na outra margem do rio. Isso dá a sensação de que estamos lendo a *summa* de uma vida inteira – e não à toa que, ainda nos primeiros capítulos, podemos perceber alguns ranços daquela velha visão marxista da luta de classes, quando Lasch tenta analisar a casta da *intelligentsia* em contraposição à casta empresarial, além de algumas falhas bibliográficas que um *scholar* da sua categoria jamais deveria fazer, como, por exemplo, acreditar na tese estapafúrdia de um Paul Kennedy e seu *Ascensão e Queda das Grandes Potências* (1987), um livro que hoje ninguém mais leva a sério.

Mesmo assim, nada disso tira o mérito do argumento principal do livro – e que, no fim, tem pouco a ver com política e muito mais com uma inquietação religiosa que perseguiu Lasch até o fim da sua vida: a de que a nossa revolta surge porque queremos controlar a vida em todas as suas minúcias e, mais, somos absolutamente incapazes de aceitar a incerteza ao nosso redor. Afinal de contas, Lasch estava sofrendo disso em seu próprio corpo, ao lidar com as dores oriundas da "abolição da vergonha" que a técnica medicinal tentava aplicar nele – e da qual recusou peremptoriamente, ao saber que a quimioterapia era incapaz de resolver o problema, além de prejudicar a sua lucidez na redação dos últimos capítulos de *A revolta*. Se o leitor não tiver consciência do sopro negro da morte que perpassa cada linha dessas páginas finais, em especial a parte derradeira (como já sabemos, intitulada "A Noite Escura da Alma"), jamais saberá a emoção contida, mas genuína, que há ao ler o seguinte trecho quando ele explicita, de forma indireta, o que acontecia consigo mesmo ao confrontar "a contingência e a finitude da vida humana", na tentativa de "se reconciliar com a intratabilidade dos limites", pois "os registros dos [nossos] sofrimentos nos fazem ver o porquê da vergonha estar tão próxima com o nosso corpo, que resiste aos inúmeros esforços de controlá-lo e, portanto, nos faz lembrar, de maneira vívida e dolorosa, das nossas limitações inescapáveis e da inevitabilidade da morte".

Da mesma maneira que Christopher Lasch se despedia da vida física, fazia o mesmo com a sua vida intelectual. No decorrer de *A revolta das elites*, ele se desvincula dos resquícios da sua cosmovisão marxista, abandona de vez qualquer esperança progressista e não lhe resta mais nada exceto ter a única certeza que ainda não o abandonara por completo: a de que, se alguém é "incapaz de conceber um Deus que não se importa com a felicidade humana como se fosse a primeira e a última força da criação, também não pode aceitar o paradoxo central da fé religiosa – o de que o segredo da felicidade é renunciar ao direito de ser feliz".

Essa sóbria conclusão, tirada a fórceps nesta descida particular ao Hades, é, ao mesmo tempo, uma mensagem de esperança de Lasch a todos nós – e a culminação de toda uma trajetória inspirada na busca pelo *intelecto emocionado*. No fim, o que ele nos ensina, como o bom professor que foi na Universidade de Rochester, é que a "noite escura da alma" é necessária para vencer qualquer tipo de corrupção que possa acontecer na nossa travessia neste mundo – seja ela espiritual, econômica, social ou cultural. Ao superá-la, encontraremos, sem dúvida, a virtude que nos abre as portas do único e verdadeiro paraíso.

Mas, para isso, Lasch nos alerta que, como ele praticou na sua trajetória, devemos ser os estadistas da vida interior, sempre alertas ao que acontece conosco e com os outros que dependem das nossas ações e dos nossos pensamentos, em um autogoverno baseado na virtude. Antes de falecer em 14 de fevereiro de 1994, aos 62 anos, na sua residência em Pittsford, Nova York – um vilarejo muito similar à Bedford Falls de George Bailey em *A Felicidade Não se Compra* e que foi o local onde Lasch conseguiu enfim encontrar o refúgio para proteger os seus –, ele se despediu da família e dos amigos queridos, sem se esquecer de dar uma última lição justamente a Phil Rubin, o médico que o tratava, na seguinte carta: "Eu amo a vida e tentei vivê-la com intensidade, paixão e integridade; e por este mesmo motivo estou preparado para deixá-la se for chamado a fazer isto".

E assim foi. Vinte e dois anos depois da sua morte, o mundo confirmou o seu diagnóstico – e a "revolta das elites" está aí, plena e acabada, assim como a reação contra ela, feita da maneira mais espetacular e imprevisível que se possa imaginar para quem está no poder. Talvez Lasch não simpatizasse com o que fizeram com suas ideias, como um Steve Bannon tomando de empréstimo o conceito de populismo quando Donald Trump assumiu a Casa Branca entre 2016 e 2020 – e até criticasse prontamente esses dois sujeitos por serem nítidos exemplos da "cultura do narcisismo" que tanto temia contaminar a sociedade americana. Tampouco saberemos o que ele acharia de um Jair Bolsonaro (provavelmente mais uma evidência de um "ego mínimo", acossado por uma vida desesperada pela sobrevivência política). E é irônico pensar que até mesmo Eric Miller, autor da bela biografia *Hope in a Scattering Time: A Life of Christopher Lasch* ("Esperança em um Tempo Disperso: A Vida de Christopher Lasch", 2005), acreditou que o populismo do autor de *The True and Only Heaven* era uma mera alternativa utópica em um país dilacerado pelas elites democratas e republicanas – e em um mundo prestes a ser conquistado pelo idioma único da globalização burocrática.

Não foi o que aconteceu. Em uma época na qual, como diria W.B. Yeats, "o centro não se sustém", a obra de Christopher Lasch, em especial com essa *A revolta das elites e a traição da democracia* que o leitor agora tem em mãos, foi o dolorido triunfo daquele outro princípio da filosofia política, descoberto na Grécia antiga, aperfeiçoado pela religião cristã e quase demolido nos nossos tempos, mas muito bem sintetizado na dedicatória escrita pelo anjo Clarence no exemplar de *As Aventuras de Tom Sawyer*, de Mark Twain (um autor que certamente aprovaria as ideias ousadas de Lasch), endereçada ao George Bailey criado por Frank Capra, logo no final da sua obra-prima cinematográfica: *"Lembre-se, George: um homem que tem amigos não é um fracassado"*. Ao mostrar-nos o mapa final para o refúgio que seu autor tanto procurava, *A revolta das elites* também se torna uma via rumo a um futuro que promete ser muito interessante. E, tal como fez Lasch, apenas devemos ter a coragem e a esperança de vivê-lo e enfrentá-lo.

Martim Vasques da Cunha é doutor em Ética e Filosofia pela Universidade de São Paulo (USP), autor dos livros *A poeira da glória: Uma (inesperada) história da literatura brasileira* (Record, 2015), *A tirania dos especialistas: Desde a revolta das elites do PT à revolta do subsolo de Olavo de Carvalho* (Civilização Brasileira, 2019), *O contágio da mentira: Como sobreviver na cultura do corona* (Âyniè, 2020), *Um democrata do Direito* (Metalivros, 2021), *A disciplina do deserto* (É Realizações, 2024) e *Crise e utopia: O dilema de Thomas More* (nova versão pela editora Almedina, no prelo).

Notas

1. A moléstia democrática [pp. 15]

[1] A imprecisão do conceito torna impossível que os responsáveis pelas políticas públicas concordem a respeito de uma lista de minorias com direitos a serem recompensados por causa de uma história de opressão. Os cientistas sociais começaram a falar de minorias, no atual significado do termo, na época do New Deal. Referiam-se aos grupos que tinham sido "destacados pelos tratamentos diferentes e desiguais", nas palavras de Louis Wirth. Enquanto as minorias nacionais na Europa eram geralmente denunciadas como agressivas e belicosas, as minorias americanas eram vistas como vítimas e não predadoras. Desde o começo, a posição de minoria deu aos seus representantes certa vantagem moral e política. Se "o simples fato de ser odiado em termos gerais [...] é o que define um grupo minoritário", como explicaram Arnold e Caroline Rose, a vantagem moral se encontra invariavelmente com a "minoria" (mesmo se ela surgir de uma estatística majoritária da sociedade). A pressão para aumentar a categoria, com a consequente perda de precisão conceitual, se provou irresistível. Nos anos 1970, ela incluía não apenas vários grupos étnicos e raciais como as mulheres (exceto quando elas eram chamadas pela fórmula sem sentido de "mulheres e minorias"), homossexuais, e grupos (por exemplo, os surdos) tratados anteriormente pelos cientistas sociais como "divergentes".

O juiz Lewis Powell declarou, no processo do caso Bakke (1978), a sentença definitiva, porém confusa, feita pela Suprema Corte a respeito da ação afirmativa, na qual "os Estados Unidos se tornaram uma nação de minorias". Contudo, ele admitia que o termo era desesperadamente impreciso. Qualquer grupo que pudesse "exigir uma história de discriminação prévia" poderia afirmar a sua posição de minoria e o seu direito aos novos "privilégios" criados e conferidos pelos tribunais na sua ampla interpretação do que significa a ação afirmativa. Todavia, era igualmente claro que "não eram todos os grupos" que teriam este "tratamento preferencial" pois, se assim fosse, "a única 'maioria' que sobraria seria a nova *minoria* dos brancos protestantes anglo-saxões". Como seria decidido, neste caso, exatamente quais grupos deveriam receber tratamento compensatório? Seria difícil discutir com a conclusão de Powell de que "não há um fundamento para decidir quais grupos mereceriam 'tal suplício judicial elevado' e quais grupos não o mereceriam".

Apesar da evidente imprecisão, o conceito de minoria teve uma enorme influência nas políticas sociais. O debate público buscava uma forma de fortalecer a oposição popular no caminho da ação afirmativa e na noção de minorias que a sustenta. Na ausência de tal debate, os oficiais governamentais se viram na posição desconfortável de tentar forçar essas políticas sem apoio de qualquer consenso social. Philip Gleason, em uma análise perspicaz do conceito de minoria, observou que um "tratamento diferenciado [...] certamente exige um reconhecimento mais explícito e um debate muito mais amplo do que o assunto já mereceu" – um eufemismo, se é que já existiu algo do tipo sobre este tópico.

2 O título de Kaus é ambíguo porque não fica claro se ele propõe abandonar a luta contra a desigualdade ou se a meta ou o objetivo (o "fim") de uma sociedade igualitária, tal como ele a vê, seria uma vida cívica rica acessível a todos, não um nivelamento de rendas. A segunda leitura se revela como a mais correta. Contudo, isso não significa descartar a possibilidade que uma medida de igualdade econômica seja um meio importante ou uma precondição para o fim da igualdade cívica.

3 Preocupações semelhantes foram levantadas, anteriormente, na obra de sociólogos afiliados com o movimento progressista, especialmente no livro

Social Process [Processo Social], de Charles Horton Cooley, publicado em 1907. O "motivo pecuniário", escreveu Cooley, "exclui esferas tão vastas da vida a ponto de nos perguntarmos até que ponto vai a nossa confiança no processo do mercado". Tal como ele os via, "os valores pecuniários fracassam em exprimir a vida elevada da sociedade". O contraponto ao mercado deveria ser encontrado nas atividades realizadas para o seu próprio prazer e não em função de recompensas extrínsecas – como aconteceria, por exemplo, na arte, no trabalho e no profissionalismo. "O prazer do trabalho criativo e seu compartilhamento por aqueles que apreciam tal tipo de produto [...], ao contrário do prazer de possuir objetos que ganhamos, [...] aumenta conforme os dividimos com os outros, levando-nos para fora da atmosfera egoísta da competição cotidiana."

3. Oportunidades na Terra Prometida: mobilidade social ou a democratização da competência? [pp. 59]

[1] "A Sociologist Looks at an American Community" [Um sociólogo observa uma comunidade americana], revista *Life*, 12/11/1949, pp. 108-18. Depois de explicar "como a posição social é pontuada", segundo o "bastão matemático" de Warner, o artigo começa a ilustrar as seis classes sociais encontradas em Rockford, Illinois – uma das comunidades que foi analisada na monografia de Warner, *Democracy in Jonesville* [Democracia em Jonesville]. O tom da matéria, que conclui com a entrevista dada por Warner e citada a seguir, pode ser captado pelo relato de Sam Sygulla à revista *Life*, um trabalhador mais ou menos habilidoso que vivia em um *trailer* e nunca se formou no colégio, cuja "pontuação" o colocou "no fim da escala social". Apesar desses obstáculos, "ele ainda sonha", conforme relatou a *Life*. "Se ele [...] puder superar suas deficiências educacionais, Sam começará a lenta, mas possível, ascensão social".

[2] E. A. Ross, um dos fundadores da sociologia americana, uma vez suplicou aos seus colegas, em algo próximo desse mesmo espírito, para que não

ficassem afoitos em "arrancar o véu" que protegia as ilusões populares do escrutínio científico. As crenças que uniam a sociedade – os "ideais e as afirmações elaboradas na mente social" – não eram para serem "desprezadas nos terraços das residências". O "sociólogo sábio" deveria "venerar em demasiado um sistema moral" – mesmo se ele consistisse completamente de superstições – "para cobrir a sua nudez". E mais: esse sociólogo deveria se dirigir não ao homem das ruas, mas sim aos "professores, aos clérigos, aos editores, aos legisladores e aos juízes". O "segredo da ordem" não deveria cair nas mãos erradas.

3 "A classe trabalhadora de Middletown", segundo os Lynds, não "pensava em si mesma como diferente" da classe dos homens de negócios. Ela aderiu aos "mesmos símbolos" do sucesso. Foi "capturada" na mesma "tradição dos padrões elevados de vida e atiçados pelos feitiços dos vendedores". O hábito de ir "de um trabalho para o outro, uma estação sim, outra não" mostrava "o alto grau de inconsciência em relação à sua própria classe que se tornou uma característica marcante dos trabalhadores de Middletown, mesmo no sexto ano de uma grande depressão".

O que a esquerda descobriu disso tudo é comprovado pelo argumento de Michael Lerner de que, de fato, "atribuir a culpa a si mesmo" é o obstáculo mais importante à militância da classe trabalhadora. "Os trabalhadores passam a sentir que os problemas que eles sofrem são resultados dos seus próprios fracassos para se ajustarem à realidade". A abordagem da "culpa de si mesmo", que milita contra a "indignação justa contra a opressão" está, infelizmente, "enraizada profundamente no inconsciente e é muito difícil extraí-la". Veja também o livro de William Ryan, *Blaming the Victim* [Culpando a vítima].

4 Stanley Aronowitz avança no argumento já conhecido de que a "estupidificação da consciência da classe trabalhadora americana" – o fracasso desses trabalhadores ao "apreender o fato de que a própria exploração [deles] no momento da produção resulta de causa sistêmicas" – reflete a avaliação de "oportunidades dentro do sistema" e, especificamente, aos "diferentes

acessos" a estas oportunidades entre os "diferentes grupos étnicos". A consciência revolucionária dos Pais Fundadores a respeito do "sentimento excêntrico da promessa da vida americana estava profundamente infiltrada entre os estrangeiros". Porém, apesar do "mito da ascensão social não ter sido ainda atingido", está cada vez mais difícil, segundo Aronowitz, acreditar que "trabalho duro, educação e a inevitabilidade da expansão americana podem produzir sucesso".

5   Na ansiedade de distinguir o salário-mínimo do que é um salário de escravo, alguns escritores no jornal *Liberator* não pararam de afirmar que o primeiro era uma condição temporária da qual o trabalhador poderia "ascender a uma posição social mais elevada". Eles combinaram esse tipo de raciocínio com a defesa do mercado que pensava o mesmo. O sujeito que ganha o salário-mínimo não era explorado ou degradado. "O trabalhador não pode escolher o seu empregador? Não faz contratos por salários? Não pode trocar sua função para melhorar sua condição? […] Não é dono de si mesmo?" Segundo esse ponto de vista, "o mal na sociedade não é o trabalhador receber um salário, e sim o fato de o salário não refletir, no geral, o valor do trabalho realizado". Foi o grupo abolicionista, e não o grupo que defendia a propriedade livre, que se aproximou de articular uma ideologia que defendia completamente o mercado.

6   Lincoln foi o primeiro a divulgar esse raciocínio em um discurso proferido para a Sociedade Agrícola do Estado de Wisconsin, em setembro de 1859. Ele repetiu a essência deste mesmo discurso em uma ocasião importante na sua primeira mensagem anual ao Congresso, em 3 de dezembro de 1861 – uma das suas primeiras tentativas de, já no papel de presidente, providenciar uma racionalização filosófica para a causa da União.

As obras mais recentes de estudiosos tornam cada vez mais difícil desprezar esse tipo de argumento como se fosse só um pensamento positivo. Durante a primeira metade do século XIX, segundo Christopher Clark, o "trabalho remunerado", pelo menos no vale próximo ao Rio Connecticut, era algo "intermitente. As famílias se valiam do seu próprio trabalho quando podiam. Mesmo que muitos homens contratassem seus serviços de tempos em tempos [...], elas não eram completamente dependentes disso". Esses trabalhadores entraram no mercado profissional como um meio para fortalecer a economia doméstica, ainda baseada na "troca direta de bens ou de trabalho", não na troca de dinheiro. O mercado de trabalho, diz Clark, era "moldado pelas preocupações familiares e ainda não tinha sido dominado por uma ampla classe de trabalhadores que só tinham a própria força de trabalho para vender". O salário também "refletia o caráter sazonal da agricultura e da técnica rural", para as quais as pessoas eram contratadas quando não havia outro trabalho a ser feito.

Ao escrever sobre sua infância em Ridgefield, Connecticut, nos anos antes da guerra de 1812, Samuel Griswold Goodrich relembrou que "as famílias viviam o máximo possível fechadas em si mesmas". Uma vez que o "dinheiro era escasso", os salários eram geralmente pagos em espécie. "Nossos empregados [...] eram da vizinhança, em geral as filhas de fazendeiros respeitáveis e de mecânicos. [...] A situação de empregado não implicava em degradação".

[7] O próprio herói idealizado por Alger possui uma grande semelhança com esse ideal da classe trabalhadora. Seus protagonistas surgem tipicamente do campo, não das favelas, apesar de irem à cidade à procura do sucesso. São jovens respeitáveis, desprovidos de uma herança por causa da imprudência da velha geração, ou por trapaças, ou pela ganância. A ênfase de Alger não é tanto na ascensão de "do lixo ao luxo", mas no reclame de uma herança justa. Portanto, até mesmo o mito de Alger não se encaixa muito bem no ideal do século xx da ascensão da mobilidade social.

[8] Conant tentou convencer a si mesmo de que um sistema "diversificado" de educação contribuiria, de alguma forma, na "construção de algo a mais do que uma 'elite'". A excelência seria reconhecida em várias áreas, não apenas nas profissões. Contudo, a sua preocupação predominante com o recrutamento de profissionais não foi adiante.

[9] Veja, por exemplo, Seymour Martin Lipset e Reinhard Bendix, *Social Mobility in an Industrial Society*, 1959; Harmut Kaelble, *Social Mobility in*

the 19ᵗʰ and 20ᵗʰ Centuries, 1983; Edward Pessen (Org.), *Three Centuries of Social Mobility in America*, 1974; Peter Blau e Otis D. Duncan, *The American Occupational Structure*, 1967; Alan C. Kerckhoff, "The Current State of Social Mobility Research", *Sociological Quarterly*, v. 25, 1984, pp. 139-53; William Miller, "American Historians and the American Business Elite in the 1870s", em William Miller (Org.), *Men is Business*, 1952; C. Wright Mills, "The American Business Elite: A Collective Portrait", *Journal of Economic History*, dez. 1945, pp. 20-44.

6. A conversação e as artes civis [pp. 123]

[1] Meninos estavam acostumados a aprender os rudimentos do beisebol nas ruas da cidade, em terrenos baldios, ou nos gramados do campo, sempre longe da presença dos adultos. Eles organizavam seus próprios jogos no calor do momento. Pedaços de pau e tampas de garrafa serviam na ausência de um equipamento mais refinado. Atualmente, a Liga Júnior de Beisebol organiza tudo, até os mínimos detalhes.

7. A política racial em Nova York: o ataque contra os padrões [pp. 135]

[1] No século XIX, várias instituições culturais da cidade foram planejadas justamente para essa finalidade. Henry Tappan, entre outros, defendia a criação de uma universidade metropolitana que incorporaria a Astor Society, a Cooper Union e outras sociedades científicas e literárias "em um todo harmonioso", segundo suas próprias palavras. Ele dizia que sua meta era educar o público em geral, não encorajar a especialização profissional. Os professores seriam "obrigados a dar cursos populares à sociedade", além de palestras sobre os seus campos específicos de estudo. "As bibliotecas, os escritórios,

os laboratórios e as salas de conferências da Universidade se tornariam o refúgio dos estudantes de todas as séries; e, assim, seriam o grande centro de atividade intelectual" na cidade. Alexander Dallas Bache desenvolveu uma concepção semelhante de uma "grande universidade das artes e das ciências, na qual o homem prático pode se encontrar em igualdade com o homem erudito". A universidade de Bache unificaria "homens de progresso, eruditos, homens práticos, mecânicos, artistas".

Ao fim do século XIX, como explica Thomas Bender, esses projetos ambiciosos para uma cultura cívica deram lugar a um novo modelo de ensino, organizado em torno de disciplinas especializadas e profissionalizadas. Todavia, a intenção original não desapareceu completamente; algo sobreviveu de forma diferente e em um contexto institucional bem diverso por meio da publicação de pequenas revistas – *Seven Arts, The Nation, The New Republic, Menorah Journal, Commentary, Partisan Review, Politics, Dissent* – que tornaram Nova York a capital cultural da nação durante a primeira metade do século XX.

8. As escolas públicas: Horace Mann e a investida à imaginação [pp. 147]

[1] Todas as citações neste capítulo, exceto as de autoria de Adam Smith e Orestes Brownson, são dos longos relatórios que Mann enviou ao legislativo do estado de Massachusetts como secretário do Departamento de Educação: o *Annual Report of the Board of Education* e o *Annual Report of the Secretary of the Board* (Boston: Dutton and Wentworth, 1838-1848), divididos em doze volumes. As reflexões de Smith sobre os efeitos desmoralizantes do comércio estão em *A riqueza das nações*, livro V, cap. 1 ("incapazes sejam de se defender, sejam de se vingarem") e *Teoria dos sentimentos morais* ("grande escola do domínio de si mesmo", "guerra e facção", "segurança geral e felicidade"). O ataque de Brownson contra Mann foi publicado no jornal *Boston*

Quarterly Review 2 (1839), ("educado nas ruas", "uma fé que apenas abraça generalidades", "muito no geral, nada no particular", "respeitar e preservar o que já existe", "libertinagem do povo", "amor à liberdade" e "ação livre de um espírito sobre outro espírito").

Horace Mann, de Jonathan Messerli (Nova York: Alfred A. Knopf, 1972), é a biografia padrão. Os debates sobre as ideias e os programas educacionais de Mann podem ser encontrados em Merle Curti, *The Social Ideas of American Educators* (Nova York: Scribner's, 1935); Rush Welter, *Popular Education and Democratic Thought in America* (Nova York: Columbia University Press, 1962); David Tyack e Elizabeth Hansot, *Managers of Virtue: Public School Leadership in America, 1820-1980* (Nova York: Basic Books, 1982); Maxine Green, *The Public School and the Private Vision* (Nova York: Random House, 1965); Carl F. Kaestle, *Pillars of the Republic: Common Schools and American Society, 1760-1860* (Nova York: Hill and Wang, 1983); R. Freeman Butts, *Public Education in the United States* (Nova York: Holt, Rinehart, and Winston, 1978); e muitos outros livros sobre a educação americana. Ver também Maris A. Vinovskis, "Horace Mann on the Economic Productivity of Education", *New England Quarterly 43*, 1970, pp. 550-71; Barbara Finklestein, "Perfecting Childhood: Horace Mann and the Origins of Public Education in the United States", *Biography*, 13/1/1990, pp. 6-20; e a introdução de Lawrence Cremin à coletânea dos escritos de Mann, *The Republic and the School: Horace Mann on the Education of Free Men* (Nova York: Teachers College Press, 1959). A pesquisa histórica especializada que aconteceu na década de 1950, influenciada pelo dogma progressista a respeito da educação americana, é bem representada por Arthur Bestor, *The Restoration of Learning* (Nova York: Alfred A. Knopf, 1955). Obras revisionistas dos anos 1960 e 1970, que viam o sistema escolar essencialmente como uma espécie de agência para a imposição da disciplina do trabalho industrial, da moral de classe média e da conformidade política, se encontram em Raymond E. Callahan, *Education and the Cult of Efficiency* (Chicago: University of Chicago Press, 1962); Michael J. Katz, *The Irony of Early School*

Reform (Cambridge: Harvard University Press, 1968), e *Class, Bureaucracy, and Schools* (Nova York: Praeger, 1971); Robert H. Wiebe, "The Social Functions of Public Education", *American Quarterly 21*, 1969, pp. 147-64; Raymond A. Mohl, "Education as Social Control in New York City, 1784-1825", *New York History 51*, 1970, pp. 219-37; Ivan Illich, *Deschooling Society* (Nova York: Harper & Row, 1971); Joel H. Spring, *Education and the Rise of the Corporate State* (Boston: Beacon Press, 1972), e *The Sorting Machine* (Nova York: David McKay, 1976); Colin Greer, *The Great School Legend* (Nova York: Basic Books, 1972) e Clarence J. Karier, *The Individual, Society, and Education* (Urbana: University of Illinois Press, 1986). Não são todos esses estudos que lidam especificamente com Mann, e aqueles que o fazem de nenhuma maneira se recusam a lhe dar crédito a qualquer tipo de boa intenção. Contudo, se tomados em conjunto, podem dar a impressão de que a reforma escolar, como qualquer outro movimento reformador, deve menos às considerações humanitárias e democráticas do que a uma preocupação difusa, quase obsessiva, com a ordem social e a produtividade industrial. A resposta comum a esse tipo de intepretação – de que as considerações humanitárias eram, afinal de contas, extremamente importantes – não faz nada para desafiar os termos já existentes do debate. Para esse tipo de argumento, ver Lawrence Frederick Kohl, "The Concept of Social Control and the History of Jacksonian America", *Journal of the Early Republic 5*, 1985, pp. 21-34; David Rothman, "Social Control: The Uses and Abuses of the Concept in the History of Incarceration", *Rice University Studies 67*, 1981, pp. 9-20; e Thomas L. Haskell, "Capitalism and the Origins of the Humanitarian Sensibility", *American Historical Review 90*, 1985, pp. 339-61 e pp. 547-66.

Notas

10. O pseudorradicalismo acadêmico: a farsa da "subversão" [pp. 181]

[1] Estas palavras reconfortantes apareceram em um relatório escrito em 1989, "Speaking for the Humanities", publicado pelo Conselho Americano das Sociedades de Ensino, editado por George Levine, e escrito em conjunto por Peter Brooks, Jonathan Culler, Marjorie Garber, E. Ann Kaplan e Catherine R. Stimpson. Vários outros estudiosos foram listados porque "endossaram esta posição" – entre eles, Jules Chametzsky, Murray Krieger, Dominick LaCapra, Richard L. McCormack, Hillis Miller e Richard Vann, todos luminares em suas respectivas disciplinas.

Onde os críticos das humanidades veem confusão e desordem, esses autores veem "fermentação intelectual", debate frutífero e inovação sem medo. Eles estão imunizados no seu otimismo resoluto ao verem a queda de mensalidades, a superespecialização, os jargões incompreensíveis ou a subordinação do ensino pela pesquisa. "Atividades interdisciplinares", pensam, darão um corretivo à superespecialização. O declínio das mensalidades reflete "pressão econômica", não "fracasso intelectual e pedagógico". O jargão é péssimo, mas reconhecido pelo que é – "por certo pelos escritores deste relatório". O ensino e a pesquisa complementam um ao outro, e assim vai. Esses autores não dizem nada sobre a mais importante de todas as críticas: a de que os alunos se formam no colégio em uma condição de profunda ignorância a respeito do mundo. A possibilidade de que esta crítica possa ter uma boa dose de verdade não parece ter ocorrido a eles. Talvez sequer os preocupe.

[2] "Esta analogia", insiste Geertz, "não é descabida. Por exemplo, no livro de Raymond Aron, *O ópio dos intelectuais*, não apenas o título – um eco irônico ao amargo iconoclasta que foi Marx, mas a retórica inteira do seu raciocínio ('mitos políticos', 'a idolatria da história', 'os clérigos e os fiéis', 'clericalismo secular', e por aí vai) lembra nada mais que a literatura do ateísmo militante. Shils concorda com este argumento ao invocar as patologias extremas do

pensamento ideológico – nazismo, bolchevismo, o que for – em suas formas paradigmáticas e é algo reminiscente da tradição na qual a Inquisição, a depravação pessoal dos papas da Renascença, a selvageria das guerras da Reforma ou o primitivismo dos fundamentalistas da região de comunidades que vivem em torno da pregação da Bíblia são exibidos como os arquétipos de crença e comportamento religiosos. E a perspectiva de Parsons de que a ideologia é definida pela sua insuficiência cognitiva, em comparação direta com a ciência, talvez não seja tão distante como parece ser da perspectiva de Comte de que a religião é caracterizada por uma concepção acrítica e figurativa da realidade, cuja sociologia sóbria, purgada de metáforas, será em breve tornada obsoleta: dessa forma, podemos esperar o suficiente pelo 'fim da ideologia' tanto quanto os positivistas esperaram pelo fim da religião".

11. A abolição da vergonha [pp. 201]

[1] A desvalorização dos ideais e a compulsão para baixar tudo ao pior dos padrões são temas centrais na obra de Philip Rieff, discutida no capítulo 12 deste livro.

Posfácio – Christopher Lasch: o estadista da vida interior [p. 253]

[1] A fortuna crítica em torno de *A Revolta das Elites e a Traição da Democracia* foi razoavelmente positiva, no momento da sua publicação, seja nos Estados Unidos, seja no Brasil. Na língua inglesa, tivemos a reação equilibrada de Alan Ryan na *London Review of Books* (cf. https://www.lrb.co.uk/v17/n10/alan-ryan/the-middling-sort), uma resenha vergonhosa de Michiko Kakutani (como sempre) para o *New York Times* (cf. https://www.nytimes.com/1995/01/13/books/books-of-the-times-sounding-like-quayle-blasting--cultural-elites.html), comparando os argumentos de Lasch com os discursos

moralistas de Dan Quayle (então o lobo mau dos democratas), e a crítica respeitosa de Roger Kimball (principalmente porque se tratava de alguém que não concordava integralmente com as teses dos outros livros de Lasch) para a publicação conservadora *The New Criterion* (cf. https://www.newcriterion. com/issues/1995/4/christopher-lasch-vs-the-elites). (Kimball, aliás, é um autor comentado extensamente, com ressalvas, no capítulo 10 de *A Revolta*.)

Recentemente, por causa da eleição de Donald Trump em 2016, especialistas americanos tentaram recuperar Lasch para compreender o que aconteceu. Nesta nova lavra, devemos prestar atenção nos textos de Kevin Mattson (cf. https:// www.chronicle.com/article/An-Oracle-for-Trump-s/239558?cid=wcontent-grid_41_2), Gilbert T. Sewall (cf. https://www.theamericanconservative.com/ articles/donald-trump-and-the-ghost-of-christopher-lasch/), Ross Douthat (cf. https://www.nytimes.com/2016/12/21/opinion/books-for-the-trump-era. html?_r=0) e George Sciabba (que é de 2015, mas tenta relembrar aos leitores que Lasch, apesar de ser cooptado intelectualmente pelos republicanos, não via o sistema capitalista com bons olhos – ver https://thebaffler.com/salvos/dialectic-love-authority). Sem contar o inusitado fato de que Steve Bannon, o famoso e temível estrategista da campanha de Trump, ex-conselheiro do presidente na Casa Branca e o principal divulgador do "movimento populista", afirmou explicitamente que *A Revolta das Elites* é um dos seus livros de cabeceira (cf. https://www.axios.com/the-one-book-to-understand-steve-bannon-1513300787-22afb8da-9520-4884-a14d-37a16a995adc.html). Nos anos seguintes, vários livros foram lançados nos EUA a partir do princípio político articulado por Lasch, como *Por que o Liberalismo Fracassou*, de Patrick Deneen, e *O Fim da Classe Média*, de Christophe Guilluy, ambos já publicados, respectivamente, no Brasil pelas editoras Âynié e Record, além de *Ship of Fools*, de Tucker Carlson, *The Stakes – America at the point of no return*, de Michael Anton, *The New Class War: Saving democracy from the managerial elite*, de Michael Lind, e *The Coming of Neo-Feudalism: a warning to the global middle class*, de Joel Kotkin. Acrescente-se também os livros *The Revolt of The Public and The Crisis of Authority*, de Martin Gurri, e *Return of The Strange Gods*, de R. R. Reno.

Já no Brasil, saíram a indicação de Paulo Francis na sua coluna dominical publicada no jornal *O Estado de S. Paulo* quando o livro foi lançado, pela primeira vez, em 1996 pela Ediouro, com tradução de Talita Figueiredo; matérias especiais no jornal *Folha de S.Paulo*, respectivamente nos cadernos *Ilustrada* e *Mais!*, quando o livro já causava comoção nos Estados Unidos na época do seu lançamento original, com artigos, ora escritos com o ressentimento de um Marcelo Coelho (cf. https://www1.folha.uol.com.br/fsp/1995/1/11/ilustrada/21.html), ora feitos com a bajulação de um Jurandir Freire Costa (cf. https://www1.folha.uol.com.br/fsp/1995/1/08/mais!/11.html), além da tradução do primeiro capítulo, feita por Marilene Felinto (https://www1.folha.uol.com.br/fsp/1995/1/08/mais!/6.html) e apresentado por ninguém menos que Sérgio Augusto; houve também a resenha feita por Olavo de Carvalho em 1996, encomendada ao então caderno *Ideias* do finado *Jornal do Brasil* impresso, e que seria posteriormente inserida no volume de ensaios *O imbecil coletivo - atualidades inculturais brasileiras* (Editora Record, 2018, pp. 72-7), repleta de equívocos de leitura da obra de Lasch e, por isso mesmo, responsável pelo silêncio que o livro teve nos meios conservadores nacionais, uma vez que ficaram incapazes de perceber que, após a eleição de Jair Bolsonaro para a Presidência da República, eles se tornaram a nova "tirania da *intelligentsia*".

Como contraponto a esse tipo de visão errônea, leiam o texto de Dionisius Amêndola, intitulado "A rebelião das elites, Christopher Lasch" (https://preconceitosdiletantes.wordpress.com/2015/11/06/a-rebeliao-das--elites-christopher-lasch/) e depois assistam ao vídeo baseado neste mesmo artigo, "A rebelião das elites – Christopher Lasch e o futuro da democracia" (https://www.youtube.com/watch?v=oZ1HSORCYXc&t=343s), disponível no canal do YouTube, *Bunker do Dio*. Também comento sobre essa incompreensão de leitura da obra de Lasch no meu livro *A Tirania dos Especialistas: Desde a revolta das elites do PT à revolta do subsolo de Olavo de Carvalho*, publicado em 2019 pela Civilização Brasileira. Todos os *links* citados foram acessados entre os dias 25 de outubro e 1º de novembro de 2018.

Notas

[2] Lasch teve seus principais livros publicados no Brasil entre as décadas de 1980 e 1990, como: *Refúgio em um mundo sem coração* (Paz e Terra, 1991); *A cultura do narcisismo* (Imago, 1983); *O mínimo eu* (Brasiliense, 1986) e *A revolta das elites e a traição da democracia* (Ediouro, 1996). Nos anos seguintes, de forma misteriosa, a publicação da sua obra praticamente desapareceu no Brasil. Em 2023, *A cultura do narcisismo* foi relançado no Brasil pela Editora Fósforo, com tradução de Bruno Mattos.

Bibliografia*

Adams, Henry. *Democracy: an American Novel.* Nova York, s/e, 1879. [*Democracia: Um romance americano.* Trad. de Bruno Gambarotto. São Paulo: Carambaia, 2019.]

Aldrich, Nelson W., Jr. *Old Money: The Mythology of America's Upper Class.* Nova York, 1988. Aldrich defende a opinião de que a única alternativa contra o dinheiro antigo é o mercado e de que uma classe alta hereditária, por consequência, é a melhor defesa contra este mesmo mercado e o triunfo dos seus valores. Esse argumento, por mais persuasivo que seja, ignora a possibilidade de uma alternativa populista.

Arendt, Hannah. *The Human Condition.* Chicago, 1958. [*A condição humana.* 13. ed. Rio de Janeiro: Forense Universitária, 2016].

Aronowitz, Stanley. *False Promises: The Shaping of American Working-Class Consciousness.* Nova York, 1973. O engano citado no título é a promessa de que há uma ascensão de mobilidade social para todos.

Bakke, E. Wight. *The Unemployed Worker.* New Haven, 1940.

Barr, Alwyn. "Occupational and Geographical Mobility in San Antonio, 1870--1890". *Social Science Quarterly,* 1970. v. 51, n. 1, p. 396-403.

Bellah, Robert, et al. *The Good Society.* Nova York, 1991. Semelhante ao que escreveu Alan Wolfe, Bellah e seus colaboradores procuram por uma alternativa comunitária ao Estado e ao mercado; e como Wolfe, são mais críticos

---

* As edições nacionais dos livros citados estão indicadas entre colchetes. Os comentários feitos sobre os títulos são de autoria do próprio Lasch. (N. T.)

ao mercado do que ao Estado. Nesta versão, o programa comunitário nem sempre é fácil de distinguir do Estado de bem-estar social.

———. *Habits of the Heart*. Berkeley, 1985.

Bender, Thomas. "The Social Foundations of Profissional Credibility". In: Haskell, Thomas, ed. *The Authority of Experts*. Bloomington, Ind., 1984.

Benedict, Ruth. *The Chrysanthemum and the Sword*. Boston, 1946. [*O crisântemo e a espada*. 4. ed. São Paulo: Perspectiva, 2018]. Um dos muitos estudos antropológicos que fomentaram a distinção errônea entre as culturas da vergonha e as culturas da culpa.

Bennett, William J. *To Reclaim a Legacy: A Report on the Humanities in Higher Education*. Washington, DC, 1984.

Berry, Wendell. *The Unsettling of America: Culture and Agriculture*. Nova York, 1977.

———. *Sex, Economy, Freedom, and Community: Eight Essays*. Nova York, 1993. "Nós vimos o surgimento, neste país, do poder", escreve Berry, "de uma elite econômica que investiu suas vidas e suas lealdades em nenhuma localidade e em nenhuma nação, cujas ambições são globais e que estão tão isoladas por causa da riqueza e do poder que eles não sentem quaisquer necessidades sobre o que acontece em qualquer outro lugar [...] Os industrialistas globais vão a todos os cantos do planeta e destroem tudo, desde que exista um mercado como resultado".

Blau, Peter; Otis D. Duncan. *The American Occupational Structure*. Nova York, 1967.

Bloom, Allan. *The Closing of the American Mind*. Nova York, 1987. [*O declínio da cultura ocidental*. Rio de Janeiro: Editora Best-Seller, 1989]. O livro que os liberais de esquerda adoram odiar. Merece maior atenção do que foi recebido pelos esquerdistas acadêmicos no seu lançamento.

Blumin, Stuart. "The Historical Study of Vertical Mobility". *Historical Methods Newsletter* 1, 1968. p. 1-13.

Brownson, Orestes. Resenha do Segundo Relatório Anual escrito por Horace Mann. *Boston Quarterly Review*, 1839, p. 393-434.

―――. "The Laboring Classes". *Boston Quarterly Review*, 1840, p. 358-95.

―――. "Our Future Policy". In: Brownson, Henry F, ed. *The Works of Orestes A. Brownson*. Detroit, 1883.

Burke, Martin Joseph. "The Conundrum of Class: Public Discourse on the Social Order in America". *Dissertação*, Universidade de Michigan, 1987. Este trabalho possui uma riqueza de dados que confirma o meu argumento de que os americanos do século XIX não conceberam a sociedade como uma espécie de arrivismo ou de oportunidade igual para quem deseja superar suas condições sociais.

Burns, Rex. *Success in America: The Yeoman Dream and the Industrial Revolution*. Amherst, 1976. Este livro contém uma grande amostra de material que prova que os americanos do século XIX não acreditavam que a oportunidade social era o equivalente à ascensão social.

Cadbuty, Henry J. *The Peril of Modernizing Jesus*. Nova York, 1937. Uma crítica do evangelho social escrita de um ponto de vista neo-ortodoxo.

Carey, James W. *Communication as Culture*. Boston, 1989. Joga uma luz necessária ao debate Lippmann-Dewey.

Channing, Henry. "The Middle Class". *The Spirit of the Age*. 15 set. 1849, p. 169-71.

Cheney, Lynn. *American Memory: A Report on the Humanities in the Nation's Public Schools*. Washington, DC, 1987.

―――. *Tyrannical Machines: A Report on Educational Practices Gone Wrong and Our Best Hopes for Setting Them Right*. Washington, DC, 1990.

Chevalier, Michel. *Society, Manners, and Politics in the United States* (1838), ed. John William Ward. Garden City, 1961. Obscurecido por Tocqueville, o relato de Chevalier sobre a igualdade é mais aguçado. Ele ficou impressionado pela igualdade cívica (como Mickey Kaus a chamava) em oposição à igualdade de condições. A glória da América, tal como Chevalier a via, estava na "iniciação" das classes baixas na cultura do mundo.

Chinoy, Ely. *Automobile Workers and the American Dream*. Garden City, NY, 1955. Seguindo os passos de Lloyd Warner, Chinoy igualou o Sonho Americano com a ascensão da mobilidade social.

Chudacoff, Howard. *Mobile Americans: Residence and Social Mobility in Omaha, 1880-1920*. Nova York, 1972.

Clark, Christopher. *The Roots of Rural Capitalism: Western Massachusetts, 1780-1860*. Ithaca, NY, 1990.

Cmiel, Kenneth. *Democratic Eloquence: The Fight over Popular Speech in Nineteenth-Century America*. Nova York, 1990.

Colley, Linda. *Britons: Forging the Nation, 1707-1837*. New Haven, 1992.

Conant, James Bryant. "Education for a Classless Society: The Jeffersonian Tradition". *Atlantic* 165 (maio 1940), pp. 593-602. Um documento-chave que ilustra a conexão entre a meritocracia e o conceito de mobilidade social, assim como o empobrecimento constante do ideal de uma sociedade sem classes.

Cooley, Charles H. *Social Process*. Boston, 1907.

———. *Social Organization*. Nova York, 1909. Cooley foi um dos primeiros analistas da sua geração a compreender a distinção entre a democracia e a mobilidade social, a qual, conforme explicava, apenas secava o talento que existia na classe trabalhadora.

Cox, Harvey. *The Secular City*. Nova York, 1965. [*A cidade secular: A secularização e a urbanização na perspectiva teológica*. São Paulo: Editora Academia Cristã, 2014] O evangelho social atualizado, com uma reviravolta terapêutica.

Croly, Herbert. *Progressive Democracy*. Nova York, 1914.

Dewey, John. *The Public and its Problems*. Nova York, 1927. Na verdade, uma resposta à crítica aviltante feita por Lippman a respeito da opinião pública.

Dionne, E. J. *Why American Hate Politics*. Nova York, 1991. Dionne chega à conclusão de que o motivo pelo qual as políticas ideológicas defendidas tanto pelos liberais de esquerda como pelos conservadores é que elas falham ao entender os assuntos que perturbam as pessoas nas suas vidas cotidianas. Nenhum partido representa os desejos do eleitorado. Em vez de uma política que refletiria a complexidade das questões morais, econômicas e sociais que nos incomoda, o público é obrigado a escolher entre as ideologias rivais que são igualmente sem vida e totalmente abstratas.

Edwards, Jonathan. *The Nature of True Virtue*. Boston, 1765. Talvez o livro mais importante sobre ética já escrito por um americano; ganha com diversas releituras.

Emad, Parvis. "Max Scheler´s Phenomenology of Shame". *Philosophy and Phenomenological Research.* v. 32, n. 3, p. 361-70, 1972.

Emerson, Ralph Waldo. "Society and Solitude" (1870). In: McQuade, Donald, ed. *Selected Writings of Emerson*. Nova York, 1981.

Etzoni, Amitai. *The Spirit of Community: Rights, Responsabilities, and the Communitarian Agenda.* Nova York, 1993. Mostra tanto a força como a fraqueza do comunitarismo.

Follett, Mary Parker. *The New State*. Nova York, 1918. Um dos melhores argumentos sobre como a vizinhança é o berço da vida cívica.

Foner, Eric. *Free Soil, Free Labor, Free Men: The Ideology of the Republican Party before the Civil War*. Nova York, 1970. Faz uma má leitura de Lincoln como um expoente da ascensão da mobilidade social.

Frank, Lawrence. *Society as the Patient: Essays on the Culture and Personality.* New Brunswick, NJ, 1948. Um marco; fundamental ao substituir as categorias políticas e morais pelas terapêuticas.

Friedman, Milton. *Capitalism and Freedom.* (1962). Chicago, 1982. [*Capitalismo e liberdade*. Rio de Janeiro: Editora LTC, 2014]. A vontade de Friedman de deixar tudo à mercê do mercado tem valor apenas pelo seu reconhecimento de que a participação no mercado exige um mínimo de responsabilidade, de previsão e uma deferência à gratificação – qualidades que são cada vez mais notáveis justamente pela sua ausência.

Gates, Henry Louis, Jr. "Let Them Talk". *New Republic.* 20 a 27 set. 1993, p. 37-49. Uma crítica espirituosa, feita por uma autoridade nos estudos sobre os negros, sobre o movimento para regular "o discurso de ódio" e suas raízes intelectuais na teoria crítica da raça, assim chamada, a qual por "textualizar" tudo parece condenar nem tanto o racismo como se ele fosse uma expressão deste cenário. Ao notar a afinidade entre a teoria crítica da raça e "a nascente indústria da recuperação econômica", Gates conclui que "no centro vital do movimento do discurso de ódio é a visão sedutora do Estado terapêutico". Como ele escreve, "o paradigma do grupo sobrevivente/recuperado leva a uma contradição intrigante. Dizem-nos que as vítimas do discurso racista estão curadas – ou seja, eles detêm o poder – quando aprendem que 'não estão sozinhos" na sua subordinação, e sim subordinados a um grupo. Mas em outro lugar nos dizem que o que faz um discurso racista particularmente dolorido é que ele propõe precisamente a mensagem de que você é um membro do grupo subordinado. Como pode a sugestão da subordinação de grupo ser o veneno *e também* o antídoto?".

Geertz, Clifford. "Ideology as a Cultural System". *The Interpretation of Cultures*, Nova York, 1973 [*A Interpretação das Culturas*. Rio de Janeiro: Editora LTC, 1989]. As ideologias são necessárias, até mesmo úteis, segundo Geertz. A crítica da ideologia se baseia em uma confidência ingênua na ciência, que presumivelmente promete erradicar todos os rastros do pensamento ideológico. Geertz argumenta que o ataque contra a ideologia é reminiscente do ataque positivista contra a religião. Ele nos lembra que a religião provou ser resiliente diante das previsões do seu término.

Gleason, Philip. "Minorities (Almost) All: The Minority Concept in American Social Thought". *American Quarterly.* v. 43, n. 3, p. 392-424, 1991.

Goodrich, Samuel (Peter Parley). *Recollections of a Lifetime*. Nova York, 1856.

Gouldner, Alvin. *The Future of Intellectuals and the Rise of the New Class*. Nova York, 1979.

Green, Martin. *The Problem of Boston*. Nova York, 1966. Um livro valioso, entre outras coisas, por causa da sua análise sobre o recuo dos cavalheiros das preocupações cívicas em um distanciamento irônico, cujos exemplos são Henry Adams, Charles Eliot Norton e seus amigos.

Gregory, Frances W. e Irene D. Neu. "The American Industry Elite in the 1870's". In: Miller, William, ed. *Men in Business*, Cambridge, 1952.

Griffen, Clyde. "Making It in America: Social Mobility in Mid-Nineteenth Century Poughkeepsie". *New York History*. 1970, 51, p. 479-99.

————. "The Study of Occupational Mobility in Nineteenth-Century America; Problems and Possibilities". *Journal of Social History 5* (1972), pp. 310-30.

Hanson, F. Allan. *Testing Testing: Social Consequences of the Examined Life*. Berkeley, 1993. "Os testes de inteligência são planejados, em parte, para promover oportunidade igual, mas na verdade ocorre que as notas deles estão perfeitamente correlacionadas com a renda média familiar: aqueles que marcam a maior nota nos testes têm a maior renda familiar, e aqueles que marcam a menor nota vêm de famílias com a menor renda". Em outras palavras, o sistema de exames reforça a distribuição de renda e de poder já existentes em vez de promover uma verdadeira meritocracia. Como muitos outros, Hanson se contenta em fazer um ataque contra o privilégio hereditário em vez de se perguntar se a meritocracia não seria até mesmo pior do que a situação anterior.

Heller, Erich. "Man Ashamed". *Encounter 42* (fev. 1974), pp. 23-30.

Hobsbawn, E. J. *The Age of Revolution, 1789-1848*. Nova York, 1962. [*A era das revoluções, 1789-1848*. Rio de Janeiro: Paz e Terra, 2012]. Contém um bom material sobre "as carreiras abertas ao talento" e sobre o nacionalismo de classe média.

Hofstadter, Richard. *The American Political Tradition*. Nova York, 1948. O ponto de vista de Hofstadter sobre Lincoln está evidente no título que ele escolheu para o ensaio citado: "Abraham Lincoln e o mito de que se fez por si mesmo". Muitos seguiram Hofstadter nisto, como aconteceu em vários outros casos.

Hopkins, Richard. "Occupational and Geographical Mobility in Atlanta, 1870-1890". *Journal of Southern History 34* (1968), pp. 200-13.

Horney, Karen. *The Neurotic Personality of Our Time*. Nova York, 1937.

Howe, Frederic C. *The City: Hope of Democracy*. Nova York, 1905.

Howe, Irving. The World of Our Fathers. Nova York, 1976.

Jacobs, Jane. *The Death and Life of Great American Cities*. Nova York, 1971. [*A morte e a vida de grandes cidades*. São Paulo: Editora Martins Fontes, 2011] A saúde de uma cidade, segundo Jacobs, depende da vitalidade das suas vizinhanças, e a substituição dos tipos informais de autoajuda pelos especialistas profissionais mina a habilidade dos vizinhos de tomarem conta deles mesmos.

Jacoby, Russell. *The Last Intellectuals*. Nova York, 1987. [*Os últimos intelectuais*. São Paulo: Edusp, 1990]. Recupera a origem do declínio dos intelectuais públicos e a ascensão dos especialistas que se comunicam apenas entre si.

———. *Dogmatic Wisdom: How the Culture Wars Have Mislead America*. Nova York, 1994. Ao contrário da maioria dos estudos sobre educação superior, este não se limita a sua atenção às instituições de elite, apesar de que tem muito a dizer sobre a arrogância daqueles que trabalham nesses lugares.

James, William. *Varieties of Religious Experience*. Nova York, 1902. [*As Variedades da Experiência Religiosa*. São Paulo: Cultrix, 2015] O melhor de todos os trabalhos de James, o mais próximo do seu coração, este se baseia na observação de que a religião foi o principal interesse da sua vida. Faz a ponte entre os seus primeiros estudos em psicologia e a sua formulação tardia da filosofia do pragmatismo. Qualquer um que tenha dominado os conceitos apresentados nas *Variedades* jamais ficará intrigado pelo significado da afirmação aparentemente filistina de James de que as ideias devem ser julgadas pelo seu "valor de custo".

Jay, Martin. "Class Struggle in the Classroom? The Myth of American 'Seminarmarxism'". *Salmagundi* 85-86 (inverno-primavera 1990), pp. 27-32.

Jung, C.G. *Modern Man in Search of a Soul*. Nova York, 1933. Como Freud, Jung era um moralista e um psicanalista; mas sua religião esotérica e gnóstica não tinha nada em comum com o estoicismo de Freud. Jung acreditava que, ao mexer com o inconsciente coletivo, o fluxo oculto do pensamento preservado na mitologia, no folclore e na sabedoria cabalística, o homem moderno poderia alcançar os confortos da religião sem abandonar a modernidade.

Kaeble, Hartmut. *Social Mobility in the Nineteenth and Twentieth Centuries*. Dover, NH, 1985.

Karen, Robert. "Shame". *Atlantic* 269 (fev. 1992), pp. 40-70.

Kaus, Mickey. *The End of Equality*. Nova York, 1992. Faz a distinção entre a igualdade cívica e a "igualdade financeira", além de pedir por uma ênfase maior no primeiro conceito.

Kazin, Alfred. *A Walker in the City*. Nova York, 1951.

Kerckhoff, Alan C. "The Current State of Social Mobility Research". *Sociological Quarterly 25* (1984), pp. 139-54.

Kimball, Roger. *Tenured Radicals: How Politics Has Corrupted Higher Education*. Nova York, 1990. [*Radicais nas universidades: Como a política corrompeu o ensino superior nos Estados Unidos da América*. São Paulo: Peixoto Neto, 2010] Uma polêmica útil, apesar de enviesada, contra a esquerda acadêmica, baseada na defesa do fundacionalismo.

Klein, Melanie. *Love, Guilt, and Reparation*. Nova York, 1975. [*Amor, culpa e reparação*. Rio de Janeiro: Imago, 1970].

———. *Envy and Gratitude*. Nova York, 1975. [*Inveja e gratidão e outros trabalhos*. Rio de Janeiro: Imago, 1991].

A obra de Klein revelou as ricas implicações morais inerentes nos conceitos psicanalíticos. Por este motivo, foi difícil assimilá-los na cultura terapêutica popularizada por revisionistas como Karen Horney e Lawrence Frank. A psicanálise é muito responsável pelo "triunfo da terapêutica", mas também possui várias observações válidas, como podemos perceber no caso de Klein, baseado no fato de que é possível chegar a uma visão crítica dessa mesma cultura terapêutica.

Krutch, Joseph Wood. *The Modern Temper*. Nova York, 1929. O lamento de Krutch pelo encanto perdido foi baseado na premissa falsa de que a religião providenciava um sistema completo e compreensivo de moralidade e assim o sustentava na ilusão bajuladora de que os seres humanos eram o centro do universo.

Lerner, Michael. *Surplus Powerlessness*. Oakland, 1986. Uma formulação antiga da "política de significado" de Lerner – ou seja, a política de compaixão pelas vítimas.

Levine, George, ed. *Speaking for the Humanities*. Nova York, 1989.

Lewis, Helen Block. *Shame and Guilt in Neurosis*. Nova York, 1958.

Lewis, Michael. *Shame: The Exposed Self*. Nova York, 1992.

Liberator (19 e 26 mar. 1857, 9 mar. 1857, 1º out. 1847). Garrison e Philips escrevem sobre os "salários de escravos".

Lincoln, Abraham. *Collected Works*, ed. Roy P. Basler. New Brunswick, N.J., 1953. O importante discurso dirigido à Sociedade Agrícola do Estado de Wisconsin aparece no vol. 3, pp. 471-82.

Lippmann, Walter. *Liberty and the News*. Nova York, 1920.

———. *Public Opinion*. Nova York, 1922. [*Opinião pública*. Petrópolis: Editora Vozes, 2010.] Aqui – e em outros estudos sobre o mesmo assunto –, Lippmann argumenta que a opinião pública era emocional e irracional – além de ser um guia precário para as decisões nas políticas públicas.

———. *The Phantom Public*. Nova York, 1925.

———; Merz, Charles. "A Test for the News". *New Republic 23* (suplemento ao texto publicado em 4 ago. 1920).

Lipset, Seymour Martin; Bendix, Richard. *Social Mobility in Industrial Society*. Berkeley, 1959.

Lynd, Helen Merrell. *On Shame and the Search for Identity*. Nova York, 1958.

Lynd, Robert S.; Lynd, Helen Merrell. *Middletown in Transition*. Nova York, 1937.

Mannheim, Karl. "A democratização da cultura" (1932). In: Wolff, Kurt H., ed. *From Karl Mannheim*. Nova York, 1971. A eliminação da "distância vertical" nos deixa em um mundo desencantado e plano, segundo Mannheim, e atiça o "problema do êxtase" – a inabilidade de ter qualquer interesse em algo que esteja além do nosso horizonte imediato. Mannheim pensa que isto pode provocar relações mais autênticas e menos mediadas entre os homens e as mulheres, mas esta reafirmação de última hora não parece ter muita convicção.

Mead, Margaret. *Cooperation and Competition among Primitive Peoples*. Nova York, 1937.

Meyrowitz, Joshua. *No Sense of Place*. Nova York, 1985. Um dos melhores estudos sobre a televisão e sua influência na destruição de um sentimento de pertencer a um lugar familiar.

Miller, Mark Crispin. *Boxed In: The Culture of TV*. Evanston, Ill., 1988.

Miller, William. "American Historians and the American Business Elite in the 1870s". In: Miller, William, ed., *Men In Business*. Cambridge, 1952.

Mills, C. Wright. "The American Business Elite: A Collective Portrait". *Journal of Economic History* (dez. 1945), suplemento 5, The Task of Economic History, pp. 20-44.

Morris, Herbert, ed. *Guilt and Shame*. Belmont, California, 1971.

Nathanson, Donald L. *Shame and Pride: Affect, Sex, and the Birth of the Self*. Nova York, 1992. Este livro mostra a secularização da vergonha, uma afeição agora despida de todas as suas associações morais e religiosas e reduzida a uma deficiência de autoestima.

Newman, Charles. *The Post-Modern Aura*. Evanston, Illinois, 1985.

Nichols, Michael P. *No Place to Hide: Facing Shame So We Can Find Self-Respect*. Nova York, 1991.

Nietzsche, Friedrich. *Human, All Too Human* (1886). Munique, 1981. [*Humano, demasiado humano*. São Paulo: Companhia das Letras, 2004].

O'Connor, Flannery. *Collected Works*, ed. Sally Fitzgerald. Nova York, 1988. Em uma carta datada de 6 set. 1955, O'Connor observa que "o mundo inteiro parece atravessar uma noite escura da alma".

Oldenburg, Ray. *The Great Good Place: Cafés, Coffee Shops, Community Centers, Beauty Parlors, General Stores, Bars, Hangouts and How They Get You through the Day*. Nova York, 1989.

Ortega y Gasset, José. *The Revolt of the Masses*. Nova York, 1932. [*A rebelião das massas*. Campinas: Vide Editorial, 2016].

Packard, Vince. *The Hidden Persuaders*. Nova York, 1957.

Parker, William Belmont. *The Life and Public Services of Justin Smith Morrill*. Boston, 1924.

Pessen, Edward, ed. *Three Centuries of Social Mobility in America*. Lexington, Mass., 1974.

Philips, Kevin. *The Politics of Rich and Poor*. Nova York, 1991.

Piers, Gerhart; Singer, Milton B. *Shame and Guilt: A Psychoanalytic and a Cultural Study*. Nova York, 1953.

Podhoretz, Norman. *Making It.* Nova York, 1967.

Rantoul, Robert. "An Address to the Workingmen of the United States of America". In: Hamilton, Luther, ed. *Memoirs, Speeches, and Writings of Robert Rantoul, Jr.* Ed. Boston, 1854.

Reich, Robert B. *The Work of Nations.* Nova York, 1992. [*O trabalho das nações.* São Paulo: Educator, 1994] Um livro valioso por sua análise da "secessão" da classe que lida com o conhecimento, o trabalho de Reich é contaminado por um retrato excessivamente adocicado, quase bajulador, desta mesma classe.

Rieff, David. *Los Angeles: Capital of the Third World.* Nova York, 1991. Uma análise persuasiva da permeabilidade das fronteiras nacionais e das implicações perturbadoras desse tipo de desenvolvimento, incluindo aí a perda do sentimento de fazer parte de um lugar familiar.

———. "Multiculturalism's Silent Partner". *Harper's* (ago. 1993): 62-73. "Ambos os lados não compreenderam o poder do multiculturalismo precisamente do mesmo modo: como uma ameaça contra o sistema capitalista". Na verdade, Rieff mantém que o multiculturalismo é uma ideologia feita sob medida às exigências do capitalismo em um mundo sem fronteiras. Ele representa especificamente a "abdicação do juízo", tanto moral como estético, sempre favorecendo das "regras do mercado".

Rieff, Philip. *Freud: The Mind of the Moralist* (1959). Chicago, 1979. [*Freud: Pensamento e humanismo.* São Paulo: Interlivros, 1979]. Chamar Freud de moralista o coloca na longa tradição da pesquisa moral e religiosa – a mesma tradição humanista, como Rieff mostra aqui e ali, da qual psicanálise fez muito para subvertê-la.

———. *The Triumph of the Therapeutic.* Nova York, 1966. [*O triunfo da terapêutica.* São Paulo: Brasiliense, 1990]

———. *Fellow Teachers* (1973). Chicago, 1985.

———. *The Feeling Intelect: Selected Writings*, ed. Jonathan Imber. Chicago, 1990. Alguns temas persistem na obra de Rieff no decorrer dos anos: o declínio da religião; a substituição de uma visão de mundo religiosa pela terapêutica; a falência moral e intelectual dessa última. Antes do Iluminismo, a essência da cultura ocidental estava na encarnação material e simbólica da catedral, segundo Rieff; no século XIX, passou a ser no parlamento; e na nossa época, no hospital.

Riezler, Kurt. "Shame and Awe". *Man: Mutable and Immutable.* Nova York, 1951.

Rorty, Richard. "Post-Modernist Bourgeois Liberalism". *Journal of Philosophy 80* (1983): 583-89. O mundo como se fosse uma feira no Kuwait.

Ross, Edward Alsworth. *Social Control: A Survey of the Foundations of Order.* Nova York, 1901.

Rotenstreich, Nathan. "On Shame". *Review of Metaphysics* 19 (1965): 55-86.

Ryan, William. *Blaming the Victim.* Nova York, 1971.

Schneider, Carl D. *Shame, Exposure, and Privacy.* Boston, 1977.

Siracusa, Carl. *A Mechanical People: Perceptions of the Industrial Order in Massachusets, 1815-1880.* Middletown, Conn., 1979. Rastreia, desde o século XIX, a atual tendência de confundir oportunidade com mobilidade social. Siracusa pressupõe que os americanos daquela época igualavam os dois, assim como nós fazemos atualmente.

Sleeper, Jim. *The Closest of Strangers: Liberalism and The Politics of Race in New York.* Nova York, 1990. As políticas de identidade, defende Sleeper, encorajaram as posturas ideológicas e raciais, além de criarem um impasse no qual as classes privilegiadas mantiveram o seu poder à custa das pessoas comuns de todas as raças.

———. "The End of the Rainbow". New Republic (1º nov. 1993), pp. 20-5. Mais reflexões sobre as políticas de identidade racial e o programa da Coalização do Arco-Íris, o qual "pressupõe vitimização pelo racismo branco". A nova imigração, ao mudar a fachada racial das cidades, pode levar a uma política multirracial mais genuína, pensa Sleeper, uma política que não é mais dominada pela oposição polarizada entre os negros e os brancos. "Muitos recém-chegados estão machucados pelo estigma e pela polarização que geralmente acompanham as políticas baseadas na raça e em programas como as escolas para todos os negros, a redistribuição racial, as cotas das ações afirmativas municipais e o currículo multirracial".

"A Sociologist Looks at an American Community", *Life* (12 set. 1949). Baseado no trabalho de W. Lloyd Warner, este perfil da cidade de Rockford, no estado de Illinois, ajudou a popularizar o conceito de mobilidade social.

Steinem, Gloria. *Revolution from Within: A Book of Self-Esteem.* Boston, 1992. [*A revolução interior.* Rio de Janeiro: Objetiva, 1992]. Criticado por várias feministas como um recuo da política, o novo programa de Steinem é igualmente vulnerável à crítica de que banaliza o conceito de vergonha e substitui a perspectiva religiosa e moral pela terapêutica – sendo que a primeira é a única perspectiva que nos permite dar algum sentido a assuntos como a culpa e a vergonha.

Tawney, R. H. *Equality.* Nova York, 1931. Um dos poucos trabalhos que entenderam a diferença entre a igualdade e a meritocracia.

Thernstrom, Stephan. *Poverty and Progress: Social Mobility in a Nineteenth--Century City.* Cambridge, 1964. Faz um histórico da teoria de Lloyd Warner sobre a mobilidade social.

———. "Working Classe Social Mobility in Industrial America". Em: *Essays in Theory and History*, ed. Melvin Richter. Cambridge, 1970.

———. *The Other Bostonians.* Cambridge, 1973.

Turner, Frederick Jackson. *The Frontier in American Society.* Nova York, 1958. Esta coletânea inclui o ensaio "Contribuições do Ocidente para a Democracia Americana" (1903), no qual o termo "mobilidade social" (tão cedo eu consegui determinar) faz sua primeira aparição na ciência social americana.

Walsh, W. W. "Pride, Shame, and Responsibility". *Philosophical Quarterly* 20 (1970), pp. 1-13.

Warner, W. Lloyd. *American Life: Dream and Reality* (1953). Chicago, 1962. Os estudos de Warner sobre mobilidade social foram extremamente influentes, contribuindo para o mal-entendido que iguala a mobilidade com a democracia – um erro fatal com repercussões a longo alcance.

———; Meeker, Marcia; Eells, Kenneth. *Social Class in America.* Chicago, 1949. Aqui – e em outros trabalhos –, Warner avançou na sua tese de que "a educação está agora competindo com a mobilidade econômica [isto é, ocupacional] como o principal caminho para o sucesso [...] O homem prudente que está atualmente em locomoção deve se preparar e ser educado se deseja ter um trabalho importante e assim sustentar sua família com o dinheiro e os prestígios necessários para conquistar 'as melhores coisas na vida'".

———— et al. *Democracy in Jonesville*. Nova York, 1949.

Weber, Max. *The Protestant Ethic and the Spirit of Capitalism* (1904). Nova York, 1958. [*A ética protestante e o espírito do capitalismo*. São Paulo: Companhia das Letras, 2004].

Westbrook, Robert. *John Dewey and American Democracy*. Ithaca, NY, 1991.

Whitman, Walt. *Democratic Vistas*. Washington, DC, 1871.

Wilde, Oscar. *De Profundis*. Londres, 1905. [*De Profundis*. São Paulo: Tordesilhas, 2014].

————. "The Soul of Man under Socialism". *Intentions and the Soul of Man*. Londres, 1911. [*A alma do homem sob o socialismo*. Porto Alegre: L&PM Editores, 2003]

Wolfe, Alan. *Whose Keeper?: Social Science and Moral Obligation*. Berkeley, 1989. Ao agarrar-se a uma alternativa similar ao mercado e ao superestado, Wolfe tenta, nem sempre de maneira bem-sucedida, dar um novo fôlego ao conceito de "sociedade civil".

Wood, Gordon S. *The Creation of the American Republic, 1776-1787*. Chapel Hill, 1968.

————. *The Radicalism of the American Revolution*. Nova York, 1992.

Wriston, Walter. *The Twilight of Sovereignty*. Nova York, 1992. "Aqueles que participaram plenamente na economia da informação se beneficiam dela [...] Eles têm mais afinidade com seus camaradas globais do que com os seus compatriotas que ainda não fazem parte desta conversação global".

Wurmser, Leon. *The Mask of Shame*. Baltimore, 1981. O melhor dos estudos psicanalíticos sobre este assunto.

Young, Michael. *The Revolt of the Meritocracy*. Londres, 1958; Nova York, 1959. Uma novela distópica que ainda é o melhor relato de um assunto estranhamente negligenciado e que levanta as profundas implicações antidemocráticas do ideal meritocrático.

Índice remissivo

Aborto 37, 114, 117, 212, 258
Abundância, democratização da 39
Adams, Henry 71, 301
Adams, John 101
Addams, Jane 21
Ação afirmativa
Agape and Eros (Nygren) 84, 98, 114, 142, 286
Agitadores 128, 234, 235
    Movimentos agrários 88
Alger, Horatio 63, 77
    Conselho Americano das Sociedades de Ensino 295
A Mechanical People (Siracusa) 63, 313
Arendt, Hannah 301
    Discussão, *ver* Debate público 22, 23, 31, 108, 118, 166, 172, 173, 179, 190, 219, 286
Aron, Raymond 52, 193, 293, 294, 295
Aronowitz, Stanley 288
Arrogância do poder 49, 272
Arte, religião da 233, 236
Assimilação 137, 197
Automobile Workers and the American Dream (Chinoy) 61, 303

Bache, Alexander Dallas 292
Bakke, E. Wight 61, 301
    Caso Bakke (1978) 285
Beisebol 291, 317
    Modificação de comportamento 126
Bell, Daniel 193
Bellah, Robert 108, 127
Bender, Thomas 292, 302
Bennett, James Gordon 167
Bennett, William 183
Berry, Wendell 78, 83, 260
Berube, Michael 183
    "Os melhores e os mais brilhantes" 49
    Nacionalismo negro 138
Bloom, Allan 183, 229
Bourne, Randolph 93
Bowles, Samuel 167
Boyers, Robert 228
Brawley, Tawana 142, 317
Brooks, Peter 295
Brown, Norman O. 220
    Caso Brown 140
Brownson, Orestes 69, 72, 161, 261, 292
    Sobre educação 185, 308

Sobre religião 10, 11, 26, 28, 29, 52, 72, 96, 97, 100, 159, 160, 161, 193, 209, 215, 216, 217, 218, 219, 220, 221, 223, 224, 225, 227, 229, 230, 231, 233, 236, 237, 238, 240, 244, 245, 247, 248, 249, 261, 265, 267, 272, 274, 283, 296, 306, 308, 309, 312

Bryan, William Jennings 171

Bush, George 15

Cadbury, Henry J. 211, 303

Calvino, João 232

Cânone, Discussões sobre o 24, 181, 184, 188, 190, 195

Carey, James W. 303

Carmina Burana 245

Carnegie, Dale 201

Chametzsky, Jules 295

Channing, William Henry 65, 303

Cheney, Lynne 183, 303

Chevalier, Michel 67, 68, 303

Chinoy, Ely 61, 62, 75, 303

Choate, Rufus 89

Cristianismo 97, 160, 161, 230, 231, 271

Cidades 15, 16, 20, 21, 40, 55, 66, 92, 105, 107, 124, 126, 130, 152, 307, 313

Megacidades 40

Polarização dentro das 118, 141, 313

Cidadania 19, 57, 58, 65, 66, 68, 80, 81, 83, 94, 95, 101, 102, 112, 138, 153, 174

Igualdade e 17, 29, 30, 31, 32, 43, 51, 53, 59, 69, 81, 95, 103, 117,

131, 147, 148, 149, 258, 261, 262, 286, 292, 303, 309, 314

Liberalismo e 31, 92, 100, 104, 109, 124, 133, 135, 141, 142, 152, 212, 214, 275, 278, 297

Movimentos dos direitos civis 90, 138, 141, 143

Clark, Christopher 77, 289

Sociedade sem classes 71, 80, 81, 82, 83, 304

Clinton, Bill 48

Closest of Strangers: Liberalism and the Politics of Race in New York, The (Sleeper) 124, 313

Closing of the American Mind, The (Bloom) 229, 302

Destruição dos 72, 153, 179, 277, 278, 310

Educação moral e 158, 271

Estratificação da sociedade baseada em classes e 59, 62, 83

Idealismo democrático dos 148

Liberalismo e 31, 92, 100, 104, 109, 124, 133, 135, 141, 142, 152, 212, 214, 275, 278, 297

Religião e 10, 11, 26, 28, 29, 52, 72, 96, 97, 100, 159, 160, 161, 193, 209, 215, 216, 217, 218, 219, 220, 221, 223, 224, 225, 227, 229, 230, 231, 233, 236, 237, 238, 240, 244, 245, 247, 248, 249, 261, 265, 267, 272, 274, 283, 296, 306, 308, 309, 312

Sistemas de escolas públicas 60, 81, 181, 182, 185, 186, 196, 308

Indice Remissivo

Communication as Culture (Carey) 303
Comunitarismo 7, 11, 20, 99, 107, 111,
112, 114, 115, 262, 305
   Características principais, 71, 100
   Declínio das comunidades na
     América moderna
   Democracia e 7, 12, 15, 16, 18,
     19, 20, 21, 22, 24, 26, 28, 29,
     32, 51, 54, 60, 71, 74, 76, 79,
     80, 81, 82, 85, 87, 88, 89, 90,
     91, 92, 93, 94, 95, 98, 111, 112,
     113, 116, 123, 166, 170, 172,
     173, 174, 176, 218, 237, 244,
     254, 256, 257, 262, 263, 264,
     265, 270, 272, 283, 287, 296,
     298, 299, 301, 302, 304, 314
   Estado de bem-estar social,
     crítica do 37, 83, 89, 107, 108,
     109, 110, 111, 112, 120, 152,
     213, 214, 222, 262, 263, 302
   Modelos de conduta e 28, 267
   Moralidade e 114, 115, 159, 222,
     231, 235, 309
   Perspectivas futuras 227
   Responsabilidade e 16, 19, 36, 50,
     57, 74, 76, 83, 89, 90, 95, 96,
     102, 105, 106, 110, 111, 112,
     113, 117, 118, 120, 124, 126,
     136, 145, 178, 211, 218, 222,
     262, 263, 265, 274, 305
   "Terceira via" do pensamento 108
   Tribalismo e 56, 116, 139, 259,
     318, 328
   Vida familiar e 102, 114, 117
Compaixão, ideologia da 111, 112, 263,
Conant, James Bryant 80, 304
Conversação 7, 11, 20, 97, 123, 124,

125, 126, 127, 128, 129, 130, 134,
176, 177, 291, 315
Cooley, Charles Horton 224, 287
Cosmopolitismo 57, 115, 133, 136, 259,
Cox, Harvey 212
   Crime 36, 53, 54, 55, 73, 77, 103,
     105, 106, 111, 114, 117, 118,
     132, 140, 147, 151, 152, 154,
     155, 157, 158, 161, 162, 163,
     164, 185, 189, 210, 211, 214,
     218, 238, 239, 244
Crianças 36, 53, 54, 55, 73, 77, 103,
   105, 106, 111, 114, 117, 118, 132,
   140, 147, 151, 152, 154, 155, 157,
   158, 161, 162, 163, 164, 185, 189,
   210, 211, 214, 218, 238, 239, 244
   Compaixão e 7, 55, 99, 111, 112,
     214, 224, 235, 263, 309
   Creches e 105, 110, 114, 117
   Crime e 36, 53, 54, 55, 73, 77,
     103, 105, 106, 111, 114, 117,
     118, 132, 140, 147, 151, 152,
     154, 155, 157, 158, 161, 162,
     163, 164, 185, 189, 210, 211,
     214, 218, 238, 239, 244
   Segregação e 29, 53, 131, 132,
     140, 141
   Televisão e 39, 44, 103, 107, 310
Croly, Herbert 89
Cruse, Harold 190
Culler, Jonathan 295
   Diversidade cultural, *ver*
     Diversidade 19, 29, 91, 94, 98,
     115, 138, 182, 184, 185
   Elites culturais, *ver* Classe da elite
     36
   Infraestrutura cultural 107

Instituições culturais 136, 291
Teoria crítica 305
Cultura 11, 21, 25, 26, 30, 32, 35, 44,
50, 51, 53, 54, 55, 57, 58, 65, 66, 100,
108, 124, 134, 136, 137, 138, 140,
141, 168, 177, 182, 183, 184, 186,
189, 190, 191, 195, 202, 209, 211,
212, 213, 217, 218, 219, 223, 224,
225, 226, 228, 230, 231, 236, 237
Cinismo 98, 103, 192, 193, 208, 209
Cultura de massa 50
Globalização e 58, 282
Guerras culturais 31, 181
Religião 10, 11, 26, 28, 29, 52, 72,
96, 97, 100, 159, 160, 161, 193,
209, 215, 216, 217, 218, 219,
220, 221, 223, 224, 225, 227,
229, 230, 231, 233, 236, 237,
238, 240, 244, 245, 247, 248,
249, 261, 265, 267, 272, 274,
283, 296, 306, 308, 309, 312
Sociedade sem cultura 225
Vontade de proibir como
fundamento da 50

Death and Life of Great American Cities,
The (Jacobs) 105, 307
Debates de políticos, 79, 148, 166, 168,
170, 176, 181, 185, 222,
Decência 125, 126, 128
De Man, Paul 187
Comunitarismo e 7, 11, 20, 99, 107,
111, 112, 114, 115, 262, 305
Cultura terapêutica 219, 309
Debate público e 22, 23, 31, 108,
118, 166, 172, 173, 179, 190,
219, 286

Democracia 7, 12, 15, 16, 18, 19,
20, 21, 22, 24, 26, 28, 29, 32,
51, 54, 60, 71, 74, 76, 79, 80,
81, 82, 85, 87, 88, 89, 90, 91,
92, 93, 94, 95, 98, 111, 112,
113, 116, 123, 166, 170, 172,
173, 174, 176, 218, 237, 244,
254, 256, 257, 262, 263, 264,
265, 270, 272, 283, 287, 296,
298, 299, 301, 302, 304, 314
Diversidade e 19, 29, 91, 94, 98,
115, 138, 182, 184, 185
Igualdade e 17, 29, 30, 31, 32,
43, 51, 53, 59, 69, 72, 95, 103,
117, 131, 147, 148, 149, 258,
261, 262, 286, 292, 303, 309,
314
Propriedade e 16, 19, 22, 43, 44,
65, 74, 76, 77, 81, 84, 88, 99,
126, 148, 150, 234, 261, 278,
289
Responsabilidade e 6, 19, 36, 50,
57, 74, 76, 83, 89, 90, 95, 96,
102, 105, 106, 110, 111, 112,
113, 117, 118, 120, 124, 126,
136, 145, 178, 211, 218, 222,
262, 263, 265, 274, 305
Terceiros lugares e 125, 126, 128,
133
Urbanização e 21, 304
Democracia (Adams) 71, 301
Democratic Vistas (Whitman) 93, 315
"Democratização da cultura, A"
(Mannheim) 237, 310
De Profundis (Wilde) 235, 236, 315
Derrida, Jacques 194
Descartes, René 25, 67

Índice Remissivo

Dewey, John 304
  Sobre debate público 22, 23, 31, 108, 118, 166, 172, 173, 179, 190, 219, 286
  Sobre democracia 7, 12, 15, 16, 18, 19, 20, 21, 22, 24, 26, 28, 29, 32, 51, 54, 60, 71, 74, 76, 79, 80, 81, 82, 85, 87, 88, 89, 90, 91, 92, 93, 94, 95, 98, 111, 112, 113, 116, 123, 166, 170, 172, 173, 174, 176, 218, 237, 244, 254, 256, 257, 262, 263, 264, 265, 270, 272, 283, 287, 296, 298, 299, 301, 302, 304, 314
  Sobre filosofia 25, 100, 115, 119, 120, 129, 154, 155, 178, 182, 192, 220, 253, 270, 271, 276, 280, 283, 308
Diamond, Stanley 142
Dinkins, David 145
Dionne, E. J. 117
Desilusão 236, 242, 243, 244
Diversidade 19, 29, 91, 94, 98, 115, 138, 182, 184, 185
  Democracia e 7, 12, 15, 16, 18, 19, 20, 21, 22, 24, 26, 28, 29, 32, 51, 54, 60, 71, 74, 76, 79, 80, 81, 82, 85, 87, 88, 89, 90, 91, 92, 93, 94, 95, 98, 111, 112, 113, 116, 123, 166, 170, 172, 173, 174, 176, 218, 237, 244, 254, 256, 257, 262, 263, 264, 265, 270, 272, 283, 287, 296, 298, 299, 301, 302, 304, 314
  Educação superior e 60, 81, 181, 182, 185, 186, 196, 308

Política racial e 7, 11, 20, 135, 137, 291
Dogmatic Wisdom: How the Culture Wars Have Misled America (Jacoby) 181, 308
Douglas, Lord Alfred 235, 308
Douglas, Stephen A. 168
Douglass, Frederick 190
Du Bois, W. E. B., 137, 190
Desigualdade econômica 30, 32

Educação 22, 42, 44, 50, 53, 54, 60, 70, 72, 73, 75, 76, 77, 80, 81, 82, 84, 105, 117, 132, 135, 147, 148, 150, 151, 152, 153, 155, 156, 157, 158, 159, 161, 162, 163, 176, 181, 182, 184, 185, 186, 191, 195, 196, 197, 222, 242, 271, 273, 289, 290, 292, 293, 308, 314
  Atitude analítica 44, 224
  Burocratização da 312
  Classe da elite 36
  Comunidade da 16, 20, 29, 46, 47, 50, 51, 56, 64, 73, 82, 91, 96, 99, 107, 113, 114, 115, 116, 119, 120., 126, 130, 133, 136, 137, 150, 162, 173, 176, 177, 256, 257, 259, 260, 261, 262, 266, 267, 268, 271, 287, 296
  Comunitarismo das gerações passadas 7, 11, 20, 107, 111, 112, 114, 115, 262, 205
  Opiniões de Mann sobre
  Conceito de mobilidade social e 62, 82, 304, 314
  Coração da América, revolta contra 17, 18, 258, 277

Debate público e 22, 23, 31, 108, 118, 166, 172, 173, 179, 190, 219, 286

"Education for a Classless Society: a Jeffersonian Tradition" (Conant) 80, 304

Edwards, Jonathan 247

Elevação moral e sanitária, obsessão com a

Escopo internacional 179, 196

Esnobismo da 30, 55, 208

Feminismo e 37, 43, 118, 119

Filantropia da 156

Guerras culturais e 31, 181

Membros da 54, 112, 130, 132

Meritocracia da 49, 51, 52, 53, 54, 80, 81, 304, 307, 314

Modo de vida migratório 17

Secularismo e 8, 11, 27, 233, 237, 239, 241, 243

Sociedade de duas classes e 39

Valores da 17, 31, 32, 35, 38, 45, 49, 75, 100, 101, 103, 104, 107, 115, 117, 118, 120, 134, 138, 153, 185, 240, 272, 273, 287, 301

ver Sistemas de escolas públicas; Educação superior 60, 81, 181, 182, 185, 186, 196, 308

Ellison, Ralph 190

Emerson, Ralph Waldo 93, 124, 126, 305

End of Equality, The (Kaus) 29, 305, 309

Iluminismo 95, 99, 100, 105, 149, 192, 193, 237, 261, 312

Enzensberger, Hans Magnus 110

Igualdade 17, 29, 30, 31, 32, 43, 51, 53, 59, 69, 72, 95, 103, 117, 131, 147, 148, 149, 258, 261, 262, 286, 292, 303, 309, 314

Equality (Tawney) 29, 43, 51, 309, 314

Compromissos éticos 93, 94

Escravidão 70, 74, 168, 190, 255, 268

Especulação imobiliária 144

Etzioni, Amitai 115, 305

Comunidade Econômica Europeia 56, 259

Evans, George Henry 77

Comunitarismo ou 7, 11, 20, 99, 107, 111, 112, 114, 115, 262, 305

Debate esquerda-direita sobre 7, 11, 20, 99, 107, 111, 112, 114, 115, 262, 305

Liberalismo e 31, 92, 100, 104, 109, 124, 133, 135, 141, 142, 152, 212, 214, 275, 278, 297

Opinião pública sobre 22, 115, 116, 173, 174, 176, 229, 265, 304

Vida familiar 102, 104, 117

Êxtase, problema do 237, 310

Fanatismo 96, 97, 159

Feeling Intellect, The (Rieff) 223, 253, 274

Fellow Teachers (Rieff) 223, 253, 274

Feminismo 37, 43, 118, 119,

Fish, Stanley 194

Fishman, Robert 21

Follett, Mary Parker 21, 127, 130, 133, 305

Índice Remissivo

Foner, Eric 75
Foucault, Michel 194
Fundacionalismo 24, 25, 192, 193, 194, 195, 309
Frank, Lawrence 305
    Ideologia do trabalho livre 75
Freud, Anna 210
Freud, Sigmund 270
    Sobre psicanálise 202, 203, 206, 210, 215, 216, 219, 220, 221, 238, 241, 271, 272, 278, 309, 312
    Sobre religião 10, 11, 26, 28, 29, 52, 72, 96, 97, 100, 159, 160, 161, 193, 209, 215, 216, 217, 218, 219, 220, 221, 223, 224, 225, 227, 229, 230, 231, 233, 236, 237, 238, 240, 244, 245, 247, 248, 249, 261, 265, 267, 272, 274, 283, 296, 306, 308, 309, 312
    Sobre autodependência 239
Freud: Pensamento e humanismo (Rieff) 220, 227, 230, 270, 312
Fried, Michael 187
Friedman, Milton 101, 109
Fulbright, William 49
Futuro de uma ilusão, O (Freud) 231

Garber, Marjorie 295
Garrison, William Lloyd 70
Garvey, Marcus 138
Geertz, Clifford 193
Gleason, Philip 286
Globalização 58, 282
    Classe da elite e 36
    Deus 95, 156, 218, 231, 232, 239, 245, 246, 247, 248, 260, 281

Fragmentação da cultura e 100
Godkin, E. L. 88, 167
Goodrich, Samuel Griswold 68, 290
Good Society, The (Bellah e outros) 108, 111, 113, 114, 301
Gouldner, Alvin 44,
Gramsci, Antonio 194
Grande Depressão 60, 222, 288,
Great Good Place, The (Oldenburg) 125, 311
Greeley, Horace 138, 167
    Vida em grupo 222,
    Culpa 28, 54, 62, 72, 140, 203, 221, 222, 227, 240, 288, 302, 314
Guinier, Lani 48

Habits of the Heart (Bellah e outros) 127, 302
Hackett, Buddy 208
Hawthorne, Nathaniel 93
Heckscher, Gunnar 110
Heller, Erich 205, 307
    Cânone, Discussões sobre o 24, 181, 184, 188, 190, 195
    Cinismo dentro da 98, 103, 192, 208, 209
    "Conhecimento privilegiado" da universidade 229, 230
    Controle corporativo da 196
    Crítica social e 187, 197, 277
    Cultura comum e 140, 195
    Diversidade e 19, 29, 91, 94, 98, 115, 138, 182, 184, 185
    Declínio da educação liberal 295
    Educação superior 60, 81, 181, 182, 185, 186, 196, 197, 308

Estudo da cultura popular 189
Fracassos da 93, 207, 288
Fundacionalismo e 24, 25, 192, 193, 194, 195, 309
Homogeneidade afluente das instituições líderes 182
Política e 22, 67, 115, 118, 128, 150, 153, 212, 215, 260, 280, 282
Privilégio hereditário 52, 54, 81, 307
History of the Cure of Souls, A (McNeill) 228
Hofstadter, Richard 73, 75, 307,
    Lei Homestead de 1862 77, 78,
    Desesperança 218,
Horney, Karen 211, 309
Howe, Frederic C. 21
Howe, Irving 136
Hughes, Langston 190
Hume, David 100
    Arte e 46, 184, 188
    Crítica da ideologia 306
    Imaginação 40, 58, 63, 147, 154, 158, 159, 163, 175, 235, 236, 241, 243, 244, 292
    Políticas de identidade 274, 313

Imber, Jonathan 223, 275, 312
    Gratificação imediata 102, 217, 218
Individualismo 20, 52, 102, 113, 233, 235, 261
Informação, debate público e 22, 23, 31, 108, 118, 166, 172, 173, 179, 190, 219, 286
    Revolução da informação 166
Ingersoll, Charles 66

Integração 20, 55, 135, 138, 140, 238
Integridade intelectual 238
    Fundamentalismo islâmico 96

Jacobs, Jane 105
Jacoby, Russell 181
James, William 174, 245
Japão 41, 56, 185, 217,
Jay, Martin 186, 308
Jesus Cristo 235, 271
Jones, Jesse 69
Jornalismo 22, 23, 104, 129, 167, 168, 172, 173, 178, 179
    Debate público facilitado pelo 172
    Debates feitos por políticos e 22, 23, 31, 108, 118, 166, 172, 173, 179, 190, 219, 286
    Profissionalização do
    Publicidade e 177, 178, 179, 229
    Relações públicas e 177, 178, 182
Jung, Carl 238

Kaplan, E. Ann 295
Kaufmann, David 183
Kaus, Mickey 303
Kazin, Alfred 136
Kennedy, Paul 40, 280
Kierkegaard, Soren 230
Kimball, Roger 187
King, Martin Luther 90, 143, 280
Klein, Melanie 205, 220
    Conhecimento 23, 24, 25, 29, 47, 52, 57, 62, 71, 83, 85, 95, 97, 101, 103, 123, 127, 148, 150, 157, 162, 163, 165, 166, 172, 173, 174, 176, 184, 192, 194,

197, 201, 213, 214, 219, 229, 230, 263, 264, 265, 305

Kohut, Heinz 202

Kotkin, Joel 56, 297

Krieger, Murray 295

Krutch, Joseph Wood 242, 309

Kuhn, Thomas 193

Kunstler, William 142,
    Teoria do valor de trabalho 67

LaCapra, Dominick 295

La Follette, Robert 171
    Últimos intelectuais, Os (Jacoby) 186, 308

Lee, Spike 143

Lerner, Michael 288

Levine, George 295

Lewis, Michael 212
    Educação liberal, declínio da 295

Liberalismo 31, 92, 100, 104, 109, 124, 133, 135, 141, 142, 152, 212, 214, 275, 278, 297
    Cidadania, visão de 9, 57, 58, 65, 66, 68, 80, 81, 83, 94, 95, 101, 102, 112, 138, 153, 174
    Crepúsculo do 100
    Democracia, perspectiva sobre o 7, 12, 15, 16, 18, 19, 20, 21, 22, 24, 26, 28, 29, 32, 51, 54, 60, 71, 74, 76, 79, 80, 81, 82, 85, 87, 88, 89, 90, 91, 92, 93, 94, 95, 98, 111, 112, 113, 116, 123, 166, 170, 172, 173, 174, 176, 218, 237, 244, 254, 256, 257, 262, 263, 264, 265, 270, 272, 283, 287, 296, 298, 299, 301, 302, 304, 314

Estado de bem-estar social e 37, 83, 89, 107, 108, 109, 110, 111, 112, 120, 152, 213, 214, 222, 262, 263, 302

Sistemas de escolas públicas e 60, 81, 181, 182, 185, 186, 196, 308

Vergonha e 8, 11, 28, 149, 201, 202, 203, 204, 205, 206, 207, 208, 209, 210, 213, 216, 218, 268, 280, 281, 296, 302, 311, 314

Vida familiar e 102, 114, 117

Liberator (Jornal) 289

Liberty and the News (Lippmann) 172

Lieser, Tom 56

Life Against Death (Brown) 220

Life (Revista) 59, 61, 141, 287

Lincoln, Abraham 73, 168, 307,
    Debates com Douglas 170
    Ideologia do trabalho livre 75

Lincoln, Levi 64
    Teorias linguísticas 191

Lippmann, Walter 22, 90, 172, 229
    Estudos literários 188
    Profissionalização do jornalismo 172
    Sobre a democracia 7, 12, 15, 16, 18, 19, 20, 21, 22, 24, 26, 28, 29, 32, 51, 54, 60, 71, 74, 76, 79, 80, 81, 82, 85, 87, 88, 89, 90, 91, 92, 93, 94, 95, 98, 111, 112, 113, 116, 123, 166, 170, 172, 173, 174, 176, 218, 237, 244, 254, 256, 257, 262, 263, 264, 265, 270, 272, 283, 287, 296, 298, 299, 301, 302, 304, 314

A Revolta das Elites e a Traição da Democracia

Sobre debate público 22, 23, 31, 108, 118, 166, 172, 173, 179, 190, 219, 286
Localismo 90
Los Angeles: Capital of the Third World (Rieff) 56, 312
Luce, Henry 61
Lutero, Martinho 67, 232
Lynd, Robert e Helen 310

McCormick, Richard L. 228, 295
McNeill, John T. 321
Maddox, Alton 142
Making It (Podhoretz) 136, 306, 312
Malcolm X 138, 143
Mann, Horace 7, 16, 22, 72, 147, 148, 149, 153, 162, 164, 292, 293, 302
    Igualdade, promoção da 30
    Sobre a função da educação 148
Metas para os sistemas de escolas públicas, conquista de 45
    Como profeta 48, 150, 151,
    Humanitarismo de 149, 152
    Intimidade conjugal, ideal de 131
    Mannheim, Karl 237, 310
    Opiniões políticas 43
    Religião, opiniões sobre 0, 11, 26, 28, 29, 52, 72, 96, 97, 100, 159, 160, 161, 193, 209, 215, 216, 217, 218, 219, 220, 221, 223, 224, 225, 227, 229, 230, 231, 233, 236, 237, 238, 240, 244, 245, 247, 248, 249, 261, 265, 267, 272, 274, 283, 296, 306, 308, 309, 312
    Sobre a educação moral 158, 271

Trabalho manual, perda de respeito pelo 30, 257
Marxismo 186, 236, 237
The Mask of Shame (Wurmser) 202, 315
Massas 35, 37, 38, 51, 64, 71, 80, 148, 151, 173, 222, 234, 254, 258, 311
    Conservadorismo das 152, 239
    Cultura de massa 50
    Domínio, ilusão do 249
    Limites, sentimento de 31, 32, 36, 37, 41, 97, 102, 128, 136, 188, 204, 205, 209, 217, 218, 228, 237, 249, 272, 273, 281
    Meritocracia e as 49, 51, 52, 53, 54, 80, 81, 304, 307, 314
    Revolta das 262
    Status "lamentável" da classe trabalhadora
Mead, Walter Russell 40
Megacidades 40
Meritocracia 49, 51, 52, 53, 54, 80, 81, 304, 307, 314
Merz, Charles 172
    Classe média 15, 17, 21, 30, 38, 40, 41, 43, 44, 54, 58, 65, 75, 76, 78, 98, 141, 181, 236, 258, 293, 297, 307
    Coração da América 17, 18, 258, 277
    Crise da 35, 41, 274
    Nacionalismo da 58, 138, 307
Middletown in Transition (Lynd e Lynd)
Miller, Hillis 295
Miller, Kelly 224
    Conceito de minoria 286

Índice Remissivo

Modern Man In Search of a Soul (Jung) 240, 308
Modern Temper, The (Krutch) 242
    Educação moral 158, 271
Moralidade 17, 96, 100, 114, 115, 159, 222, 231, 235, 309
    Comunitarismo e 7, 11, 20, 99, 107, 111, 112, 114, 115, 262, 305
    Debate esquerda-direita sobre 7, 11, 20, 99, 107, 111, 112, 114, 115, 262, 305
    Liberalismo e 31, 92, 100, 104, 109, 124, 133, 135, 141, 142, 152, 212, 214, 275, 278, 297
    Religião e 10, 11, 26, 28, 29, 52, 72, 96, 97, 100, 159, 160, 161, 193, 209, 215, 216, 217, 218, 219, 220, 221, 223, 224, 225, 227, 229, 230, 231, 233, 236, 237, 238, 240, 244, 245, 247, 248, 249, 261, 265, 267, 272, 274, 283, 296, 306, 308, 309, 312
Morrill, Justin Smith 83
    Lei Morrill de 1862 84
Mortal Splendor (Mead) 40
Movimentos de cooperação 89, 107
Multiculturalismo, *ver* Diversidade 19, 29, 91, 94, 98, 115, 138, 182, 184, 185

Nathanson, Donald L. 202
Nacionalismo 58, 138, 307
Nacionalismo negro 138
    Classe média e 15, 17, 21, 30, 38, 40, 41, 43, 44, 54, 58, 65, 75, 76, 78, 98, 141, 181, 236, 258, 293, 297, 307
    Crítica pós-moderna das 272
    Cultura cívica e 21, 53, 124, 136, 292
    Destruição por engenharia social 37, 105, 141
    Especulação imobiliária e 144
    Políticas raciais e 139
    ver Terceiros lugares (encontros informais) 125, 126, 128, 133
    Teoria econômica neoclássica 109
    Vizinhanças 20, 21, 57, 104, 106, 130, 136, 139, 140, 141, 144, 163, 308
New Criterion (Revista) 187, 297
New State, The (Follett) 127, 305
Nova York
    ver Política racial 7, 11, 20, 135, 137, 291
New York Tribune 167
Nichols, Michael P. 201
Nietzsche, Friedrich 206, 268, 311
No Place to Hide (Nichols) 209, 311
Nostalgia 243, 244
Nozick, Robert 109
Nygren, Anders 227

O'Connor, Flannery 248
Oldenburg, Ray 125
Opinião 29
    Balcanização da 29
    Debate público e 22, 23, 31, 108, 118, 166, 172, 173, 179, 190, 219, 286
Ópio dos intelectuais, O (Aron) 295
Oppenheimer, J. Robert 224
Origens do totalitarismo (Arendt) 228

Orill, Robert 228
Ortega y Gasset, José 35, 254, 311
Orwell, George 52

Packard, Vance 178, 311
    Otimismo de 56, 63, 211, 227,
    295
Padrões de conduta e 21
Parsons, Talcott 193, 296
Particularismo 56, 58, 100, 137, 138,
    139, 140
    Emprego de meio-período 42
Peale, Norman Vincent 201,
Penzias, Arno 165, 166
Partido popular 88
Perot, Ross 48
    Redes pessoais 133
Peru 40
Phantom Public, The (Lippmann) 172,
    173, 310
    Filantropia 16, 156, 159, 320
Philips, Wendell 310
    Filosofia 25, 100, 115, 119, 120,
    129, 154, 155, 178, 182, 192,
    220, 253, 270, 271, 276, 280,
    283, 308
Podhoretz, Norman 136, 312
    Debates com políticos 22, 23, 31,
    108, 118, 166, 172, 173, 179,
    190, 219, 286
Política 22, 67, 115, 118, 128, 150, 153,
    212, 215, 260, 280, 282
    Sistema de escolas públicas e 53,
    148, 151
    Educação superior e 60, 81, 181,
    182, 185, 186, 196, 197, 308
Política racial 7, 11, 20, 135, 137, 291

Diversidade e 19, 29, 91, 94, 98,
    115, 138, 182, 184, 185
Engenharia social e 37, 105, 141
Estratégias nacionalistas e
    integralistas, conflito entre
    137
Manipulação da mídia e 43
Vizinhanças e 20, 21, 57, 104,
    106, 130, 136, 139, 140, 141,
    144, 163, 308
Profissionalização da 171, 214
    Alienação do público da
    Cultura popular, estudo da 189
    ver Política racial 7, 11, 20, 135,
    137, 291
Populismo 7, 11, 20, 99, 101, 103, 105,
    107, 109, 111, 112, 113, 113,114,
    115, 117, 119, 170, 260, 261, 262,
    263, 265, 266, 268, 275, 278, 279,
    282
    Autoconfiança e 67, 89, 163
    Características principais do 71,
    100
    Economia pós-industrial 165
    Liberalismo burguês pós-
    -modernomodernista 133
    Respeito e 99, 105, 111, 112,
    113,114
    Sensibilidade pós-moderna 227,
    236
    "Terceira via" do pensamento
    108
    Urbanização e 21, 304
Powell, Lewis 285
Pragmatismo 26, 193, 308
    Clubes particulares 134
    Debates presidenciais 168

"Dias dos párocos" [Priestcraft] 71

Propriedade 6, 19, 22, 43, 44, 65, 74, 76, 77, 81, 84, 88, 99, 126, 148, 150, 234, 261, 278, 28

Democracia e 7, 12, 15, 16, 18, 19, 20, 21, 22, 24, 26, 28, 29, 32, 51, 54, 60, 71, 74, 76, 79, 80, 81, 82, 85, 87, 88, 89, 90, 91, 92, 93, 94, 95, 98, 111, 112, 113, 116, 123, 166, 170, 172, 173, 174, 176, 218, 237, 244, 254, 256, 257, 262, 263, 264, 265, 270, 272, 283, 287, 296, 298, 299, 301, 302, 304, 314

Ética protestante e o espírito do capitalismo, A (Weber) 237, 315

Psicanálise 202, 203, 206, 210, 215, 216, 219, 220, 221, 238, 241, 271, 272, 278, 309, 312

Modificação de comportamento e 126

Preocupações existenciais 220, 325

Cultura terapêutica e 219, 309

Reação contra a 202

Religião e 10, 11, 26, 28, 29, 52, 72, 96, 97, 100, 159, 160, 161, 193, 209, 215, 216, 217, 218, 219, 220, 221, 223, 224, 225, 227, 229, 230, 231, 233, 236, 237, 238, 240, 244, 245, 247, 248, 249, 261, 265, 267, 272, 274, 283, 296, 306, 308, 309, 312

ver Vergonha 8, 11, 28, 149, 201, 202, 203, 204, 205, 206, 207, 208, 209, 210, 213, 216, 218,

268, 280, 281, 296, 302, 311, 314

Versão espiritualizada da 238

Public and Its Problems, The (Dewey)

Debate público 22, 23, 31, 108, 118, 166, 172, 173, 179, 190, 219, 286

Democracia e 7, 12, 15, 16, 18, 19, 20, 21, 22, 24, 26, 28, 29, 32, 51, 54, 60, 71, 74, 76, 79, 80, 81, 82, 85, 87, 88, 89, 90, 91, 92, 93, 94, 95, 98, 111, 112, 113, 116, 123, 166, 170, 172, 173, 174, 176, 218, 237, 244, 254, 256, 257, 262, 263, 264, 265, 270, 272, 283, 287, 296, 298, 299, 301, 302, 304, 314

Publicidade 177, 178, 179, 229

Público mal-informado e 166

Debates com políticos 22, 23, 31, 108, 118, 166, 172, 173, 179, 190, 219, 286

Informação e 42, 55, 166, 174, 178

Opiniões de Lippmann sobre Opinião 29

Profissionalização da política e 171

Filosofia pública para o século xxi 120

Opinião pública (Lippmann) 41, 90, 172, 310

Relações públicas 177, 178, 182

Racionalização, Processo histórico de 237

Racismo 38, 97, 98, 141, 142, 305, 313

Ramsey, David 66

A Revolta das Elites e a Traição da Democracia

Rantoul, Robert 64, 312
Rawls, John 109, 264
Rebelião das massas, A (Ortega y
Gasset), 35, 51
Reich, Robert 45, 48, 57
Como secretário do trabalho 48
Sobre analistas simbólicos 45, 47,
48, 57, 265, 287
Sobre cosmopolitismo 57, 115,
133, 136, 259
Religião 10, 11, 26, 28, 29, 52, 72, 96,
97, 100, 159, 160, 161, 193, 209, 215,
216, 217, 218, 219, 220, 221, 223,
224, 225, 227, 229, 230, 231, 233,
236, 237, 238, 240, 244, 245, 247,
248, 249, 261, 265, 267, 272, 274,
283, 296, 306, 308, 309, 312
Cultura e 57, 134, 182, 190, 195,
224, 225, 230, 231, 273
Cultura terapêutica e 219, 309
Fanatismo e 96, 97, 159
Privatização da 26, 27, 106, 114
Psicanálise e 202, 203, 206, 210,
215, 216, 219, 220, 221, 238,
241, 271, 272, 278, 309, 312
Sistema de escolas públicas e 53,
148, 151
Vergonha e 8, 11, 28, 149, 201,
202, 203, 204, 205, 206, 207,
208, 209, 210, 213, 216, 218,
268, 280, 281, 296, 302, 311,
314
Religião da arte 233, 236
Respeito 99, 105, 111, 112, 113, 114
Populismo e 7, 11, 20, 99, 101,
103, 105, 107, 109, 111, 112,
113, 113, 114, 115, 117, 119,

170, 260, 261, 262, 263, 265,
266, 268, 275, 278, 279, 282
ver respeito por si mesmo 99, 105,
111, 112, 113, 114
Responsabilidade 6, 19, 36, 50, 57, 74,
76, 83, 89, 90, 95, 96, 102, 105, 106,
110, 111, 112, 113, 117, 118, 120,
124, 126, 136, 145, 178, 211, 218,
222, 262, 263, 265, 274, 305
Comunitarismo e 7, 11, 20, 99,
107, 111, 112, 114, 115, 262,
305
Debate esquerda-direita sobre 7,
11, 20, 99, 107, 111, 112, 114,
115, 262, 305
Democracia e 7, 12, 15, 16, 18,
19, 20, 21, 22, 24, 26, 28, 29,
32, 51, 54, 60, 71, 74, 76, 79,
80, 81, 82, 85, 87, 88, 89, 90,
91, 92, 93, 94, 95, 98, 111, 112,
113, 116, 123, 166, 170, 172,
173, 174, 176, 218, 237, 244,
254, 256, 257, 262, 263, 264,
265, 270, 272, 283, 287, 296,
298, 299, 301, 302, 304, 314
Liberalismo e 31, 92, 100, 104,
109, 124, 133, 135, 141, 142,
152, 212, 214, 275, 278, 297
Responsive Community (Revista) 115
Revolução interior, A (Steinem)
Rieff, David
Rieff, Philip
Sobre cultura 57, 134, 182, 190,
195, 224, 225, 230, 231, 273
Sobre religião 10, 11, 26, 28, 29,
52, 72, 96, 97, 100, 159, 160,
161, 193, 209, 215, 216, 217,

218, 219, 220, 221, 223, 224,
225, 227, 229, 230, 231, 233,
236, 237, 238, 240, 244, 245,
247, 248, 249, 261, 265, 267,
272, 274, 283, 296, 306, 308,
309, 312

Temas principais na obra de
Rise of the Meritocracy: 1870-2033, The
(Young) 52

Tradição romântica 237,
Roosevelt, Theodore 171
Rorty, Richard 133, 134, 313
Rose, Arnold e Caroline 285
Ross, E. A. 287
Royce, Josiah 93

Sandel, Michael 109
Schiller, Friedrich von 237
Sistema de escola, *ver* Sistema de
escolas públicas 53, 148, 151
Scott, Joan 182
Cidade secular, A (Cox) 121, 304
Secularismo 8, 11, 27, 233, 237, 239,
241, 243

Autoajuda 62, 135, 222, 308
Autoconfiança, Democracia e 7,
12, 15, 16, 18, 19, 20, 21, 22,
24, 26, 28, 29, 32, 51, 54, 60,
71, 74, 76, 79, 80, 81, 82, 85,
87, 88, 89, 90, 91, 92, 93, 94,
95, 98, 111, 112, 113, 116, 123,
166, 170, 172, 173, 174, 176,
218, 237, 244, 254, 256, 257,
262, 263, 264, 265, 270, 272,
283, 287, 296, 298, 299, 301,
302, 304, 314

Autodependência 239

Autoestima 19, 28, 54, 67, 183,
201, 202, 203, 206, 211, 212,
213, 215, 311

Classe da elite e 36
Cultura do 57, 134, 182, 190, 195,
224, 225, 230, 231, 273

Desilusão e 236, 242, 243, 244
Ética da 16, 99, 211, 222
Integridade intelectual 238
Incompreensão da religião 230
Meritocracia e 49, 51, 52, 53, 54,
80, 81, 304, 307, 314

Problemas sociais e 171, 212, 222
Psicanálise e 202, 203, 206, 210,
215, 216, 219, 220, 221, 238,
241, 271, 272, 278, 309, 312

Religião da arte e 233, 236
Respeito por si mesmo: 99, 105,
111, 112, 113, 114

Tradição romântica 237
Vergonha e 8, 11, 28, 149, 201,
202, 203, 204, 205, 206, 207,
208, 209, 210, 213, 216, 218,
268, 280, 281, 296, 302, 311,
314

Segregação sexual 131, 132
Ataque terapêutico contra 213
Autoestima e 19, 28, 54, 67, 183,
201, 202, 203, 206, 211, 212,
213, 215, 311

Compaixão e 7, 55, 99, 111, 112,
214, 224, 235, 263, 309

Culpa e 28, 54, 62, 72, 140, 203,
221, 222, 227, 240, 288, 302,
314

Falta de vergonha como "cura"
208, 209

Implicações morais e existenciais 206

Liberalismo e 31, 92, 100, 104, 109, 124, 133, 135, 141, 142, 152, 212, 214, 275, 278, 297

Limitações e 57, 82, 152, 159, 194, 205 208, 226, 281

Religião e 10, 11, 26, 28, 29, 52, 72, 96, 97, 100, 159, 160, 161, 193, 209, 215, 216, 217, 218, 219, 220, 221, 223, 224, 225, 227, 229, 230, 231, 233, 236, 237, 238, 240, 244, 245, 247, 248, 249, 261, 265, 267, 272, 274, 283, 296, 306, 308, 309, 312

Teoria mecanicista da 207

Vergonha 8, 11, 28, 149, 201, 202, 203, 204, 205, 206, 207, 208, 209, 210, 213, 216, 218, 268, 280, 281, 296, 302, 311, 314

Shame and Pride (Nathanson) 206, 311

Sharpton, Al 142

Shawcross, Sir Hartley 53

Shils, Edward 193, 295

Shoppings 20, 105, 107, 123, 129, 130, 139

Siracusa, Carl 63, 72, 313

Sleeper, Jim 124

Smith, Adam 109, 153, 292

Construção social da realidade 31

Controle social 126, 148, 149, 152, 159

Evangelho social 211

Liberalismo social-democrata 109

Socialismo 233, 234, 235, 278, 315

Classe da elite e 36

Classe trabalhadora europeia e 65

Conceito de mobilidade social 62, 82, 304, 314

Estratificação da sociedade baseada na classe e 59, 62, 83

Educação e 185, 308

Ideologia do trabalho livre e 75

Meritocracia e 49, 51, 52, 53, 54, 80, 81, 304, 307, 314

Persistência do 63, 218, 227

Propriedade e 16, 19, 22, 43, 44, 65, 74, 76, 77, 81, 84, 88, 99, 126, 148, 150, 234, 261, 278, 289

Religião da arte e 233, 236

Sociedade sem classes e 71, 80, 81, 82, 83, 304

Surgimento do 224, 254, 327,

Social Process (Cooley) 287, 304

"Society and Solitude" (Emerson) 305

"Um sociólogo observa uma comunidade americana" (artigo de revista) 287

Sociologia 61, 111, 163, 182, 223, 228, 287, 296

Sombart, Werner 30

Alma do homem sob o socialismo, A (Wilde) 233, 235, 314

Esferas da justiça: Uma defesa do pluralismo e da igualdade (Walzer) 31

The Spirit of Community (Etzioni) 116, 305

Índice Remissivo

Spring, Joel 147, 294
  Comunitarismo e 7, 11, 20, 99,
    107, 111, 112, 114, 115, 262,
    305
  Debate esquerda-direita sobre 7,
    11, 20, 99, 107, 111, 112, 114,
    115, 262, 305
  Democracia e 7, 12, 15, 16, 18,
    19, 20, 21, 22, 24, 26, 28, 29,
    32, 51, 54, 60, 71, 74, 76, 79,
    80, 81, 82, 85, 87, 88, 89, 90,
    91, 92, 93, 94, 95, 98, 111,
    112, 113, 116, 123, 166, 170,
    172, 173, 174, 176, 218, 237,
    244, 254, 256, 257, 262, 263,
    264, 265, 270, 272, 283, 287,
    296, 298, 299, 301, 302, 304,
    314
  Liberalismo e 31, 92, 100, 104,
    109, 124, 133, 135, 141, 142,
    152, 212, 214, 275, 278, 297
  Padrões de conduta 50
  Política racial e 7, 11, 20, 135,
    137, 291
  Política transracial e 145
Steinem, Gloria 212, 213, 214, 314
Stimpson, Catherine R. 295
Suprema Corte 140, 285
Suécia 110
Sygulla, Sam 287
  Analistas simbólicos 45, 47, 48,
    57, 265, 287
  Movimento sindicalista 88

Tappan, Henry 291
Tawney, R. H. 30, 51, 52, 314
  Revolta dos contribuintes 106

Taylor, John 101
  Ofício do professor 225
Televisão 39, 44, 103, 107, 310
  Crianças e 36, 53, 54, 55, 73, 77,
    103, 105, 106, 111, 114, 117,
    118, 132, 140, 147, 151, 152,
    154, 155, 157, 158, 161, 162,
    163, 164, 185, 189, 210, 211,
    214, 218, 238, 239, 244
  Cultura terapêutica 219, 309
  Debates de políticos 22, 23, 31,
    108, 118, 166, 172, 173, 179,
    190, 219, 286
  Democracia e 7, 12, 15, 16, 18,
    19, 20, 21, 22, 24, 26, 28, 29,
    32, 51, 54, 60, 71, 74, 76, 79,
    80, 81, 82, 85, 87, 88, 89, 90,
    91, 92, 93, 94, 95, 98, 111, 112,
    113, 116, 123, 166, 170, 172,
    173, 174, 176, 218, 237, 244,
    254, 256, 257, 262, 263, 264,
    265, 270, 272, 283, 287, 296,
    298, 299, 301, 302, 304, 314
  Estado de bem-estar social e 37,
    83, 89, 107, 108, 109, 110, 111,
    112, 120, 152, 213, 214, 222,
    262, 263, 302
  Ponto de vista político-social 243
  Psicanálise e 202, 203, 206, 210,
    215, 216, 219, 220, 221, 238,
    241, 271, 272, 278, 309, 312
  Radicais nas universidades
    (Kimball) 187, 196, 309
  Religião e 10, 11, 26, 28, 29, 52, 72,
    96, 97, 100, 159, 160, 161, 193,
    209, 215, 216, 217, 218, 219,
    220, 221, 223, 224, 225, 227,

A Revolta das Elites e a Traição da Democracia

229, 230, 231, 233, 236, 237,
238, 240, 244, 245, 247, 248,
249, 261, 265, 267, 272, 274,
283, 296, 306, 308, 309, 312
Resistência popular a 227
Triunfo da 52, 90, 92, 223, 227,
228, 246, 261, 272, 283, 301,
309, 312
ver Autoestima 19, 28, 54, 67,
183, 201, 202, 203, 206, 211,
212, 213, 215, 311
Vergonha e 8, 11, 28, 149, 201, 202,
203, 204, 205, 206, 207, 208,
209, 210, 213, 216, 218, 268,
280, 281, 296, 302, 311, 314
Terceiros lugares (encontros informais)
125, 126, 128, 133
Conversação e 7, 11, 20, 97, 123,
124, 125, 126, 127, 128, 129,
130, 134, 176, 177, 291, 315
Decência e 125, 126, 128
Segregação sexual e 131, 132
"Terceira via" de pensamento 108, 111
Tolerância 27, 91, 93, 95, 96, 114, 116,
148, 189, 221, 226, 260
Tomkins, Silvan 207
Política transracial 145
Tribalismo 56, 116, 139, 259, 318, 328
Comunitarismo e 7, 11, 20, 99,
107, 111, 112, 114, 115, 262,
305
Debate esquerda-direita sobre 7,
11, 20, 99, 107, 111, 112, 114,
115, 262, 305
Liberalismo e 31, 92, 100, 104,
109, 124, 133, 135, 141, 142,
152, 212, 214, 275, 278, 297

Triunfo da terapêutica, O (Rieff) 223,
227, 228, 272, 309, 312
True and Only Heaven, The (Lasch) 18,
243, 279, 280, 282,
Turner, Frederic Jackson 79, 80, 81, 314
Sociedade de duas classes 39
Tyson, Mike 48
Desemprego 221, 222
Sindicatos 21, 42, 103

Universidades, *ver* educação superior
60, 81, 181, 182, 185, 186, 196, 197,
308
Unsettling of America, The (Berry) 78,
260, 302
Urbanização 21, 304

Vann, Richard 295
Vasconcellos, John 213, 214
Voltaire 100
Associação voluntária 127

Walzer, Michael 31, 32, 303
Warner, Lloyd 59, 60, 61, 287, 303
Weber, Max 231, 232, 237, 238, 239,
273, 315
Webster, Daniel 64, 158,
Criação do 51, 80, 173, 211, 226,
248, 281, 291
Cultura terapêutica e 219, 309
Estado de bem-estar social 37,
83, 89, 107, 108, 109, 110, 111,
112, 120, 152, 213, 214, 222,
262, 263, 302
Liberalismo e 31, 92, 100, 104,
109, 124, 133, 135, 141, 142,
152, 212, 214, 275, 278, 297

334

Whitman, Walt 93, 98, 195, 315
Whose Keeper? (Wolfe) 108, 111, 315
Why Americans Hate Politics (Dionne)
    117
Wilde, Oscar 224, 233, 234, 235, 236,
    237, 238, 240, 241, 248, 315
Wilson, James 101
Wilson, Woodrow 171
Wirth, Louis 285,
Wolfe, Alan 301
        Classe trabalhadora, *ver* Massas
            35, 37, 38, 51, 64, 71, 80, 148,
            151, 173, 222, 234, 254, 258,
            311
Wright, Richard 190,
Wurmser, Leon 202, 203, 204, 205,
    206, 208, 209, 215, 216, 315

Yankelovich, Daniel 117
Yeats, W. B. 25, 282
Young, Michael 52, 53, 54, 315